# 餐厅服务实务

主编◎平文英 周 颖

经济管理出版社
ECONOMY & MANAGEMENT PUBLISHING HOUSE

**图书在版编目（CIP）数据**

餐厅服务实务/平文英，周颖主编. —北京：经济管理出版社，2014.3

ISBN 978-7-5096-3283-3

Ⅰ.①餐… Ⅱ.①平… ②周… Ⅲ.①饮食业—商业服务—中等专业学校—教材 Ⅳ.①F719.3

中国版本图书馆 CIP 数据核字（2014）第 174701 号

组稿编辑：魏晨红

责任编辑：魏晨红 周晓东

责任印制：黄章平

责任校对：超 凡

出版发行：经济管理出版社

（北京市海淀区北蜂窝 8 号中雅大厦 A 座 11 层 100038）

网 址：www. E-mp. com. cn

电 话：（010）51915602

印 刷：三河市延风印装厂

经 销：新华书店

开 本：889mm×1194mm/16

印 张：16.5

字 数：380 千字

版 次：2014 年 3 月第 1 版 2014 年 10 月第 2 次印刷

书 号：ISBN 978-7-5096-3283-3

定 价：45.00 元

# 国家级中等职业改革示范校系列教材
# 编 委 会

# 序

　　为深入推进国家中等职业教育改革发展示范学校建设，努力适应经济社会快速发展和中等职业学校课程教学改革的需要，贵州省商业学校作为"国家中等职业教育改革发展示范学校建设计划"第二批立项建设学校，按照"市场需求，能力为本，工学结合，服务三产"的要求，针对当前中职教材建设和教学改革需要，在广泛调研、吸纳各地中职教育教研成果的基础上，经过认真讨论，多次修改，我们编写了这套系列教材。

　　这套系列教材内容涵盖"电子商务"、"酒店服务与管理"、"会计电算化"、"室内艺术设计与制作" 4 个中央财政重点支持专业及德育实验基地特色项目建设有关内容，包括《基础会计》、《财务会计》、《成本会计》、《会计电算化》、《电子商务实务》、《网络营销实务》、《电子商务网站建设》、《商品管理实务》、《餐厅服务实务》、《客房服务实务》、《前厅服务实务》、《AutoCAD室内设计应用》、《3Ds Max 室内设计与应用》、《室内装饰施工工艺与结构》、《室内装饰设计》、《贵州革命故事人物选》、《多彩贵州民族文化》、《青少年犯罪案例汇编》、《学生安全常识与教育》共19 本教材。这套教材针对性强，学科特色突出，集中反映了我校国家改革示范学校的建设成果，融实用性与创新性、综合性与灵活性、严谨性与趣味性为一体，便于学生理解、掌握和实践。

　　编写这套系列教材，是建设国家示范学校的需要，是促进我校办学规范化、现代化和信息化发展的需要，是全面提高教学质量、教育水平、综合管理能力的需要，是学校建设职业教育改革创新示范、提高质量示范和办出特色示范的需要。这套教材紧密结合贵州省经济社会发展状况，弥补了国家教材在展现综合性、实践性与特色教学方面的不足，在中职学校中起到了示范、引领和辐射作用。

# 目 录

# 项目一

# 餐前准备技能实训

餐饮部是为宾客提供食品、饮料和良好服务的部门，餐饮产品是有形产品（食品、饮料等）和无形产品（烹饪技艺、餐厅服务等）的有机结合体。餐饮业的发展水平不仅反映着一个国家和地区的经济发展水平及开发和利用自然资源方面的能力，而且也是一个国家物质文明和精神文明的重要标志。

19世纪，旅游业的迅速发展，使酒店服务旅游业随之繁荣，从配套设施转变为旅游资源，形成与市场相适应的特点。发展至今，酒店已突破了原本单纯的食宿功能，附加了旅游、交通、购物、娱乐、信息等诸多功能，酒店的餐饮功能得到了进一步的演变和强化，餐饮部成为酒店获得经济效益的重要部门之一。

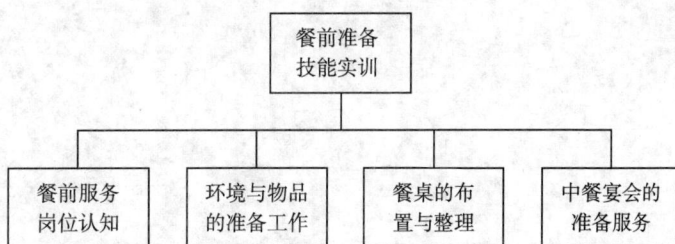

### 项目导图

```
        ┌──────────────┐
        │  餐前准备     │
        │  技能实训     │
        └──────┬───────┘
    ┌──────┬───┴───┬──────┐
┌────────┐┌────────┐┌────────┐┌────────┐
│餐前服务││环境与物品││餐桌的布││中餐宴会的│
│岗位认知││的准备工作││置与整理││准备服务│
└────────┘└────────┘└────────┘└────────┘
```

图1-1　餐前准备技能实训

### 学习目标

知识目标

1. 餐厅服务岗位的具体职责

2. 餐厅服务岗位的设置及其重要性

3. 良好的餐饮职业道德标准

4. 餐厅环境整洁与餐具整洁等的基本要求

5. 餐桌布置与整理的基本步骤

## 技能目标

1. 熟悉餐厅服务的岗位设置和餐厅服务的岗位职责，并拥有良好的餐饮职业道德

2. 能熟练掌握餐厅环境清洁、餐具清洁等基本要求，能圆满地完成餐厅服务前的准备工作

3. 能对餐前的餐桌进行相应的布置与整理

# 任务1 餐前服务岗位认知

## 任务目标

通过参观学习让学生对餐饮部有全面的了解，掌握餐厅服务的服务准则、工作要求、纪律要求，能以严格的规范来服务客人。

### 项目任务书

| 任务名称 | 餐前服务岗位认知 | 任务编号 | | 时间要求 | |
|---|---|---|---|---|---|
| 训练要求 | 了解参观的酒店餐饮部餐厅的种类；了解参观的酒店餐饮部各部门的管理职能 了解餐饮服务的岗位设置；了解企业文化；画出该酒店餐饮部的组织结构图 | | | | |
| 培养能力 | 熟悉餐饮部的组织结构与管理职能 | | | | |
| 涉及知识 | 餐饮部概念、餐饮部产品的产销特点、餐饮部的组织结构与管理职能 | | | | |
| 教学地点 | 教室、酒店 | 参考资料 | | | |
| 教学设备 | 投影设备、投影幕布 | | | | |
| 训练内容 | | | | | |

1. 视频教学
2. 学生实地参观星级酒店
3. 画出该酒店餐饮部的组织结构图

**实训成果评价标准**

1. 能很好地应用所学的知识根据参观酒店的实际情况完成实训报告
2. 格式规范
3. 分析要有理有据
4. 文字表达准确，逻辑思维清晰

## 引导案例

有两位盲人夫妇来到某三星级酒店用餐，刚走到餐厅门口，迎宾员小张便看到了，于是，她快步走出大门，微笑着来到老人面前说道："老伯、伯母，您慢点，我来搀扶您吧。"到了餐厅的大门口，小张立即将旋转门的速度放慢，让两位盲人夫妇安全地走进了餐厅。进了餐厅小张还专门为夫妇二人安排了一个出入方便的位置，然后热情地协助二位点菜，并详细介绍了菜品及菜品摆放的位置，席间服务员热情细心地为盲人夫妇服务。待两位盲人夫妇用完餐准备离开的时候，小张又细心地把二位送出了餐厅，当他们准备上车时，小张及时拉开了车门，协助二位坐好，最后将车门轻轻地关上。小张这一系列服务使夫妇二人非常感动，他们连连称赞说："你们的服务太好了，下次我们还来这儿!"

**思考：**你认为这个案例体现了餐饮产品服务的什么特点？

![图标]知识点

## 一、餐饮部概念

餐饮部是为宾客提供食品、饮料和良好服务的部门，餐饮产品是有形产品（食品、饮料等）和无形产品（烹饪技艺、餐厅服务等）的有机结合体。

餐饮部是酒店获得经济效益的重要部门之一。我国旅游酒店的餐饮收入一般要占酒店总收入的 30%~40%，有些酒店的餐饮收入约占酒店总收入的 50%，甚至更高。

## 二、餐饮部的组织结构与管理职能

### 1. 餐饮部的组织结构（见图 1–2）

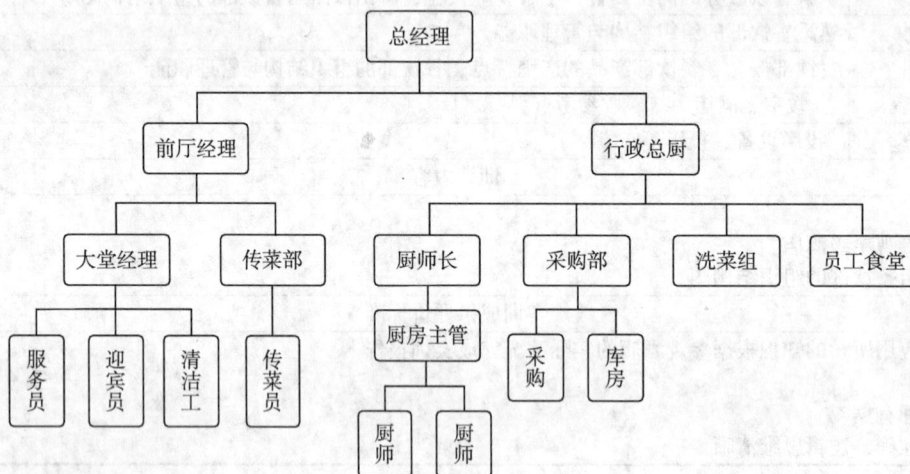

图 1–2　餐饮部的组织结构

### 2. 餐饮部各部门的管理职能

（1）餐厅部。餐厅必须具备如下三个条件：①具有一定的场所，即具有一定的接待就餐宾客的餐饮设施。②能提供食品、饮料和服务。③能够盈利。

我国旅游酒店的餐厅根据所提供的食品、饮料和服务的不同，可分为以下几种：①零点餐厅：零点餐厅也叫点菜餐厅，是酒店的主要餐厅，供应中西菜点。②团队餐厅：团队餐厅主要供应团队包餐，也安排了适当的西式菜点。③宴会厅：宴会厅主要提供宴会服务，宴会厅承办的宴会主要有午宴、晚宴、冷餐会、酒会、茶话会等。④咖啡厅：咖啡厅是小型西餐厅，供应比较简单而又大众化的西式菜点、酒水饮料。⑤酒吧：酒吧是专供宾客享用酒水饮料、休息和娱乐的地方，主要供应中式、西式酒类饮料和小吃。⑥特色餐厅：特色餐厅又称风味餐厅，酒店根据服务对象的不同需要，设立风味餐厅，以便发挥自己的特长，满足客人的不同需要。⑦自助餐厅：自助餐厅是一种快餐厅，它主要供应西式菜点，但也供应中式菜点，具有节省用餐时间、价格低廉、品种多、风味不同的优势，颇受宾客的欢迎。⑧客房送餐：饭店为了满足宾客的需求，就要为宾客提供客房送餐服务。⑨外卖部：外卖部主要向本地居民、住在酒店公寓内的宾客或饭店观光的宾客提供的特色烧烤、风味菜肴、各地点心面包、加工包装的新鲜水果、蔬菜等。

（2）宴会部。宴会厅接受宾客的委托，组织各种类型的宴会、酒会、招待会等活动，并根据宾客的要求制定菜单、布置厅堂、备餐铺台，同时为宾客提供完整的宴会服务。

（3）厨房部。厨房部是酒店的主要生产部门，负责整个酒店所有的中式、西式菜点的烹饪，负责厨师的培训、菜点的创新、食品原料采购计划的制订及餐饮部成本控制等工作。

（4）采购部。采购部是酒店餐饮部的物质供应部门，它根据实际需要以最有利的采购价格，按时保质、保量地为餐饮部组织和采购所需的物品，特别是食品原料和酒类饮料等，然后将采购进来的原料送入仓库，分库妥善保管。

（5）管事部。负责打扫厨房、餐厅、酒吧等处的清洁卫生及所有餐具、器皿的洗涤、消毒、存放、保管和控制。

### 案例分析

## 案例一 家乡咸鸡

豪华的中餐厅里，灯火辉煌，大大小小的餐桌摆台就绪。迎宾小姐伫立在餐厅口，恭候客人。两位客人在一只小方桌前坐下。服务员递上菜谱，客人开始点菜："先来盘特色的吧，这'家乡咸鸡'是什么鸡做的？""不知道，我没吃过。"服务员老老实实地回答。"是农民喂养的草鸡，还是饲养场买来的肉食鸡？"客人又问道。服务员有点不知所措，再次答道："这个，我也不清楚。"

**案例分析：**

在以上案例中，餐厅服务员对菜肴的知识十分贫乏，几乎是一问三不知，会使客人对餐厅失望，降低用餐的兴趣。此类的问题出在对服务员的培训上。许多餐厅服务员上岗培训结束后，没有再进行与工作实践紧密结合的业务培训。没有业务知识，就没有服务质量，客人就不会满意，餐厅特色的产品卖不出去，也就得不到好的效益。请餐饮部经理、厨师长和优秀服务员经常给服务员上课，必要时，让他们聚在一起，让他们品尝。在品尝的同时，再给他们讲授知识，这种现场品尝式的培训效果收效特别大。

## 案例二 这些是什么?

"'佛跳墙'是什么菜?怎么那么贵?"客人指着菜谱问道。"好的东西都放在瓦罐里煲,很鲜的。"服务员总算比较含糊地回答了问题。"那'海鲜佛跳墙'与'迷你佛跳墙'有什么区别?"客人要有所选择。服务员嗫嚅了。客人不悦地对服务员说:"算了,算了,你讲不清楚,我们也怕白花冤枉钱,那就点别的菜吧。"

"再来两碗小刀切面,不要汤水,有什么调料可以选?"服务员借机推销:"我店新推出的 X.O.酱,味道很好。""X.O.不是酒吗?怎么变成了酱?"客人感到新奇。"这是新产品,您试试,开开眼界。"服务员对客人循循善诱。客人还是打破砂锅问到底:"X.O.酱是什么玩意儿?""当然是用 X.O.酒配制成的喽!"服务员胡诌一气。酱端上来,客人一看,有红油有辣子,不吃了。他训斥服务员:"根本没 X.O.酒,我不吃辣的,退掉。"服务员态度还算好,颇有几分冤屈:"我从来也没吃过,当然不知道是什么味儿。"

最后客人还要上些水果,菜牌上有新奇士橙和新会橙两种,但价格差别很大。客人又提出疑问。服务员答道:"'新奇士'是进口的,'新会橙'是国产的。""进口的?哪国进口的?进口也不该那么贵!"显然,服务员简单的回答并没有说服客人。"那还是吃西瓜吧。西瓜总不会是进口的吧。免得被宰。"由于不放心,客人改变了主意。

**案例分析:**

在此案例中,服务员没有对餐厅的菜品,特别是大众菜、特色菜还有新推出的菜品具备一定的了解,在客人询问的情况下并没有做到可以向客人进行详细的介绍。在服务过程中,服务员也没有做到察言观色。

"'佛跳墙'由许多珍贵的原料烹炖而成。因为其香味诱人,以致和尚也忍不住跳过墙去偷吃。近年来,海鲜盛行,在原来鱼翅、海参、干贝、香菇等主料的基础上,又增加了新鲜的鱼、虾、贝、蚌等,内容更丰富,共由 18 种原料组成。价钱当然也就贵,要卖到 138 元一盅。有时候,客人消费水平不太高,或是有些大型会议要人人尝一口,于是推出较为大众化的'迷你佛跳墙',原料在品种和数量上有所减少,但用的汤还是原汁炖出来的。卖价只有 78 元一盅。这样点'佛跳墙'的客人就多了,容易推销了。"

X.O.酱与 X.O.酒毫无关系。它是用日本瑶柱、金华火腿、高汤和香辣酱放在一起炒制而成,其香无比,拌煎食品,胃口大开。

"新奇士"是英文 Sunkist 的译名,它是世界上最有名的橙子,产于美国加利福尼亚州。由于加利福尼亚州四季阳光明媚,日照充裕,土壤肥沃,尤其是具有适于柑橘生产的养分,因此得天独厚,那儿的橙橘果大味浓,质量最好。每只橙个头一样大小,上面盖有 Sunkist 的印章。新会橙是广东省新会市的产品,在国内是"名牌产品",并有出口。其味甜、浓、醇,是我国橙橘类上品。如求实惠,倒是选新会橙好。若是讲究派头,讲究名牌,那就选"新奇士"。

## 案例三 谁的责任

节日期间，小李陪年迈的父亲到一家餐厅吃饭，餐厅生意很好，但卫生环境却不好，地面油滑，一不小心就会跌倒。小李很小心地扶着父亲，可父亲在饭毕起身时还是因地面太滑重重摔了一跤，并造成手部轻微骨折。小李事后要求餐厅方面赔偿，而餐厅方面认为顾客应对自己的人身安全负责，餐厅只是一个吃饭消费的场所，不承担这样的赔偿责任。

**案例分析：**

作为餐饮企业，作为公共场所，社会和法律赋予它的责任不仅仅是提供用餐场所，更重要的是保证人们在公共场所用餐时的人身和财产安全。不管是《消费者权益保护法》还是我国的《民法通则》都对自然人的人身权受到侵害作了相应规定。作为餐饮消费场所，不仅要保证顾客在用餐过程中的食品卫生安全，还要保证顾客在自己的场所内不能因自身的原因给顾客人身造成伤害，否则就要承担一定的赔偿责任。在此纠纷中，小李父亲的摔倒是因饭店没有搞好地面卫生所致，也就是说顾客受伤与餐厅本身的过错之间有直接的因果联系，餐厅当然应承担赔偿责任。

## 案例四 "对不起"无效

一天晚上，有一对外国夫妇来就餐，点了几个菜，还要了一瓶红酒，主管写完菜单，服务员为客人送上了毛巾后，随手上了一碟小食。15分钟后，拿来了红酒，给客人验完酒后，便为他们倒酒。又过了半小时，还没有上菜，客人就说："先生，为什么我们点的菜半天都没上菜啊？你让我们就吃这碟小食？请你帮我们催一下吧。"服务员望一望桌子上，除了红酒，就只有一碟孤零零的小食，立即说："对不起，先生，请——"这句话还没有说完，客人马上接口说："别说'对不起'了，我们已经'稍等'了好长时间了，快点儿上菜吧！"服务员尴尬地住了口，随后就跑进了厨房。想来也是，客人也许肚子饿了，来餐厅就餐，最急于解决的问题，就是要立即填饱肚子。这种情况下过多的解释，客人会更觉得你烦。所以服务员立即到厨房告诉传菜部主管，请他催一下厨房，先上这桌的菜。很快，客人的菜炒好了，立即将菜端上，以为这下可以松口气了。谁知问题又出现了，只见客人只看菜却不动餐具，而且满脸不悦。"我们点的不是这个菜"，客人说道。这下服务员可急了，不知如何向他们解释，便立刻把主管找来。服务员站在主管身旁，由于言语问题，主管只知道客人在向他抱怨、发牢骚，而不知他们具体说什么，服务员也只好充当临时翻译。主管听了之后，态度诚恳地说："真的很抱歉，这是我们的失误，假如我是你们的话，也会生气，我马上去把菜给您换了，怎么样？"客人已经气得满脸通红了："算了，我们的肚子可不能再等了。""那好吧，为表示歉意我们免费送您一份什锦果盘，您看如何?"主管说。客人这时没做任何表示,只是吃他的饭。等客人就餐完毕,埋了单后,主管送他们出餐厅门口,说了一句"多谢二位光临,请慢走"。

**案例分析:**

作为一名餐厅服务人员要掌握随机应变的能力,在服务过程中造成客人长时间等菜的主要原因是:客人开单后,没能及时巡台,不知客人所点菜的上菜情况,因此没能及时去后台联系、催菜而造成上菜慢。要避免这种情况的发生,在开单时就要对加工时间较长的菜品做一说明;开单后,要不断巡台、观察并掌握各桌客人点菜、菜肴上桌的情况,发现问题及时调整。若有的桌位菜品上得慢,应及时与后台联系、及时催菜。若客人很多,厨房压菜而造成某桌的上菜速度慢时,可以采取各桌穿插上菜的办法,使每桌都不空台。这样可避免有的桌菜肴一股脑全上,有的桌却干等菜这种不均衡的现象发生。客人就餐时,所点的菜肴上得太慢,肯定会着急、生气,此时若只向客人道歉,使用致歉语:"对不起"、"很抱歉"、"请稍等",等等,已起不了多大的作用,当务之急不是道歉,而是想办法把菜催上来,仅仅是一个劲地道歉,而客人的菜就是上不了桌,就会激怒客人,发生纠纷或投诉。

## 案例五 我不知道可不可以给你们吃

一天晚上,几名新闻记者来到餐厅。服务员可能未接到通知,不让他们用餐。记者要求找管理员。但管理员并不招呼这些"内宾"就座,而是拦在门口说:"我们没接到通知,我不知道可不可以给你们吃。"记者们愤愤地离去。

**案例分析:**

遇重大任务,接待单位会安排好新闻记者的用餐,往往通过餐厅的宴会预订部发通知给有关单位。但有时通知未及时到位,就会出现此例情况。作为一名餐厅管理员,接待客人的言与行就不能等同于普通的服务员,更不能说:"我不知道可不可以给你们吃"这类过于粗俗的话。正确的接待应是:管理员先打招呼,请客人就座,再电话联系宴会预订部,应尽快安排记者们用餐。

## 案例六 惹祸的打火机

某餐厅实习生正在值台服务,一位先生拿出一盒烟抽出一支正要吸,实习生立即拿出刚领到的打火机走近客人给客人点烟,不妙的是打火机一下蹿出特大的火苗,差一点烧着客人,吓得客人连忙躲开,实习生赶紧关打火机,更不妙的是由于打着的火苗特别大,关上的时候还在冒火。实习生担心打火机爆炸,连忙扔到地上,还不放心,又用脚踩了两下。客人看着手忙脚乱的服务员禁不住都笑了，可服务员却满脸的尴尬。

**案例分析：**

服务员准备打火机，为客人点烟，是项很温馨的服务，但是在使用打火机时应注意：因打火机多为一次性的，质量不稳定，所以使用前要检查，能否打着火，火苗大小是否合适。若火苗过大会烧着客人，火苗过小不易点着香烟。火苗的大小要事先调节好，才能对客人使用。另外，服务员在用打火机给客人点烟时，打着火后待火苗稳定了再从客人左侧或右侧送上，这样做一是安全，二是尊重客人。

## 服务名言

不怕顾客杂，只怕不调查；顾客不分大小，交易无论多少；服务创造价值、服务创造成功。

## 职业能力训练

（1）各选一家中型餐厅餐饮部进行调查，对此餐饮部的组织结构进行了解。

（2）观看有关餐饮服务与管理的光碟，进一步谈谈对"服务"的理解。

## 观念应用训练

阅读资料，回答问题。

阿拉伯塔酒店即迪拜帆船酒店是世界上建筑高度最高的七星级酒店，开业于1999年12月，共有高级客房202间，建立在离海岸线280米处的人工岛 Jumeirah Beach Resort 上。设计师糅合了最新的建筑及工程科技，迷人的景致及造型，使它看上去仿佛和天空融为一体。

帆船酒店设有亚洲自助餐厅、休闲露天餐厅、海底餐厅和27楼的观光餐厅等多种特色餐厅。

纯粹亚洲风味：Junsui 亚洲自助餐厅是一间全新的东亚风味餐厅，坐落于最豪华的酒店内，可欣赏阿拉伯湾的壮美景观。流行格调的鸡尾酒酒廊和一个开放式厨房，让用餐成为一种纯粹的享受。

海滩酒廊：休闲露天餐厅，位于波光粼粼的海岸旁，可欣赏阿拉伯湾迷人的景观。Majlis Al Bahar 海滩酒廊，在此将地中海美食一网打尽。

海底餐厅在地下一层，其实并不是真能看到海底，但这个餐厅的一面有一个特大的水族箱，餐桌就沿着这个大鱼缸摆放。鱼缸里色彩斑斓的热带鱼就在眼前游来游去，为客人营造出宛若置身海底就餐的氛围，在这里吃饭一定很开胃。

图1-3

图1-4

图1-5

问题：1. 上网查询帆船酒店餐厅还有哪些种类？
2. 根据你所掌握的信息，你认为帆船酒店的餐厅种类设置有什么特点？

👍 **情景模拟训练**

**情景设定：**

如果你被一家三星级酒店的中餐厅录用为一名服务员，你很热爱这份工作，并且想做好这份工作。

**训练要求：**

要想做好这份工作，你对自己所要服务的企业应该做哪些方面的了解？

**知识拓展**

## 国内餐饮行业养出新岗位

### 一、职业点菜师

职业点菜师是专职为顾客介绍菜品种类、推荐冷热菜肴搭配，以及为健康就餐、营养就餐提供合理化建议，并在顾客点菜时友情提醒客人"适可而止"，避免"舌尖上的浪费"。因为点菜师并不额外收取服务费，而且还能帮食客吃得健康、吃得经济，受到了不少人的欢迎。职业点菜师，21世纪初在上海、四川成都、河北石家庄等地的一些中高档酒店，都十分受欢迎。职业点菜师与传统意义上的服务员点菜是两回事。过去，服务员点菜是顾客说、服务员记。而21世纪初，点菜主动权掌握在点菜师手中，这就对点菜师提出了很高的要求，点菜师不是普通的服务员，而是服务员的一种升华。所以许多酒店把点菜师列入管理人员范畴，待遇很高，同时要求也高，一般服务员很难达到，不经过专业培训是难以起到点菜师的作用。

作为一个职业点菜师，服务、形象、专业水平、个人素质都必须超出一般的服务员，必须具备一些普通服务员没有的素质。如儒雅的风度、丰富而广博的专业知识、熟练的推销技巧和公关能力、平静的职业态度。不同酒店还对点菜师有一些特殊要求，如良好的职业道德、充分尊重顾客意见、不强行推销高档菜、不断学习等。所有这些，一般来讲都要经过专业培训。21世纪初，一些餐饮教育培训学院已经开始注意到职业点菜师这个新职业，也在做这方面的培训准备，而通过培训，职业点菜师也一定会受到欢迎，职业点菜师将成为餐饮业中一个前景十分看好的新行当。

### 二、营养师

营养师是专门指通过严格营养基础理论学习和专业临床营养技能修炼的知识，能够指导人们在饮食、预防疾病、辅助治疗、预防亚健康、健康管理等领域的知识，并能够设计好方案和跟踪服务的营养专业人才，在营养师法立法中规定，获得合格的技能证书方可上岗。从广义上来讲，是指从事与营养相关的专业人士，其不仅具有丰富的营养专业知识，更是从事与营养相关的工作有一段经历并积累有一定的经验，在本行业内有较丰富的资历。

公众营养师：又称为公共营养师，其工作与公众有关，主要从事营养知识的传播、群体性的营养调查、各种与营养相关的社会活动策划，以及与营养知识宣传教育有关的影视文学等作品策划。其工作内容多为营养知识之类的无形产品。

食品营养师、又称餐饮营养师、主要从事与餐饮有关的营养工作，如营养配餐方案、营养食谱的开发、营养配餐员的培训、餐饮服务人员的培训等。

药膳营养师，为食品和制药公司、市场协会和餐饮服务供应商服务。药膳营养师们协助企业领导进行研究、对管理和市场提出专业性意见、促使企业生产出更好的药膳养生食品投放市场。还可以根据工作性质分成更细化的营养师，如美容营养师、保健品营养师等。

**基础知识训练**

**一、选择题（可多选）**

1. 美国旅游酒店业的先驱斯塔特勒先生曾说过："酒店从根本上说，只销售一样东西，那就是（    ）。"

A. 菜肴　　　　　　B. 饮料　　　　　　C. 服务　　　　　　D. 商品

2. 餐饮服务的好坏直接影响酒店的（    ）。

A. 声誉　　　　　　B. 形象　　　　　　C. 客源　　　　　　D. 经济效益

3. （    ）属于餐饮部分。

A. 餐厅部　　　　　　B. 厨房部　　　　　　C. 客房部　　　　　　D. 管事部

**二、填空题**

1. 餐饮部是为宾客提供_____。

2. 餐厅必须具备如下三个条件：_____。

**三、简答题**

1. 简述餐饮部在酒店中地位与作用。

2. 简述餐饮部的组织结构。

## 任务2 环境与物品的准备工作

### 任务目标

通过对本次目标的训练，让学生了解餐厅的整体环境概况，并且对餐厅的物品摆放、空间设计具备基本的掌握和了解。懂得餐具的清洁方法，为客人就餐做好准备。

### 项目任务书

| 任务名称 | 环境与物品的准备工作 | 任务编号 | | 时间要求 | |
|---|---|---|---|---|---|
| 训练要求 | 能熟练认识各种中西餐具，能做好就餐前环境与物品的准备工作，为客人提供一个舒适、整洁的就餐环境 | | | | |
| 培养能力 | 熟练掌握各种清洁餐具的方法 | | | | |
| 涉及知识 | 餐厅环境分析、餐厅环境清洁标准与卫生要求、餐厅环境清洁的工作程序、清洁餐用具的方法 | | | | |
| 教学地点 | 实训室 | 参考资料 | | | |
| 教学设备 | 投影设备、投影幕布、具备网络连接条件的电脑 | | | | |

训练内容

1. 明确餐厅所需的物品准备，包含各种物品类型及其存放位置与方法
2. 认识、了解各种中西餐具
3. 餐具的清洗和擦拭
4. 玻璃器皿的清洁和擦拭

实训成果评价标准

1. 熟悉餐厅的整体环境，且餐前物品摆放应符合要求
2. 准确认识各种中西餐具并能规范使用
3. 餐具、酒具的清洗方法正确，且动作娴熟、自然、规范

### 引导案例

小米餐厅坐落在美丽的海滨城市。餐厅中的装潢独具特色，用餐氛围更是浪漫优雅又别有情调。服务员在餐桌上摆一瓶色泽鲜艳的插花或盆花，如月季、杜鹃、米兰等。其艳丽的色彩、清馥的香味，可使人的大脑处于悠然之境，并能增加消费者的食欲。餐厅中特定的音响效果能够产生独特的气氛，在餐厅中布置山水小景，山石滴泉叮咚声响使人如同漫步泉边溪畔。餐厅播放一些行云流水的背景轻音乐，如克莱德曼的钢琴曲等，都能使餐饮消费者的就餐心情变得格外舒畅。餐厅灯光的强弱与光色的照射，对餐饮消费者的就餐情绪有着重要的影响。合理的餐厅光色，既可以激发消费欲望，又可以使消费者乐于在视觉舒适的餐厅环境中就餐。不同的色彩能引起餐饮消费者的不同联想意境，产生不同的心理感受。餐厅的色彩粉蓝叠错，醒目宜人，对餐饮消费者和餐厅服务员的情绪调节、预防冲突都将具有重要意义。餐厅的整体氛

围是消费者产生愉悦的就餐心理的又一重要因素。餐厅主题和餐饮市场定位十分符合消费者心理，因此，这么多年小米餐厅一直备受客人青睐。

**思考：** 你认为小米餐厅环境布置的依据是什么？

## 知识点

### 一、餐厅环境的营造

服务的一大特性是无形性。餐厅给顾客提供的全部产品中有很大一部分是无形的服务，顾客无法直接看到，只有通过对餐厅环境气氛的观察、体会，才能形成对餐厅服务的初步了解。因此，环境气氛成了餐厅里无声的销售员。那么，该如何发挥环境气氛的作用呢？

心理学的原理告诉我们，人对外界事物的认识最初是以感觉开始的，它是其他一切心理活动的基础。餐饮消费者走进餐厅，首先用各种感觉器官去感知周围的一切，用眼去审视、用耳去倾听、用鼻子去嗅，在获得诸多感性认识后，上升为理性认识，通过思维对所感知的事物作出评价，能否获得好感只是瞬间的事。因此，餐饮企业应努力为餐饮消费者创造一个优美舒适的消费环境。

（1）餐台。在餐桌上摆一瓶色泽鲜艳的插花或盆花，如月季、杜鹃、米兰等，其艳丽的色彩、清馥的香味，可使人的大脑处于悠然之境，并能增加消费者的食欲。

（2）音响。餐厅中特定的音响效果能够营造独特的气氛。在餐厅中布置山水小景，山石滴泉叮咚声响使人如同漫步泉边溪畔。餐厅播放一些行云流水的背景轻音乐，如法国克莱德曼的钢琴曲等，都能使餐饮消费者的就餐心情变得格外舒畅。

（3）灯光。餐厅灯光的强弱与光色的照射，对餐饮消费者的就餐情绪有着重要的影响。合理的餐厅光色，既可以激发消费欲望，又可以使消费者乐于在视觉舒适的餐厅环境中就餐。

（4）色调。不同的色彩能引起餐饮消费者不同的联想意境，产生不同的心理感受。餐厅的色彩如果调配得当，醒目宜人，对餐饮消费者和餐厅服务员的情绪调节、预防冲突都将具有重要意义。

（5）布局。餐厅的整体氛围是消费者产生愉悦的就餐心理的又一重要因素。如果其布局能根据餐厅主题和餐饮市场定位的消费者的心理进行设计，必将受到顾客的青睐。

### 二、餐厅各种餐具的清洁保养

餐饮部门的木器家具、用餐器皿、布件等是保证餐厅服务工作正常进行的必要物质条件。因此，对这些物件能否做到正确使用、妥善保管、科学保养，以尽可能少的消耗来完成尽可能多的接待任务，不仅直接影响器具的使用寿命，而且反映了饭店的服务质量和管理水平。

1. 木器家具类

餐厅使用的木器家具，通常有各种餐桌、餐椅、餐柜、工作台、沙发椅、茶几、花几、衣柱等。在使用和保养时，主要是防止其断裂 、变形和表面油漆的脱落及褪色。木制家具受潮后容易膨胀、腐烂，过分干燥则容易收缩、干裂。因此，应将家具放置在干湿度适宜的位置，避免太阳的直接暴晒、暖气的烘烤和水渍的侵蚀。家具表面的油漆，不仅是为了增添其表面的美观，而且具有保护木质、延长家具使用年限的作用。因此，在擦拭家具时，不要用湿抹布，而宜用干燥或半干燥的柔软抹布揩拭。

2. 纯银器餐具类

饭店的银器大部分是餐厅用具。常用的银器餐具有餐刀、餐叉、大小银盘、各种同种类的壶盅和勺匙等。接触过蛋类的银器更要加倍擦洗，应特别注意叉的凹面，要用手指向里擦。因为蛋类与银器接触后，会生成黄色的蛋白银。另外，银器长期不用，颜色会变黑，所以要定期彻底擦洗。擦洗银器通常使用银粉。方法是先将银器浸水，再用刷子或揩布沾上银粉，用力揩拭污渍，待晾干后，用干布用力擦亮，然后用开水泡洗消毒，最后用消毒洁净的揩布揩干。不锈钢餐具也可用此法擦洗。银器质高价贵，品种繁多，规格不一。尤其是刀叉的刀口、叉尖锋利，容易划伤手脚，或因相互碰撞而损坏，所以一定要专橱专用，分类存放。这样既安全整齐，又便于清点。

3. 瓷器餐具类

瓷器是餐厅服务的主要用具 。诸如碗、碟、盘、杯、壶、匙等。虽然它们品种繁多，名称不同，使用方法各异，但其清洁保养方法基本相同。瓷器规格型号庞杂，数量又大，因此在仓库或橱柜中存放时不要乱堆乱放，必须按照不同的种类、规格、型号分别存放。这样既便于清点管理，又便于使用拿取，而且还可避免因乱堆乱放造成的挤碎压裂现象。搬运瓷器餐具时，要装稳托平，防止因倾斜碰撞而失落打碎。餐后收拾餐具要大小分档，叠放有序。使用后的瓷器要及时清洗，不要残留油污、茶锈和食物。经洗碗机洗净消毒后的碗碟，须用专用的消毒抹布擦干水渍，然后分类分档存入橱柜，防止灰尘污染。

4. 玻璃器皿类

餐厅常用的玻璃器皿主要有水杯及各种酒杯。由于玻璃器皿容易破碎，在将玻璃器皿放入洗涤容器里洗涤消毒时，一次不要放得太多，以免互相挤压碰撞而破碎。一般水杯、酒杯用后要先用冷水浸泡，除去酒味，然后用肥皂水刷，清水过净，蒸汽消毒，最后用消毒揩布擦干水渍，使之透明光亮。揩拭玻璃器皿时，动作要轻，用力要得当，防止损坏酒杯。擦干后的玻璃杯要按品种、规格分档倒扣于盘格内。玻璃器皿切忌重压或碰撞，以防破裂。发现有损裂口的酒杯应及时捡出，以保证顾客安全。

5. 餐厅布件类

餐厅里的布件主要是台布、餐巾、毛巾、窗帘等。对这些布件，一定要及时清洗，勤于清点，妥善保管。每餐换下来的台布、餐巾及潮湿布件应及时送往洗涤间，但切忌以台布当作包裹在地板上拖着运走。晚餐后换下的台布、餐巾要刷去残羹杂物放在橱内过夜，以防被虫鼠咬破。潮湿的布件应摊晾于通风干燥处过夜，以免腐烂和产生异味。布件应注意轮换使用，以减轻布件的破损和避免久放发脆。存放布件的箱橱要保持洁净。布件存放前一定要洗净晾干或进行除尘熨烫，以达到杀虫、灭菌、防霉的目的。熨烫时，要待热气散尽后再行收藏；否则，容易造成布件的变质损坏。

6. 餐具的消毒方法

餐具消毒对保证顾客身心健康、防止病从口入、防止疾病传染具有极其重要的意义。凡是盛装直接入口的食物、饮料的杯盘碗碟及所有小件餐具都要进行消毒。

常见的餐具消毒方法有以下五种：

（1）煮沸消毒法；

（2）蒸汽消毒法；

（3）高锰酸钾溶液消毒法；

（4）漂白粉溶液消毒法；

（5）新洁尔灭消毒法。

## 三、玻璃器皿的相关理论知识与清洗的规范操作程序

1. 新进玻璃器皿

必须在清洗干净和消毒后才能够使用新购进的玻璃器皿，有商标纸的必须清理干净。所有玻璃器皿要确保干净卫生，员工在使用时要小心、爱护，保证最低破损量。如果检查发现有任何破损，要立即丢入破损桶内并且注明破损部位以及原因。

2. 玻璃器皿的使用与清洁

（1）拿杯时要拿底部或者杯脚，使用时轻拿轻放。

（2）更换的瓷器和玻璃器皿应分开洗涤，避免瓷器碰坏玻璃器皿，同时一次性放入洗涤槽的器皿应该适量，以避免互相碰撞破裂。

（3）擦干水迹时，应使用专用杯布，具体做法是：将杯布打开放在左手上，将湿杯正面放在左右杯布上。右手拿着杯布的另一端，将其推进杯内。将右手的拇指配合左手的杯布，顺时针方向旋转，直至杯子内外全部干净。注意杯子不能拿得太紧或者过松。当杯子擦完后不要在手中停留太久，会留下手印。最后对着灯光，检查杯上是否有水印、口红印等污渍。

（4）摆放杯子在工作车上时应疏密适中，尤其是玻璃器皿不要叠罗汉式摆放，以免破碎在杯内留下划痕，造成损害。

（5）运送杯子时，在备餐过程中使用杯框。服务时，用干净的、垫有托盘垫的圆托盘运送。注意：玻璃器皿非常昂贵并且易碎需要小心对待；破损的玻璃器皿容易划伤，请小心。

## 四、中西餐餐酒具介绍

（一）中餐餐具

中餐餐具一般分为以下五类：

1. 盘类

中餐用盘的形状各异，尺寸不一，从小至直径为7.6厘米调味碟到直径为81.3厘米的大直

径圆盘一应俱全。常用的有圆盘、条盘、长方盘、高脚盘、汤盘、碟等。

（1）圆盘。底平而形圆，盘边有平边和荷叶边两种，其规格从直径 12.7~81.3 厘米共 16 种，可用作拼盘、爆炒菜盘、点心盘。

（2）条盘，也称鱼盘、椭圆盘。呈椭圆形，有深腰圆盘和腰圆盘两种，其规格从直径 15.2~81.3 厘米共 14 种。此盘一般可用作盛装整形菜或拼盘用，也常用于盛装爆、炒、烧、炸等，用其盛装花色菜比圆盘效果好些。

（3）长方盘。呈长方形或正方形，四角为圆弧且腹深，适用于盛装烧菜和造型菜，也可用作冷碟。

（4）高脚盘。底平口直，底部有脚，形似高脚酒杯，其边有平圆和荷叶边两种，有 8~16 厘米等多种，用于盛装水果、干果、点心、水饺等。

（5）汤盘。盘边稍高，盘深，其规格有直径 11.7~30.5 厘米共七种，多用于盛装汤汁较多的烧、烩、焖。

（6）碟。比盘子小，底平而浅，多为圆形。一般用于搁汤勺，分装菜肴，盛装味料、干果或者直接放骨渣，所以又称搁碟、味碟、餐碟、骨碟、渣碟等。

2. 碗类

碗是餐厅中常用的餐具之一，可盛装米饭、水饺等主食，又可用来盛汤或者炖制品。现在餐厅常用的碗类主要有以下几类：

（1）汤碗。汤碗的主要用途就是盛汤或者炖制品，敞口深底，容量较大。分平圆边和荷叶边两种，直径均为 21 厘米左右。

（2）手碗。手碗在宴会中使用广泛，由于手碗面小而底浅，直径 9 厘米左右，摆台时不会占用太多空间，又可以在进餐时盛食物，同时也可以盛装米饭、粥等主食。

（3）口汤碗。口汤碗比汤碗稍微小一些，直径在 5~7 厘米左右，多用于宴会分菜，碗壁较薄，便于使用。

（4）面碗。面碗是专门盛装面食的餐具，敞口深底，容量大，碗壁较厚，便于端取。

3. 勺类

勺是专门舀汤的餐具，又称汤匙。

（1）服务用勺。服务用勺一般在分装整盘食物和炖制品时使用，由木质、瓷器、金属和玻璃等材料制成。全长 18~20 厘米，有长柄和短柄之分，长柄勺体较小，柄长而细，主要用于分装流质类食物；短柄主要用于不同分派的汤菜，也可用于添菜。

（2）桌上用调羹。桌上用调羹一般是陶瓷制成的，用于接食菜品和舀汤，客人在进餐时辅助筷子食用一些汤类食品使用，也可用于甜羹与小吃，桌上用调羹体积较小，可放入碗碟中，也可配合口汤碗使用。

4. 筷子及筷架

（1）筷子。现在的筷子一般用竹子、红木、象牙、银、塑料等制成，有方头和圆头两种，一般全长为 20 厘米左右。

（2）筷架（筷套）。筷子在摆放和使用时为了方便卫生，应使用筷套和筷架。筷架的作用是托起筷头，保证筷子摆放在餐桌上时不会受到污染。

**5. 锅类**

为求某些菜肴色、香、味齐发之效果，一些炊具也常常随菜肴一起上了餐桌。因此，中式餐具除了以上的传统餐具外，还包括一些炊具。目前常见的有：

（1）火锅。我国的火锅历史悠久，源远流长。浙江等地曾出土5000多年前的与陶釜配套使用的小陶灶，可以很方便地移动，可以算是火锅的初级形式。火锅一般由铜、铝、不锈钢等制成。

（2）砂锅。俗称砂钵，为陶制炊具，主要用于冬季炖菜、焖菜等。砂锅上桌时，汤菜还往往保持沸腾。

（3）气锅。气锅起源于云南，是在熬制鸡汤时为保温而设计的锅，气锅的外观与砂锅很相似，但是内部有一个专供出气的孔。在锅中先放入食物，放在蒸笼上通过蒸汽加热，不可食用时可将其放入蒸笼保温，主要用于炖菜。

（4）烤锅。烤锅是一种将烧烤与火锅集中于一体的金属制炊具。这种锅类似于我们传统的烧木炭的火锅，中间半圆形的凸起部分是专门用来烤肉的，四周可以注入高汤涮各种食材。

（5）铁板。铁板由铁制炊具演化而来，使用生铁铸成的异形盘子。使用时将铁盘烧烫，然后将黄油涂抹在盘中烧制各种海鲜、肉类、蔬菜等佳肴。可以由厨师在现场烹饪。

**（二）西餐餐具**

**1. 餐叉**

西方餐具中至今仍保留刀子，其原因是许多食物在烹调时都切成大块，而在吃的时候再由享用者根据个人的意愿，把它分切成大小不同的小块。餐叉与餐刀相似，西餐中也有很多种，其中最常见、常用的是沙拉叉、正餐叉和水果叉。这三种叉中最小的一种就是水果叉，横放在正餐盘的上方，主要用来吃水果或者甜品。其次就是沙拉叉，也叫冷菜叉，主要用来吃沙拉和冷拼。最大的一个叫正餐叉，用来吃正餐热菜。

·正餐刀（Table Knife）
——又称肉刀，带齿，用于午、晚餐不带骨的肉类大菜。
·正餐叉（Table Fork）
——又称肉叉，用于一切大菜。也可以代替食用带骨肉排的肉排叉和鱼叉。
·正餐勺（Table Spoon）
——配汤盘使用。因为规格太大，不适于配汤盅。可用于分餐、客人从盘中取食，或用于食用意大利面（Sparghetti）等。可替代少司（Sauce）勺。

·甜品刀（Dessert Knife）
——并不意味着只用于甜品，而是表示小于正餐刀的中号餐具。甜品刀用于开胃菜、副菜、奶酪、早餐等，可以代替水果刀、黄油刀。
·甜品叉（Dessert Fork）
——表示中号餐具。与甜品刀、甜品勺配用，用于开胃菜、副菜、奶酪、甜品和早餐，可替代水果叉、蛋糕叉等。
·甜品勺（Dessert Spoon）
——同甜品刀、叉一样，是中号餐具。与汤盅、粟米碗等配用，当作汤匙；与甜品叉相配用于甜食。

图1-6　　　　　　　　　　　　　　　　图1-7

·鱼刀（Fish Knife）

——前部下折，方便使用，不带齿，用于鱼类菜肴。

·鱼叉（Table Fork）

——叉齿短，与鱼刀配用，用于易于分解的鱼类和与壳分离的其他水产。如果鱼类作大菜时，可用正餐叉代替；如果是副菜，可用甜品叉代替。

·肉排刀（Steak Knife）

——刀身尖长、齿刃锋利，用于带骨或不宜切割的肉排。规格与正餐刀相同或略大。

·肉排叉（Table Fork）

——叉齿尖利，只与肉排刀配用，可用正餐刀代替。

图 1-8

图 1-9

## 2. 餐刀

西餐中餐刀有好多种，主要的有三种：一是切肉用的牛排刀，这种刀的锯齿比较明显，主要用于食用肉排的时候。二是正餐刀，这种刀的锯齿不明显或干脆没有，主要是用来配合餐叉切割一些蔬菜、水果等软一些的食品。牛排刀和正餐刀一般平行竖放在正餐盘的右侧；如果牛排刀放在正餐刀的右侧，一般说明牛排要先于其他主菜上桌，反之亦然。三是取黄油用的黄油刀，这种刀比较小一些，一般摆放在黄油盘或者面包盘中。

## 3. 餐勺

餐勺最常见的有三种：一是正餐勺，勺头是椭圆形的，主要是在吃正餐、主食等时使用，起到辅助餐叉的作用。二是汤勺，一般是圆头，主要用来喝汤。这两种勺子一般平行竖放在餐刀的右侧，汤勺放在正餐勺的外侧。三是甜品勺，一般平放在正餐盘的上方，主要用来吃甜品，大小要明显小于正餐勺或汤勺。

## 4. 餐巾

希腊人和罗马人一直保持用手指进食的习惯，所以在用餐完毕后用一条毛巾大小的餐巾来擦手。更讲究一点的则在擦完手之后捧出洗指钵来洗手，洗指钵里除了盛着水之外，还漂浮着点点玫瑰的花瓣；埃及人则在钵里放上杏仁、肉桂和桂花。将餐巾放在胸前，其目的是为了不把衣服弄脏，西餐中常有先喝汤的习惯，一旦喝汤时弄脏了衣服，便会让人感到很不愉快。餐巾发展到 17 世纪，除了实用之外，还更注意观赏。公元 1680 年，意大利已有 26 种餐巾的折法，如教士僧侣的诺亚方舟形、贵妇人用的母鸡形以及一般人喜欢用的小鸡、鲤鱼、乌龟、公牛、熊、兔子等形状，美不胜收。

(1) 餐巾 Napkin。

(2) 鱼叉 Fish Fork。

(3) 主菜叉 Dinner or Main Course Fork。

(4) 沙拉叉 Salad Fork。

(5) 汤杯及汤底盘 Soup Bowl & Plate。

(6) 主菜盘 Dinner Plate。

(7) 主菜刀 Dinner Knife。

(8) 鱼刀 Fish Knife。

(9) 汤匙 Soup Spoon。

(10) 面包及奶油盘 Bread & Butter Plate。

(11) 奶油刀 Butter Knife。

(12) 点心匙及点心叉 Dessert Spoon and Cake Fork。

(13) 水杯 Sterling Water Goblet。

(14) 红酒杯 Red Wine Goblet。

(15) 白酒杯 White Wine Goblet。

图 1-10

## 案例分析

### 案例一　不"完美"的餐具

一位翻译带着 4 位德国客人走进了西安市某三星级酒店的中餐厅。入座后，服务员开始让他们点菜。客人点了一些菜，还点了啤酒、矿泉水等饮料。突然，一位客人发出诧异的声音。原来他的啤酒杯有一道裂缝，啤酒顺着裂缝流到了桌子上。翻译急忙让服务员过来换杯。另一位客人用手指着眼前的小碟子让服务员看，原来小碟子上有一个缺口。翻译赶忙检查了一遍桌上的餐具，发现碗、碟、瓷勺、啤酒杯等物均有不同程度的损坏，上面都有裂痕、缺口和瑕疵。翻译站起身把服务员叫到一旁说："这里的餐具怎么都有毛病？这可会影响外宾的情绪啊！""这批餐具早就该换了，最近太忙还没来得及更换。您看其他桌上的餐具也有毛病。"服务员红着脸解释着。"这可不是理由啊！难道这么大的餐厅连几套像样的餐具都找不出来吗？"翻译有点火了。"您别着急，我马上给您换新的餐具。"服务员急忙改口。翻译和外宾交谈后又对服务员说道："请你最好给我们换个地方，我的客人对这里的环境不太满意。"经与餐厅经理商洽，将这几位客人安排在小宴会厅用餐，餐具也使用质量好的，并根据客人的要求摆上了刀叉。望着桌上精美的餐具，喝着可口的啤酒，这几位宾客终于露出了笑容。

**案例分析：**

餐饮设备用品的正常与完善是餐前准备工作的必要环节。餐厅内部的物品，特别是与餐饮活动有关的物品，在餐前一定要准备充分。一般餐前准备的设备用品包括餐桌、座椅、烟缸、瓷器、玻璃皿具、桌布、餐巾、桌号牌、菜单、鲜花、调味瓶、空调、灯具、装饰品、辅助餐具等。宴会等大型餐饮活动还要对过道、地毯、餐桌布局、舞台、灯光、横幅、酒水台、旗帜、蜡烛台、扩音设备、音乐等进行布置。在各类设备用品的准备过程中，餐具的质量和清洁是应该特别重视的问题。有些餐具虽然不直接入口，但仍属于整个餐饮服务和餐饮产品的一部分，餐具的好坏直接关系到餐厅的服务水平，作为当地有名的餐厅，对餐具的要求应该更高，绝不应出现案例中发生的情景。

## 案例二　麦当劳的餐厅设计

餐厅的氛围和人气与餐厅的室内外设计息息相关，而室内外设计中最重要的要素之一，就是抓住顾客的环境心理需求。麦当劳的成功，除了本身食品受欢迎，另一个重要因素就是麦当劳餐厅设计时所运用的环境心理学。当前，人们开始越来越密切地关注自己周围生存空间的环境品质，室内设计作为一个与人们生活、个性密不可分的设计领域也已获得了大家的广泛关注。设计是连接物质文明与精神文明的桥梁，人们寄希望于通过设计来改变世界、改善环境、提高生活质量，于是室内环境的质量问题也随之敏感起来，而如何把握人对环境的使用心理及以此指导室内设计就成了室内设计领域的一大课题。加拿大建筑师阿瑟·埃利克森说过："环境意识就是一种现代意识。"

**案例分析：**

由于麦当劳餐厅的服务对象比较广，从小孩到情侣到老年人都有，因此它的光照在适中条件下最为合适。所以我们看到的大部分麦当劳餐厅都是自然采光和灯光采光结合，达到较为温馨却不至于浪漫的光照效果。麦当劳餐厅在设计中和众多餐厅一样，都考虑到建筑对个体或团体私密性的保护。利用环境设计直接影响人们私密性感受的一个方法是，减少或增加被别人看到的可能性，即控制信息的视觉闯入。就餐人对餐厅中餐桌座位的挑选，一般情况下人们最不愿意选择近门处及人流频繁通过处的座位，餐厅中靠墙卡座的设置，由于在室内空间中形成更多的"尽端"，也就更符合散客就餐时"尽端趋向"的心理要求。就这一点来说，麦当劳餐厅中有些设计是没有考虑的。例如很多麦当劳餐厅都有在餐厅中部位置的长条形桌，或在尽端都有通向商场或其他公共空间的侧门，坐在这样的地方就餐时，身边会常常经过其他人，这就会使得私密性大大降低。这也是为什么大多数人不愿意优先选择这类座位的原因。

麦当劳餐厅的定位是活泼与现代，因此在颜色的赋予上虽然每处的麦当劳餐厅不同，但却保持着相似的风格。走进大部分麦当劳餐厅时，都会听到柔和的音乐，会使人的心情从公共空间里的浮躁不安变为进入用餐空间的柔缓安逸。这些音乐有的是耳熟能详的麦当劳官方音乐，也有的是人们熟悉的柔和曲目，既能降低麦当劳餐厅里人员嘈杂的不安感，又能令人有种熟悉的味道，使得用餐心情大为提升。通过分析环境心理学在麦当劳餐厅的设计过程中的运用，我们应该体会到在任何类型的建筑中，都应将环境的重要性和人的相应需求感融入设计，才能使得建筑的空间感更为明显。

## 案例三 "俏江南"的餐厅设计

"俏江南"凭借精准的市场定位、科学化的管理、优质服务与精致的产品，逐渐形成了品牌及规模发展的优势，在餐饮业引起了广泛的关注。"俏江南"在国内首创了"中餐西吃"的成功典范，以富有创意的经营、鲜明的特色赢得了顾客的普遍赞誉。"俏江南"通过大胆与创新，突破传统的连锁模式，各家餐厅坐落于城市中最繁华路段商业区的高档写字楼内，突破固有连锁的惯例，每一家餐厅装饰风格各异，均聘请国际级设计师为俏江南量身定做，用餐环境独特而迷人，时尚而优雅，既现代又古典，既传统又创新，从整体环境到每一个细微之处都充满中西文化的交融与和谐的艺术气息，营造出最佳的视觉效果与用餐空间。

"俏江南"餐饮有限公司在北京成功确定了"中餐西吃"的模式，树立了川菜顶级品格，得到了各界人士的肯定。"俏江南"在餐饮方面以经营高档精品四川菜为主，并以高档燕、翅、鲍等广东菜为辅。"俏江南"已在北京拥有12家分店，现在"俏江南"已成为北京餐饮行业中的一颗新星。"俏江南"在北京的12家店装修上各具特色，风格优雅、舒适、高档。相信每一位来"俏江南"的顾客都会在怡人的环境中享受到高档、热情、专业的服务，同时享受到正宗、上乘的精品川菜。

**案例分析：**

"俏江南"在环境设计上突出的特色是别致与精巧，侧重突出浓郁的中国江南文化氛围、古色古香的悠远的气息，运用西方表现手法营造出来，强烈反差的对比效果，巧妙地融合在一处，展现着"俏江南"的另一种风情，华美的餐具、日式质朴的纸制吊灯、透明的水晶球、美味的菜肴、无限的温馨和幽雅，单是看那竹制或帛制菜单就令人叹为观止。室内环境幽雅，小桥、流水、花草绿叶，在深蓝色的天花板与银灰色的墙壁烘托之下，显得尤为宁静、舒适，处处体现着"俏江南"幽、静、俏的特点，又是一个古为今用、西为中用的"俏江南"之所在。

用餐环境十分幽雅、别致。餐厅进门是小桥流水，翠竹欲滴，抢眼的美式酒吧位于大堂，雨花石满铺，点缀着两边情侣沙发雅座，休闲石凳置于幽幽的意式吊灯下，柔和的灯光衬得室内十分舒适而温馨。环形水晶珠墙面间隔的是表石包围的贵宾房，桌面上永远是鲜花、银器。这里有俏丽的江南景色。在浓郁古朴的中国文化气息中又不失现代感，餐厅共分沙发卡座区、休闲石凳区和贵宾散座区，不管是宴请宾客还是休闲小憩，这里都能找到合适的位置。

## 案例四　鹿港小镇的餐厅设计

鹿港小镇餐厅，是由台湾商人创建的连锁品牌，遍布大中城市。鹿港小镇融合了港式茶餐厅的精华，兼具川、浙、湘菜的风格，以及西餐文化的时尚餐厅。只在一家店里足不出户，就能品尝到国内和世界各地的美食，这可是可遇而不可求的。鹿港小镇的店面追求时尚与个性化的装修，意大利式的地板、法国浪漫风情的桌椅，以及台湾鹿港小镇独有的风格，搭配着柔和的灯光、舒缓的音乐，打造出一个温馨而浪漫的现代餐厅，为热爱美食的人们提供一个舒适而又时尚的栖息之所。鹿港小镇的菜肴不拘泥于单一的料理方式，而是兼具各家之所长，将特色的美食带给顾客。从精挑细选的原材料，到菜品的独特设计，再到精心的烹饪过程，鹿港小镇都力求做到完美。

### 案例分析：

棕榈树扎根于餐厅之中，房屋的入口处是通透的落地玻璃结构，自然滴落的水幕，透过晶莹璀璨的零星灯饰折射，营造了滋润、静谧，星光闪烁的意境。与外面的喧闹形成强烈的对比，这种静谧的氛围让人流连忘返，产生无限遐想。鹿港小镇的餐厅装潢犹如鹿港小镇的名字一样，充满了休闲和亲切的味道，鹿港小镇，像家的港湾一样温馨，造型奇特的不锈钢灯，镂空的天花吊顶，尤为突出的就是与水幕对应的整墙的鹅黄色皮纹灯，隐隐的鹅黄色灯光，配上皮革的材质，再加以色彩斑斓的灯饰，将这种温馨的特质与时尚摩登相结合，从视觉到味觉，都是高品位的享受。试想一下，品味着美食，坐在大树下，旁边是流水潺潺，让宾客宛若置身生态森林之中，安然自在。

## 案例五　上海小南国的餐厅设计

小南国餐厅拥有时代建筑交叠的特色，小南国虽然在上海历史不长，但是声名鹊起，近几年来在上海餐饮界可算是非常有口碑，上海人有亲友聚会都会招呼到小南国去用餐，在香港都开了分店。餐厅的装修风格上海味很浓，菜肴更是原汁原味的本帮菜，各款菜式都烧得是相当入味。

**案例分析：**

与一般中餐厅不同，小南国餐厅没有将焦点放在贵宾包房，反而仿效西方不拘一格的摩登布局，以一个整全的大空间营造小区的气氛，着重以通透的及有趣的层次带领客人进入一个宽敞而开扬的空间。设计师更刻意在餐厅的室内空间重塑上海石库门窗框图案，并以此作为屏风及座位的设计，轻巧的镂刻屏面，营造一种围绕的感觉，令简洁的空间添上一份古典美。除了捕捉石库门建筑的足迹，更是运用了中国建筑的"亭阁"造型连贯空间印象。厢座以三道门扇划分空间，打开后即转变为一座半开放式亭阁，让人可观望购物中心里的热络人流。后段则运用窗花作为围屏，模仿古雅亭阁，维系空间的通透性，营造柔和与和谐的光影效果，模糊场域里外的界线，为现代场景注入园林景致的色彩。

为了丰富餐厅的空间感和层次感，餐厅在新旧建筑之间的入口回廊的天花板及立面镂刻上荷花图腾，形成一座人工荷花池，让宾客在荷花绽放的身影里感受到一袭浓浓的春意。与荷花互为倚傍、相映成趣的还有其他源自于荷花池意境的设计，各式各样遍布灯饰、桌面、墙壁和窗扇的水景图案，建构室内空间与大自然的密切关系。这种水景意象包括利用明镜扮演水池，铺设于桌面、椅背及天花板，在镜面上蚀刻点点涟漪与鲤鱼的图案，当灯光投映在镜面时，幻化成一幕幕的鲜活的光影诗篇。空间里的疏密流苏、弧线刻饰及大小镜饰，各自以不同姿态演绎池水荡漾的诗情画意。

# 案例六  苏浙汇的餐厅设计

苏浙汇是面向中高端消费群的中式餐饮连锁品牌，致力于以传承苏浙淮扬菜系的文化基础，吸纳其他中华菜系的优势工艺，糅合西方现代化的烹饪技术，对当代上海菜进行创新和提升。通过十数年的发展，苏浙汇凭其出色的研发能力、稳定的产品质量、良好的服务素质、优质的用餐环境、"将美食视为艺术、将餐饮视为文化"的经营理念获得市场的认可。先后荣获"中国驰名商标"、"上海市著名商标"、"中国百大餐饮品牌"的称号及海内外有关机构和媒体颁发的各项餐饮大奖。招牌菜"清蒸鲥鱼"、"蜜汁火肪"、"越式牛柳粒"、"樟茶鸭"等亦先后获得各项荣誉，在顾客群中具有极高的品牌知名度，成为上海菜中的代表。2010年，苏浙汇澳门餐厅更被世界美食圣经《米其林》评为"米其林一颗星"；2012年苏浙汇香港餐厅再次被评为"米其林一颗星"；成为第一家获此殊荣的中国大陆餐饮品牌。

**案例分析：**

餐厅将偌大空旷的空间分成若干个包房，缩小了空间的尺度，使之更加适合就餐的舒适氛围，并且保证了私密性。包房由腰果状的异形墙壁构成，包房入口也采用自由的曲线设计，如同山里的洞穴，设计营造出愉快难忘的就餐环境，曲线造型圆润流畅，以不规则的处理手法突出其奇特空间，着重形态设计，带起一种赏心悦目的飨宴新文化。每一间包房的设计都大不相同。包房外墙贴满大小不一的金属装饰，如绽开的桂花，造型简洁生动，充满活泼的青春朝气。地面的光线柔和地映射在弧形墙面，桂花装饰投射下清晰的影子，重重叠叠，若隐若现。高低错落的天花板，设计展现空间的层次感。天花板设计很重要的一个元素便是"鱼"形的元素。大堂内每一片用餐区都采用红色的地毯区分，顶部天花板则设计了由金属丝串联的鱼形图案。不同色彩的链子相互串联，形成了红色和白色的鱼儿形象，链子略有扰动，鱼儿在其中似乎游动一般，带来了很强烈的空间感，与杭州西湖著名的"花港观鱼"一景遥相呼应。包房内同样延续了"鱼"的设计元素，墙壁镶嵌大小不一的鱼形装置，生动活泼。

## 服务名言

售货先开口，顾客不愿走；今日看客，明日买主；让客三分理，不说满口话。

## 职业能力训练

（1）与同学一起到三家档次分明的餐厅用餐（快餐厅，家常菜餐馆，星级餐厅），感受餐厅环境的差异，体会各个餐厅中环境与物品准备工作的不同，并与同学讨论原因。

（2）中餐厅与西餐厅的环境大相径庭。请试比较西餐与中餐在用餐的过程中，相同的礼仪礼节都有哪些，不同的又有哪些。

## 观念应用训练

阅读资料，回答问题。

2011 年 12 月 24 日，一家以日本卡通形象 Hello Kitty（凯蒂猫）为主题的餐厅于圣诞节期间在北京开业，餐厅内遍布 Kitty 的形象，是中国大陆第一家的 Hello Kitty 主题餐厅。店内店外都是 Hello Kitty，沙发、靠垫、杯子、盘子等全部都是粉红 Hello Kitty 的形象。你看了会疯狂吗？这不是梦想。近日，这家名为 CC 的主题餐厅在重庆大融城开业。主题餐厅将约会、购物、品尝美食等体验完美结合，致力给客人带来粉色和白色的童话公主梦，将客人带回美好的童年回忆中。创造出时尚、浪漫、优雅的休闲空间，以日式创意餐点及日系精致餐饮服务，为重视品味又爱好精致美食的都会新贵提供一个自在的用餐环境；为渴望纯真与追求流行的时尚女性提供一个悠闲的梦想天堂。这家主题餐厅开业时引起了巨

图1-11

大轰动，许多日本与中国香港的朋友都不远千里跑来用餐，门口常常有大量各国游客与民众为Kitty的魅力倾倒而驻足。这里的餐点融入了日式、法式、意式制作手法，加入可爱时尚元素，创造出Kitty专属的口味，穿过布满蕾丝与蝴蝶结的梦幻阶梯，薄纱缎带与Hello Kitty图形的墙面仿佛梦幻天堂，华丽的水晶吊灯、餐巾纸、桌布等所有小细节上，处处可见Kitty的身影。

Hello Kitty北京餐厅的老板王总介绍，只要在不伤害他人身体利益和损坏公物的前提下，客人在Hello Kitty CC主题餐厅里面可以为所欲为。可以把Kitty搬回家，把Kitty沙发搬回家，把Kitty的装修搬回家等。而当初开这家Hello Kitty CC主题餐厅的初衷是为了送给自己女儿一份生日礼物，让CC主题和女儿一起成长，长大后给女儿做嫁妆。女儿小名叫義義，CC是女儿的谐音名，因为女儿所以有了开这样的店的打算。

在Hello Kitty CC主题餐厅用餐的客人还能得到餐厅提供的个性化服务，享受一刻回忆童年的时光，餐厅承接各种Party，让您享受着精彩的时光。童年似一杯暖暖的咖啡，暖到您心窝，童年似一杯暖暖的茶，让您回味，一起在Hello Kitty CC主题餐厅享受这美妙的时光故事。Hello Kitty CC主题餐厅以日本料理为主食，咖啡甜品为休闲下午茶，加以Hello Kitty的系列商品售卖。

问题：Hello Kitty主题餐厅的特色之处在于哪方面？

## 👍 情景模拟训练

### 情景设定：

假如你参加了某三星级酒店的服务生工作，已经被录取，之后即将开始三个月至六个月的服务生培训，根据自身学习成绩，通过考核的成绩良好者可以三个月之后与饭店直接签署合同上岗工作。

**训练要求：**

请问你现在需要掌握关于酒店的哪些资料呢？即将参加正式服务生培训的你有哪些方面需要准备呢？

**知识拓展**

# 北京最美的餐厅TOP5

图1-12

1. 梧桐

梧桐是一家主营创意菜的餐厅，整个房屋是玻璃结构，通透的玻璃屋让人犹如置身原始森林之中，自然滴落的水幕营造了滋润、静谧的影像。紧邻丽都公园，整个公园的美景可尽收眼底。主营中国创意菜，摆盘从中国传统山水画中汲取了"留白"的概念，又与西方油画的表现手法相结合，让每道菜都像一件艺术品，真正做到了"色香味俱全"。2008年被评为最佳庭院景观餐厅，2009年被评为全国十大流行餐厅之一，2011年被评为最佳创意菜餐厅之一等。

超过1000平方米的玻璃结构建筑，自然地分成两部分不同风格的区域。一部分从设计到桌椅都充满了浓郁的阳光自然气息，另一部分则浑然融合了古典与现代、东方和西方的元素，充满了空间和线条的感受；两个不同特点的区域都让人感觉既舒适又时尚，似乎难于取舍。室内四棵枝繁叶茂的梧桐树贯穿了上下两层空间，一直伸向蓝天。事实上，整个餐厅是围绕这四棵原先就存在的大树而建成的。而遍布两层的绿色盆栽，环绕玻璃房子的公园美景，一层活水流动的浪漫水帘，夜间点缀每个角落如萤火虫般的闪烁烛火，无不透露出经营者的环保意识和餐厅的绿色主题；也毋庸置疑地让梧桐成为这喧闹都市中难得的绿色桃花源。

图 1-13

2. 便宜坊

便宜坊前门鲜鱼口店是北京著名的中华老字号，创立于明朝永乐十四年（公元 1416 年）。焖炉烤鸭制作工艺独特，堪称北京烤鸭的"鼻祖"。整体设计为清朝皇家建筑风格，重檐翘角，台楼环廊，辉煌瑰丽，宏伟轩昂。该店最大的建筑特色就是回廊的包围下有一个极具老北京特色的四合院。便宜坊的店名有一段来历。明嘉靖三十一年（公元 1552 年），时任兵部员外郎（相当于现在的国防部副司长）、家住宣武门外达智桥的杨继盛（字仲芳，号椒山）在朝堂之上严词弹劾奸相严嵩，反被严嵩诬陷。下得朝来，内心苦闷，饥肠辘辘，逶迤来至菜市口米市胡同。忽闻香气四溢，见一小店，推门而入，店堂不大，却干净优雅，宾客满堂，遂择席而坐，点了烤鸭与些许酒菜，大快朵颐，把烦闷与不快早抛至九霄云外了。也有认出他的，知是爱国名臣良将，便报与店主。店主亲自为之端鸭斟酒，颇露钦佩之色，遂攀谈起来。得知此店名为便宜坊，又见待客周到，叹谓到"此店真乃方便宜人，物超所值！"大呼"拿笔来，快拿笔来！"笔、墨、纸、砚早到，杨继盛伏案一挥而就三个大字"便宜坊"！众皆呼好。此后，杨继盛与众位大臣频频光顾。后杨继盛遭严嵩诬陷被抓，后致死。严嵩让便宜坊的老板把匾额摘下，老板不允。后严嵩派人强行摘除匾额，老板以身护匾，遭殴打致吐血，严嵩因此作罢。便宜坊由此声名远播。

3. 束河人家

束河人家位于南锣鼓巷北兵马司胡同内，相对于南锣鼓巷的喧嚣，这条胡同显得非常安静。从南锣鼓巷枝杈出来的一条街道，冬天，沿着灰的墙走过来，一抹红色闪过时，就到了。不起眼，但吸引的是回头客。从名字上看，便知它取自于束河，所以风味自然是云南养生火锅。束河人家 300 平方米的封闭式四合院内，无论装饰还是摆设，均是云南风格，就连这里的厨师、服务员和菜品也全部来自云南。

这是一家做云南火锅的餐厅。几扇洁净的玻璃窗吸引着路过的人们，透过洁净的玻璃

图 1-14

窗，可以看到一个充满绿色的院落，从一扇看起来很有年头红漆斑驳的大门走进去，绿茵掩门，绿意流淌，马蹄莲、杜鹃、虎头兰、芦荟等十几种花卉竞相开放，令人心旷神怡，所谓庭院深深深几许，姹紫嫣红总是春。木质的吧台散发出古朴自然的田园气息，转过一个弯后豁然开朗，大片的绿色抢占了视野，犹如一幅画卷一般，潺潺的流水声给这幅画卷增加了一点灵动，寻声望去，在东厢房的门口，一条长长的水池镶嵌在地面上，许多金鱼悠闲地甩着尾巴巡视着不大的领地，水池里还镶嵌有五彩的地灯，华灯初上，地灯笼罩，真是一片旖旎风光。

图 1-15

**4. 西贝九十九顶毡房**

在京也一样可以体验草原风情，品味草原美味，聆听草原歌声。西贝九十九顶毡房沿用内蒙古草原风格装饰，园区绿化很好，足以给人绿色草原之感，一个个蒙古包矗立园区，服务员身着内蒙古民族服饰，加之各种内蒙古特色小物件，由不得你不把这里当草原。此外，这里每天都有精彩表演，那爽朗、悠扬的歌声使客人充分感受着草原人民的豪迈风情。餐厅主营西北菜，烤全羊、烤羊腿、泉水羔羊肉都是餐厅里的招牌菜，各种烤肉真是外焦里嫩，口味不膻不腻，奇香无比。

九十九顶毡房的负责人介绍说："希望通过蒙古姑娘选拔活动，给多才多艺的蒙古族文艺爱好者提供一个展示才艺的平台，为发扬蒙古族文化做一点贡献。同时选秀也是一个手段，我们希望通过这样的方式将蒙古人热情好客的真性情展现给大家，歌舞表演是蒙古人待客最高礼仪的一部分，希望来九十九顶毡房的客人在享受美食的同时也能体验到真正的蒙古待客文化。"据悉，选出来的获胜者将由蒙古族老师亲自指点进修正统蒙古族长调、蒙古族舞蹈，并加入九十九顶毡房的演出团队。九十九顶毡房的每一顶包都真实地来自草原，包括内蒙古、蒙古国、新疆等地的草原深处，走进去会让你感受到浓郁的草原特色，仿佛那放歌归来的牧人就在你身边，让人身临其境。

图 1-16

### 5. 云海肴

云海肴是北京心正意诚餐饮有限公司旗下品牌之一。公司创立于 2009 年 10 月 8 日，是四个"80 后"年轻人一起创办的云南菜餐厅。云南云海肴品牌定位为年轻、活力、自然。深得北京白领消费群体的喜爱，曾在北京知名餐饮网站大众点评网被评为白领最喜爱的餐厅之一。云海肴 Mystic South-Yunnan Ethnic Cuisine 来自彩云之南，汇聚四海佳肴，致力于为客人提供美味的云南吃食，体验七彩的饮食文化。云海肴主打云南菜，云南菜的特点不仅是食材讲究鲜嫩，更有技艺高超的烹饪方法。云南常年蔬菜不断，做素菜或用于点缀，体现清淡淳朴、鲜嫩回甜的风味，讲究滋养。

在云海肴里，悠扬的葫芦丝音乐流动在空气中，悬挂在天花板上的"篓篓"（云南当地用来抓鱼的工具）被改造成灯笼，古色古香、形状不一的原木桌凳躺在夕阳的余晖里，身着彝族服饰的服务员带着云南口音热情地和客人们交谈……向往神山、红土地紧紧相连的胜地云南，便会爱屋及乌地恋上这云海肴的美食。在幽静的餐厅里，品尝着特色的云南菜，听着《月光下的凤尾竹》，舒缓的音乐在心里静静地流淌。头顶橘黄的灯光营造出安逸的气氛，让你感觉像是在穿越一段历史，正如那些泛黄的书籍或是老化的胶片，时间地点忽然有些错乱了，周围的人似乎也和你一起，穿梭在充满独特神秘的彩云之南。

**基础知识训练**

**一、选择题（可多选）**

1. 关于玻璃器皿的使用错误的是（　　）。

A. 玻璃杯可以采用叠罗汉式摆放　　　　　B. 要用专门的抹布擦干玻璃杯中的水印

C. 避免与陶瓷器皿一同清洗　　　　　　　D. 轻拿轻放

2. 新买的玻璃杯的清洗方法是（　　）。

A. 用盐水煮十五分钟左右　　　　　　　　B. 用茶水泡几个小时

C. 用苏打水泡　　　　　　　　　　　　　D. 用洗涤灵清洗即可

**二、填空题**

1. 餐厅日常卫生工作要做到_____、_____、_____、_____。

2. 收位应在客人的_____进行，并且收位之前应_____。

3. 重要宾客光临，应把他们引领到餐厅中_____；夫妇、情侣就餐，应把他们引领到_____；全家、亲朋好友聚餐，应把他们引领到_____；对老幼残宾客应把他们安排在_____。

**三、简答题**

简述清洗玻璃器皿的注意事项。

# 任务3　餐桌的布置与整理

## 任务目标

在餐厅服务工作过程中，从餐前摆台、餐中提供菜单、酒水和客人更换餐具、递送账单等一系列服务，到餐后的收台整理，都要使用托盘，可以说托盘是服务员的第二生命。通过对托盘端托服务的了解和具体实践，以及铺台布工作的学习，餐巾折花的技术培训、中西餐摆台工作的流程与规范，培养学生对餐前餐桌进行相应的布置与整理的能力。

### 项目任务书

| 任务名称 | 餐桌的布置与整理 | 任务编号 | | 时间要求 | |
|---|---|---|---|---|---|
| 训练要求 | 了解餐桌布置与整理的内容，熟练掌握餐桌布置与整理的各种操作流程及操作规范，并能灵活用于服务工作中 | | | | |
| 培养能力 | 掌握台布铺设方法；掌握托盘使用的步骤及规范；餐巾花的折叠方法；掌握中西餐宴会摆台的技能 | | | | |
| 涉及知识 | 托盘使用标准及程序、中西餐宴会国家摆台标准、台布铺设方法、餐巾花相关知识 | | | | |
| 教学地点 | 教室、模拟餐厅 | 参考资料 | | | |
| 教学设备 | 投影设备、投影幕布、可联网的电脑 | | | | |
| 训练内容 | | | | | |
| 1. 采用视频教学，讲授餐桌布置与整理的相关知识内容<br>2. 推拉式、抖铺式、撒网式三种台布铺设方法的技能实训<br>3. 托盘的轻托与重托使用技能实训<br>4. 杯花和盘花的折花技能实训<br>5. 中西餐摆台技能实训 | | | | | |
| 实训成果评价标准 | | | | | |
| 1. 熟练掌握托盘使用的步骤及规范方法，托盘使用动作娴熟、标准、自然，且行走自如<br>2. 能在规定时间内完成10种杯花和5种盘花的折叠。折花手法娴熟、标准、快捷，且花形整理和摆设符合要求<br>3. 台布铺设手法娴熟、标准、自然，且台布成形符合要求<br>4. 能熟练按规范进行中西餐宴会摆台 | | | | | |

## 引导案例

某高档餐厅，陈领班接到当晚订单之后，便回贵宾厅安排工作。其中1号厅高先生留台16位/席。当时陈领班只是安排服务员小吴在1号厅的大铁台（14人台）摆16人的餐位，而没有按要求换成18人台，严重违反了操作规程。当时经理在开餐检查工作时不够细致，发现问题未能及时追问陈领班为何不变台型及纠正错误。下午6:30接到宴会部的菜单时（已明确是16

位），陈领班仍未能及时更换台型。7:00 高先生带了几位客人来到餐厅，陈领班马上将当晚的菜单让高先生确认。高先生的客人中由于有小孩，便将第一个菜"三文鱼北极贝刺身"改为"乳猪拼盘"。当时客人高先生说一共有 18 位，陈领班仍然没有组织人员更换台型。后来客人认为餐桌太小，陈领班才匆忙找人变更，并请在 2 号厅休息的高先生一行入座，上酒水、上菜，宴会过程中的服务均正常。

**思考**：假设你是餐厅经理该如何处理呢？

## 知识点一  托盘端托

### 一、托盘的种类和用途

1. 托盘的种类

（1）按照托盘的制作材料，可分为木托盘、金属托盘和胶木防滑托盘。

（2）按照托盘形状，可分为长方形托盘、圆形托盘、椭圆形托盘和异形托盘。

（3）按照托盘规格，可分为大、中、小三种规格托盘。圆托盘的直径大于 36 厘米的为大圆托盘；直径在 32~36 厘米的为中圆托盘；直径在 20~32 厘米的为小圆托盘。长方形托盘也按此规格分大、中、小三种。

**图 1-17**

2. 托盘的用途

（1）小型的圆形和方形托盘通常用来运送账单、信件和湿巾等小件物品；

（2）大中型的圆、方形托盘通常用来斟酒、上菜、展示饮品等；

（3）大中型的长方形托盘通常用来运送菜点、酒水和盘碟等较重的物品；

（4）异形托盘通常用于特殊的鸡尾酒会或其他庆典活动。

图 1-18

## 二、托盘的端托与使用

### 1. 轻托

轻托是指在餐厅服务工作中使用大小合适的托盘，专门为宾客上菜、斟酒、收餐具时使用的一种托盘运送物品的方法，因所托物品重量较轻，一般在 5 千克以内，故称轻托，又因需要平托于胸前，故又称胸前托或平托。

图 1-19

在餐厅服务的工作过程中，从餐前摆台，餐中提供菜单、酒水和为客人提供餐具、递送账单等一系列服务，到餐后的收台整理，都要使用托盘，托盘是服务员的第二生命。不管是在一般的大众餐厅，还是在高星级的酒店宾馆餐饮服务中，托盘服务和技巧都是服务人员在餐饮服务中不可或缺的一项重要技能。

轻托动作要领：

（1）两肩保持平行，用左手上臂垂直于地面，下臂向前抬起与地面平行，上臂与下臂垂直成 90 度角。

（2）手掌掌心朝上，五指张开，指实而掌心虚。大拇指指端到手掌的掌根部位和其余四指托住盘底，手掌自然形成凹形，掌心不与盘底接触。

（3）手肘离腰部 15 厘米。

（4）右手自然下垂或放于背后。

2. 重托

重托是指在餐厅服务工作中使用的大型托盘，专门用于运送较重的菜点、酒水和盘碟等物品时使用托盘运送物品的方法，因所托物品重量较重，一般在 5 千克以上，故称重托。

图 1-20

重托操作要领：

（1）双手将托盘拉至台面的边沿处，使托盘 1/3 悬空。

（2）右手将托盘扶稳，左手伸入盘底，五指分开，掌心向上伸平托住盘底中心，双脚分开呈外八字形，两腿屈膝下蹲呈骑马蹲裆式，腰部略向左前方弯曲。

（3）在左手确定好端托重心后，右手扶住托盘边沿，协助左手向上用力将托盘慢慢托起至轻托状，随后左手腕向左后方转动 180 度，同时使托盘向外旋转送至左肩外上方，待左手托实、托稳后，再将右手放回体侧呈下垂站立姿势。

（4）托起托盘后，应悬空托于左肩上方，盘底距肩约 2 厘米，托盘边沿距耳朵约 2 厘米，前端稍向外侧，不近嘴。

3. 托盘操作流程

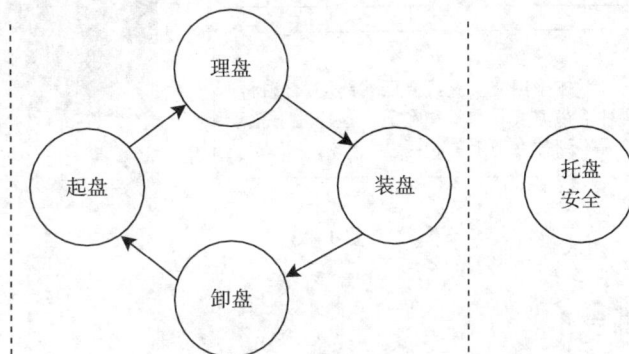

图 1-21

第一步：理盘。根据所托物品选择好托盘，洗净、擦干，非防滑托盘应在盘内垫上干净的餐巾或专用托盘垫布。整理好的托盘应整洁美观，并且每使用一次托盘都应及时清理盘内杂物。

要求：卫生美观又防滑。

第二步：装盘。根据物品的形状、体积和使用的先后顺序合理装盘。装盘的原则是：较重的、较高的物品摆放在里档（靠近身体的一侧）；较轻的、较低矮的物品摆放在外档；先用的物品摆放在前面或上面，后用的物品摆放在里面或下面。

要求：重量分布均匀，力求平衡。

第三步：卸盘。轻托卸盘时，由于盘中物件减少，重心发生转移，所以要随时移动托盘在左手上的重心点，使左手托盘保持平衡。如果托盘上装有重物，卸盘时需注意，不能用力过猛，应当先将托盘前端 1/3 放在台面上，再将整个托盘推进去放好，这个动作刚好与起盘相反。

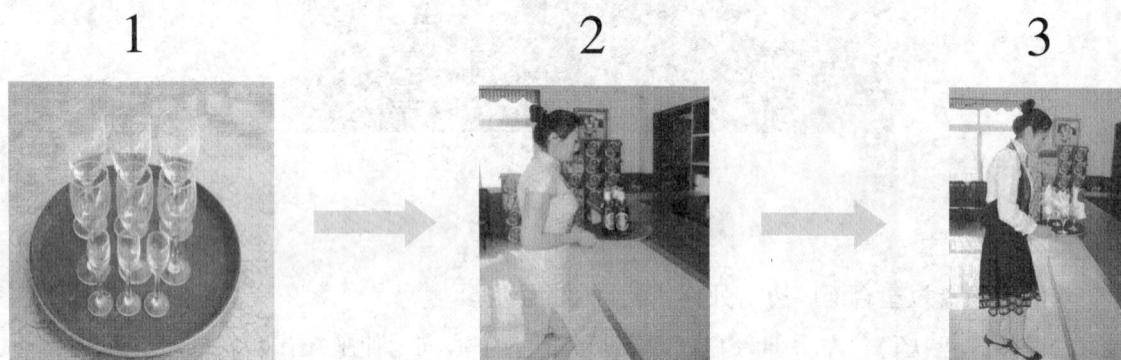

图 1-22

4. 托盘行走

托盘行走的步伐：
常步即常规步伐，指步距均匀、快慢适中的步伐。
快步是急行步，步距加大，步速较快，但又不能变为跑步。
碎步是小快步，步距小，步速快，上身保持平稳。
垫步又称辅助步，这种步伐，能使身体呈略向前倾的姿势，以便平稳地将物品放下。

托盘下蹲：
上体保持托盘姿势，下体采用交叉式或高低式蹲姿。值得注意的是无论采用哪种下蹲方式，左脚均在前，这样才不至于使托盘挡住视线，看不到掉在地上的物品。

图 1-23

### 知识点二　铺台布

台布是餐厅摆台所必备的物品之一。台布的规格及色泽的选择，应与餐台的大小、餐厅的风格协调一致。

甩盘：
这个动作是在托盘靠近客人，为客人撤换餐具时用得最多的一个动作，目的是为了避免托盘碰到客人的头部。动作要领：伸出右脚踩在两个椅子之间，移动重心到右脚，同时以手肘为轴心托盘由胸前平行移动至胸左侧，右手拿取餐桌上的物件。做这个动作时，要求服务员要保持左手托盘的平衡，特别是托盘上的物件较高而重心不稳时或盛器内有汤汁时。

图1-24

## 一、台布的种类与规格

1. 台布的种类

台布的种类很多，因纯棉台布吸湿性能好，大多数餐厅均使用纯棉提花台布。台布的图案有团花、散花、工艺绣花及装饰布等；台布的颜色有白色、黄色、粉色、红色、绿色等，但多数选用白色。选择台布的颜色，要与餐厅的风格、装饰、环境相协调。

台布的形状大体有三种：正方形、长方形和圆形。正方形常用于方台或圆台，长方形则多用于西餐各种不同的餐台，圆形台布主要用于中餐圆台。

2. 台布的规格

台布的规格有多种，经常使用的有 140cm×140cm、160cm×160cm、180cm×180cm、200cm×200cm、220cm×220cm、240cm×240cm、260cm×260cm 等。使用时应根据餐桌的大小选择适当规格的台布。如 140cm×140cm 的台布适用于 90cm×90cm 的方台上；160cm×160cm 的台布适用于100cm×100cm、110cm×110cm 的方台上；180cm×180cm 的台布适用于直径 150cm、直径 160cm的圆台上；200cm×200cm 的台布适用于直径 170cm 的圆台上；220cm×220cm 的台布适用于直径180cm 或 200cm 的圆台上；240cm×240cm 的台布适用于直径 220cm 的圆台上；260cm×260cm 的台布适用于直径 240cm 的圆台上。

除了方台布外还有长方形台布，如 160cm×200cm、180cm×300cm 等不同规格。这类台布用于长方台及西餐各种餐台，可根据餐台的大小形状选用不同数量的台布，一块不够用时可随意拼接。在拼接时注意将接口处接压整齐。

圆形台布其规格各有不同，一般的圆形台布多见于定型特制，即根据餐台的大小将台布制成大于餐台直径 60cm 圆形台布，以台布铺于餐台上圆周下垂 30cm 为宜。

## 二、台布铺设

1. 准备工作

铺台布之前，首先应将所需餐椅按就餐人数摆放于餐台的四周，使之呈三三两两的并列状，然后服务人员应将双手洗净，并对准备铺用的每块台布进行仔细的检查，发现有残破、油液和褶皱的台布则不能继续使用。

最后应根据餐厅的装饰、布局确定席位。餐厅服务员站立在副主人餐椅处，距餐台 40cm，将选好的台布放于副主人处的餐台上。

铺台布时，双手将台布打开并提拿好，身体略向前倾，运用双臂的力量，将台布朝主人座位方向轻轻地抛抖出去。在抛抖过程中，做到用力得当，动作熟练，一次抖开并到位。

2. 铺设方法

中餐圆台铺台布的常用方法有 3 种：

（1）推拉式铺台。用双手将台布打开后放至餐台上，正面向上，左右两手捏住台布的一边，至距边缘 40cm~50cm 处，两手离台布中缝线距离各约 50 厘米，其他的台布分别夹在其余四指内，将台布贴着餐台平行推出去，再拉回来。一次定位准确，铺好的台布中缝线对正主人位和副主人位，十字中点落在餐台圆心上。四角离地面距离相等。

（2）抖铺式铺台。用双手将台布打开，平行打折后将台布提拿在双手中，身体呈正位站立式，利用双腕的力量，将台布向前一次性抖开并平铺于餐台上。这种铺台方法适合于较宽敞的餐厅或在周围没有客人就座的情况下进行。

（3）撒网式铺台。用双手将台布打开，正面向上，用大拇指和食指抓住台布靠近身体的一边，其余三指快速抓住台布其余部分，平行打折；呈右脚在前、左脚在后的站立姿势，双手将打开的台布提拿起来至胸前，双臂与肩平行，上身向左转体，下肢不动并在右臂与身体回转时，台布斜着向前撒出去，如同撒渔网一样；将台布抛至前方时，上身转体回位，并恢复至正位站立，然后再将台布向自身拉回，一边拉，一边调整台布。这时台布应平铺于餐台上。

### 知识点三　餐巾折花

餐巾折花的造型和种类很多，技法也各不相同。作为餐厅服务员要掌握餐巾折花的基本造型和折叠技法。餐巾折花的基本技法有叠、折、卷、穿、翻、拉、捏、掰 8 种。餐厅服务员应反复练习，达到技艺娴熟、运用自如。

1. 按摆放方式分为杯花和盘花两种

（1）杯花需插入杯中才能完成造型，出杯花形即散。由于折叠成杯花后，在使用时其平整性较差，也容易造成污染，所以目前已较少使用，但作为一种技能，仍在餐厅服务中存在。10

种杯花造型及折叠技巧如图 1-25 所示。

### 1. 单荷花

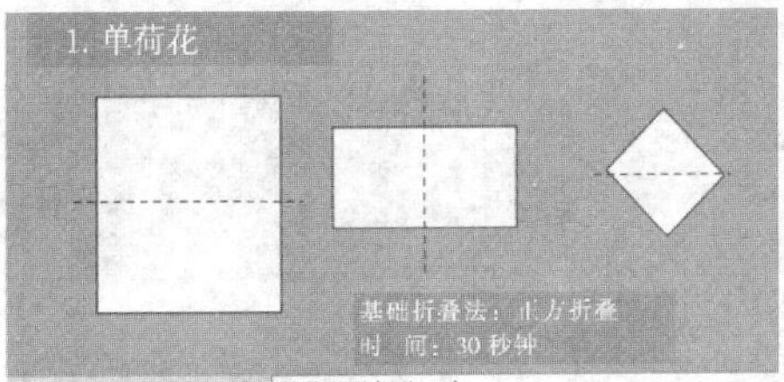

基础折叠法：正方折叠
时 间：30 秒钟

单荷花及折花口令
(1) 反面朝上，正方折叠，四巾角朝左，菱形放置
(2) 从中间向两边均匀推
(3) 左手攥住餐巾中心，四巾角朝上，底角上折 1/3
(4) 对称拉开四巾角，插入杯中
(5) 整理成形

### 2. 双荷花

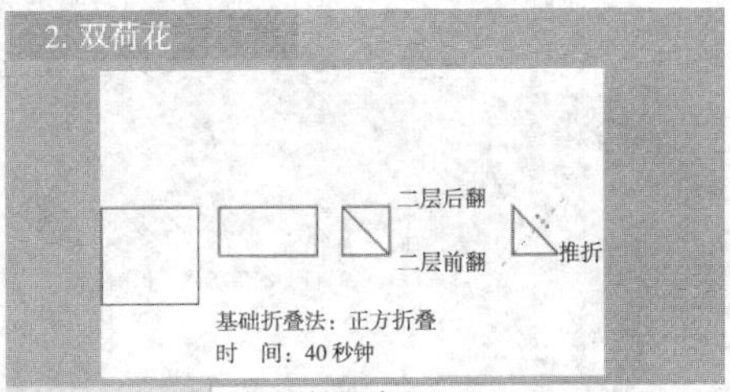

二层后翻
二层前翻
推折

基础折叠法：正方折叠
时 间：40 秒钟

双荷花及折花口令
(1) 反面朝上，正方折叠，四巾角朝下，菱形放置
(2) 两片巾角向上翻折，两片巾角向下翻折，呈三角形，顶角朝左
(3) 以三角形的高为基准，从中间向两边均匀推
(4) 左手攥住餐巾
(5) 对称拉开四巾角，花芯垂直居中向上
(6) 插入杯中，整理成形

### 3. 冰玉水仙

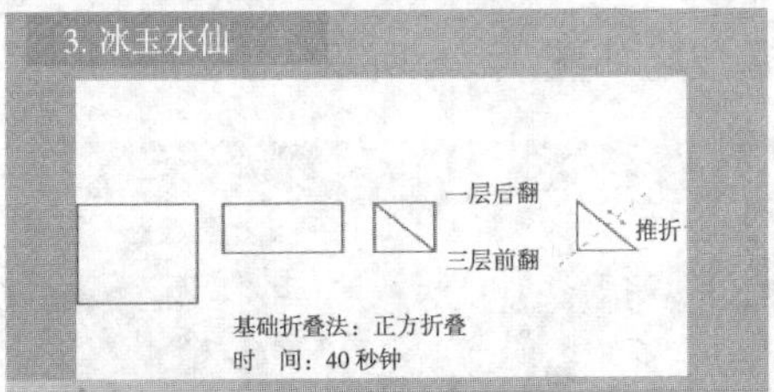

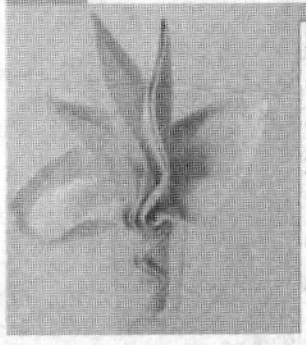

一层后翻
三层前翻
推折

基础折叠法：正方折叠
时 间：40 秒钟

冰玉水仙及折花口令
(1) 反面朝上，正方折叠，四巾角朝下，菱形放置
(2) 将一巾角向上翻折，三巾角向下翻折，呈三角形，顶角朝左
(3) 以三角形的高为基准，从中间向两边均匀推
(4) 左手攥住餐巾，拉开四巾角，花芯垂直居中向上
(5) 插入水杯，整理成形

### 4. 双芯结蒂

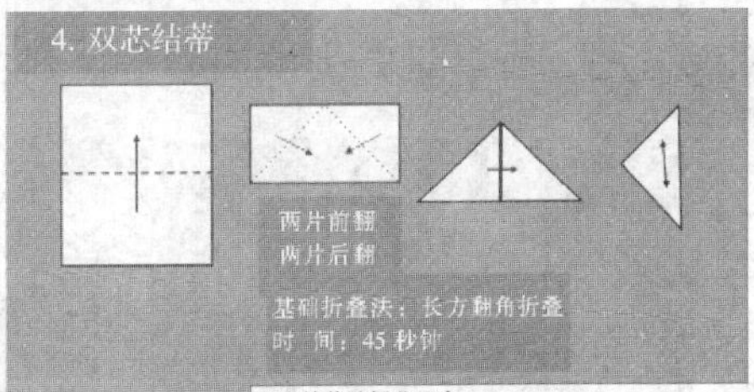

两片前翻
两片后翻

基础折叠法：长方翻角折叠
时 间：45 秒钟

双芯结蒂及折花口令
(1) 反面朝上，长方折叠
(2) 两片巾角向下翻，对折呈正方形，菱形放置，巾角朝下
(3) 一片巾角上翻，一片巾角下翻，呈三角形
(4) 以三角形的高为基准，从中间向两边均匀推
(5) 左手攥住餐巾，拉开两片巾角，放入杯中
(6) 翻出花芯，整理成形

### 5. 卷蝴蝶

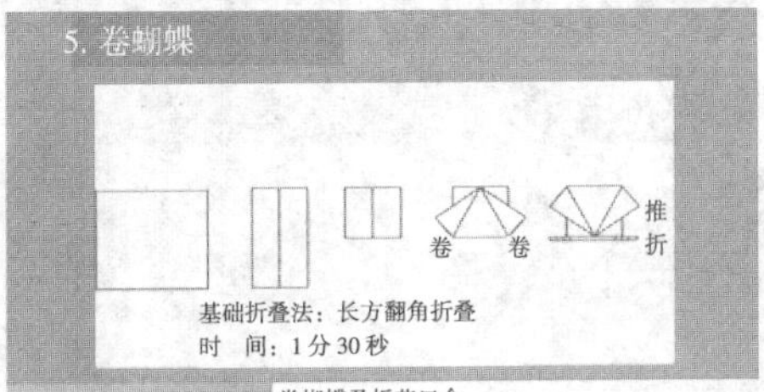

卷 卷
推折

基础折叠法：长方翻角折叠
时 间：1 分 30 秒

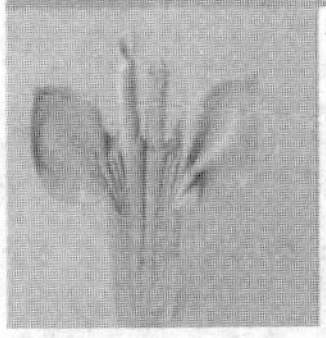

卷蝴蝶及折花口令
(1) 反面朝上，将左右两边向中间对拢成长方形，反一面后对折，巾角朝下
(2) 翻开两巾角，从下往上卷至折叠处，提起作第一个褶裥
(3) 再翻开两巾角，继续向上均匀推
(4) 将两边向中对拢
(5) 插入水杯，整理成形

### 6. 圣诞火鸡

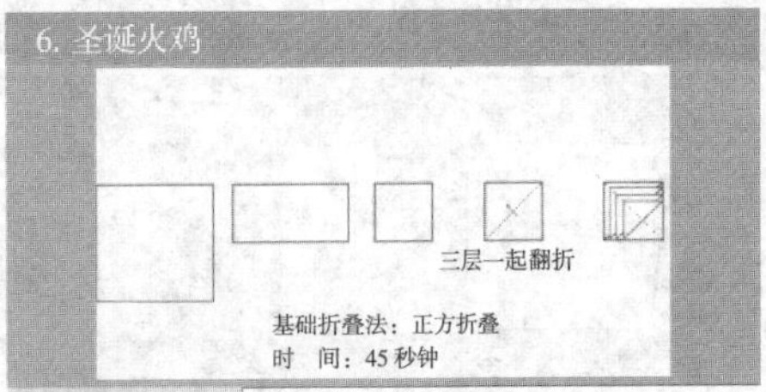

三层一起翻折

基础折叠法：正方折叠
时 间：45 秒钟

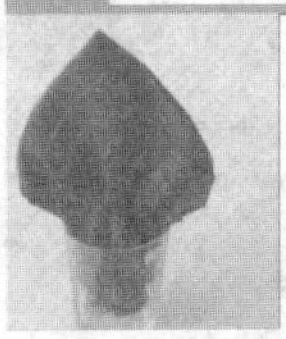

圣诞火鸡及折花口令
(1) 正面朝上，正方折叠，四片巾角朝下
(2) 逐一上翻三片巾角，每片间距 1~2 公分
(3) 反面朝上，单片角向上，菱形放置
(4) 从中间向两边均匀推
(5) 左手攥住餐巾，单片巾角朝下
(6) 单片巾角上提捏鸟头
(7) 放入杯中，整理成形

### 7. 孔雀开屏

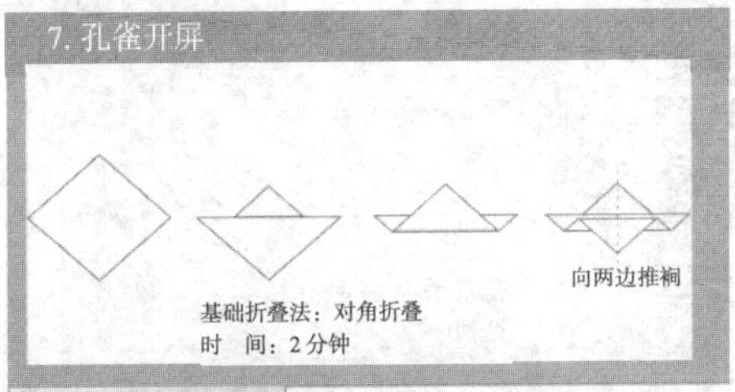

向两边推裥

基础折叠法：对角折叠
时 间：2 分钟

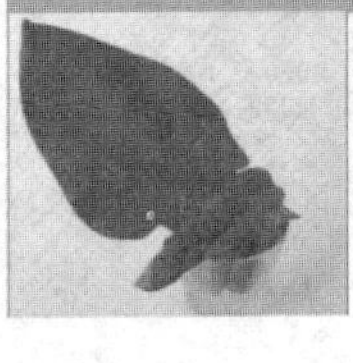

孔雀开屏及折花口令
(1) 反面朝上，菱形折叠
(2) 从中间向两边均匀推
(3) 左手攥住餐巾，分别往两个夹层穿筷
(4) 插入杯中，抽出筷子，整理成形

### 8. 姐妹花

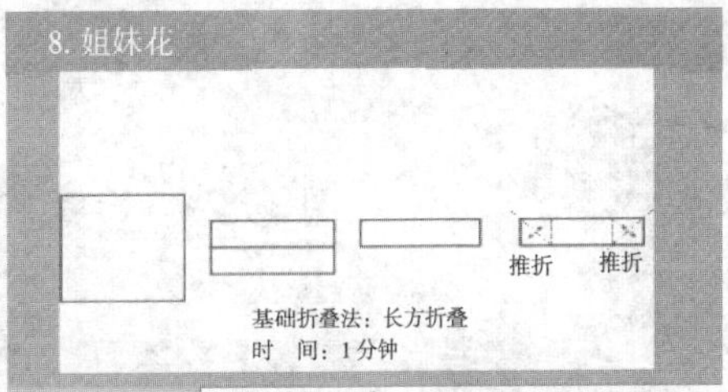

推折 推折

基础折叠法：长方折叠
时 间：1 分钟

姐妹花及折花口令
(1) 反面朝上，长方折叠，巾角朝上
(2) 上片巾角左右对称向后翻，呈长方形
(3) 以左右两角为中心，分别由中间向两边均匀推
(4) 左右两褶裥平行放置，左手拽住餐巾
(5) 多余部分包住餐巾底部
(6) 插入水杯，整理成形

**图 1-25**

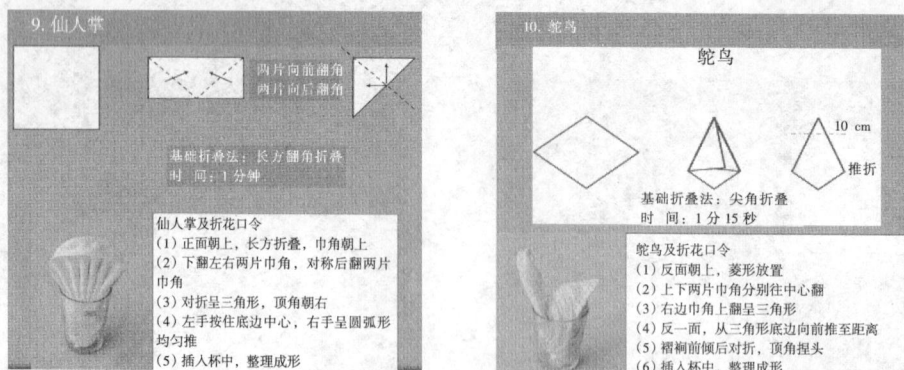

## 9. 仙人掌

基础折叠法：长方翻角折叠
时　间：1分钟

两片向前翻角
两片向后翻角

**仙人掌及折花口令**
（1）正面朝上，长方折叠，巾角朝上
（2）下翻左右两片巾角，对称后翻两片巾角
（3）对折呈三角形，顶角朝右
（4）左手按住底边中心，右手呈圆弧形均匀推
（5）插入杯中，整理成形

## 10. 鸵鸟

鸵鸟

10 cm
推折

基础折叠法：尖角折叠
时　间：1分15秒

**鸵鸟及折花口令**
（1）反面朝上，菱形放置
（2）上下两片巾角分别往中心翻
（3）右边巾角上翻呈三角形
（4）反一面，从三角形底边向前推至距离
（5）褶裥前倾后对折，顶角捏头
（6）插入杯中，整理成形

**图 1-25（续）**

（2）盘花造型完整，成形后不会自行散开，可放在盘中或其他盛器及桌面上，因盘花整洁大方，美观适用，所以盘花呈发展趋势。盘花的折叠技巧如图 1-26 所示。

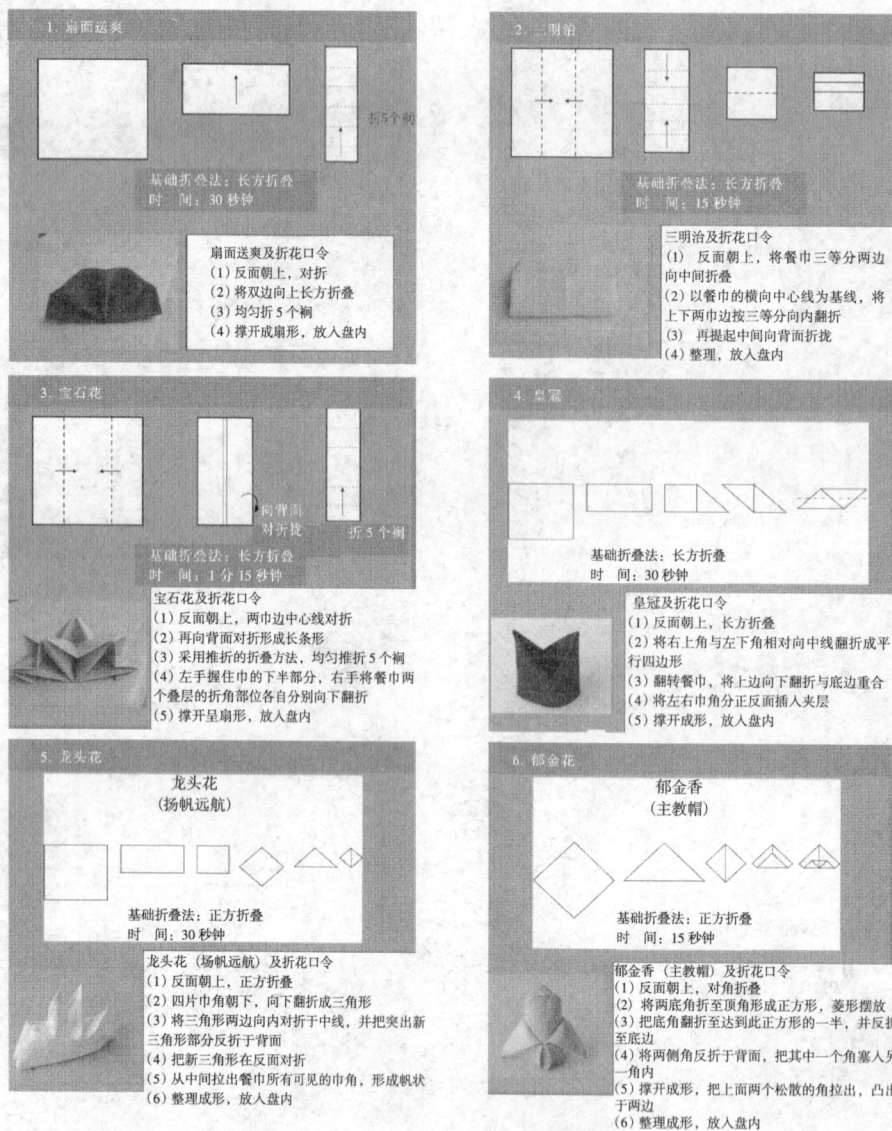

## 1. 扇面送爽

折5个裥

基础折叠法：长方折叠
时　间：30秒钟

**扇面送爽及折花口令**
（1）反面朝上，对折
（2）将双向上长方折叠
（3）均匀折5个裥
（4）撑开成扇形，放入盘内

## 2. 三明治

基础折叠法：长方折叠
时　间：15秒钟

**三明治及折花口令**
（1）反面朝上，将餐巾三等分两边向中间折叠
（2）以餐巾的横向中心线为基线，将上下两巾边按三等分向下翻折
（3）再提起中间向背面折拢
（4）整理，放入盘内

## 3. 宝石花

向背面
对折拢

折5个裥

基础折叠法：长方折叠
时　间：1分15秒

**宝石花及折花口令**
（1）反面朝上，两巾边中心线对折
（2）再向背面对折形成长条形
（3）采用推折的折叠方法，均匀推折5个裥
（4）左手握住巾的下半部分，右手将餐巾两个叠层的折角部位各自向下翻折
（5）撑开呈扇形，放入盘内

## 4. 皇冠

基础折叠法：长方折叠
时　间：30秒钟

**皇冠及折花口令**
（1）反面朝上，长方折叠
（2）将右上角与左下角相对向中线翻折成平行四边形
（3）翻转餐巾，将上边向下翻折与底边重合
（4）将左右巾角分正反面插入夹层
（5）撑开成形，放入盘内

## 5. 龙头花

龙头花
（扬帆远航）

基础折叠法：正方折叠
时　间：30秒钟

**龙头花（扬帆远航）及折花口令**
（1）反面朝上，正方折叠
（2）四片巾角朝下，向下翻折成三角形
（3）将三角形两边向内对折中线，并把突出新三角形部分反折于背面
（4）把新三角形在反面对折
（5）从中间拉出餐巾所有可见的巾角，形成帆状
（6）整理成形，放入盘内

## 6. 郁金香

郁金香
（主教帽）

基础折叠法：正方折叠
时　间：15秒钟

**郁金香（主教帽）及折花口令**
（1）反面朝上，对角折叠
（2）将两底角折至顶角形成正方形，菱形摆放
（3）把底角翻折至达到此正方形的一半，并反折至底边
（4）将两侧角反折于背面，把其中一个角塞入另一角内
（5）撑开成形，把上面两个松散的角拉出，凸出于上
（6）整理成形，放入盘内

**图 1-26**

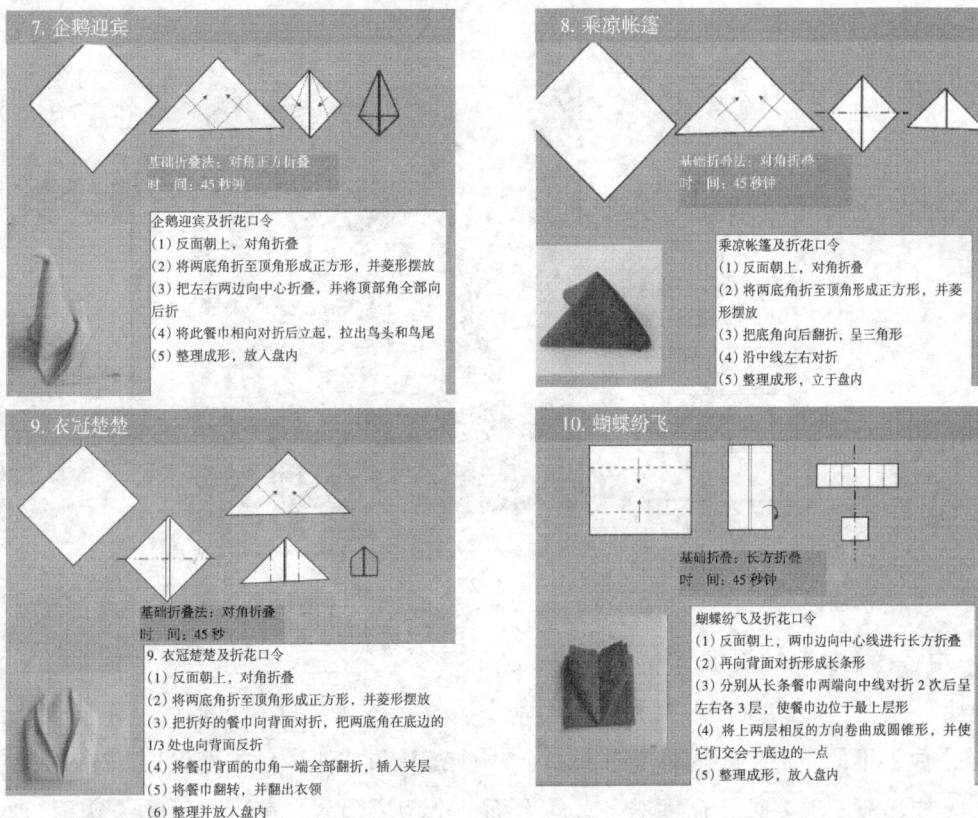

**图1-26 （续）**

2. 餐巾花外观造型分为植物、动物、实物三种

（1）植物花形是根据花形造型，如荷花、水仙等。也有根据植物的叶、茎、果实造型的，如慈姑叶、竹笋、玉米等。

（2）动物类花形包括鱼、虫、鸟、兽，其中以飞禽为主，如白鹤、孔雀、鸵鸟。动物类造型有的取其整体，有的取其特征，形态逼真，生动活泼。

（3）实物类花形是指模仿日常用品中各种实物形态折叠而成，如帽子、折扇、花篮等。

## 知识点四 中西餐摆台

### 一、中餐摆台

摆台：将各种进餐用具按照一定要求摆放在餐桌上。

（一）中餐摆台的流程

```
布置餐桌
  ↓
铺台布
  ↓
准备用具
  ↓
摆放餐具
  ↓
美化席面
```

图 1-27

（二）中餐摆台的基本要求

摆台要尊重各民族的风俗习惯和饮食习惯、要符合各民族的礼仪形式。不同规格的酒席，要配不同品种、不同质量、不同件数的餐具。小件餐具和其他物件的摆设要相对集中，整齐一致，既要方便用餐，又要便于席间服务。花台面的造型要逼真、美观、得体、实用。所谓"得体"是指台面的造型要根据宴会的性质恰当安排，使台面图案所标示的主题和宴会的性质相称。如婚嫁酒席就摆"喜"字席、白鸟朝凤等台面；如接待外宾的酒席，就摆设迎宾席、友谊席、和平席等。

（三）中餐宴会台型设计

中餐宴会大多数用圆台。中餐宴会台型设计中餐桌的排列十分强调主桌位置。主桌应放在面向餐厅主门、能够纵观全厅的位置。中餐宴会台型设计要求将主宾入席和退席要经过的通道作为主行道，主行道应比其他行道宽敞突出些。中餐宴会台型设计中其他台椅的摆法、背向要以主桌为准。中餐宴会台型设计中多台宴会的餐台排列，要根据餐厅的形状和大小及赴宴人数的多少安排，桌与桌之间的距离以方便穿行上菜、斟酒、换盘为宜。整个宴会餐桌的布局要整齐，做到桌布一条线、桌腿一条线。多台宴会应强调会场气氛，做到灯光明亮，通常要设主宾讲话台，麦克风要事先装好。

（四）宴会的席位安排

中餐宴会一般有主人、副主人、主宾、副主宾、翻译以及其他陪同人员。其席位都有固定的安排，主人座位在上首，面向众席（背对重点装饰面），副主人在主人的对面，主宾在主人的右侧，副主宾在副主人的右侧，如有翻译应在主宾的右侧，其他陪同人员一般无严格规定。如果主人、主宾都带夫人赴宴，其座位安排应为：主人在上首，主宾在主人的右侧，主宾夫人在主人的左侧，主人夫人在主宾夫人的左侧，其他位次不变。遇有高规格的中餐宴会，餐厅服务员要协助客方承办人绘制座位安排图，一般都把来宾以其地位之高低，预先排定，将来宾的姓名、职称依席次画在一张平面图上，张贴在餐厅入口处，以便引导客人顺序入席。

（五）台型

10人圆桌：一字对中，左右对称

12人圆桌：十字对中，两两相间

8人圆桌：十字对中，两两对称

**图 1-28**

（六）中餐摆台的标准

1. 早餐

餐碟：餐碟与桌边相距 1.5cm，保持一个食指位的长度。

茶碟：放在餐碟右侧，与桌边相距 1.5cm。

茶杯：扣放在茶碟上面，杯耳朝右。

汤碗：摆放于餐碟的正上方。

汤匙：摆放于汤碗内，汤匙把朝左。

筷子架、筷子：筷子架摆放于餐碟右上方，筷子放在筷子架上，筷子的后端距桌边 1.5cm。筷子套的图案向上，筷子从餐碟与茶碟中间位置穿过。

**图 1-29**

2. 午餐、晚餐

餐碟：餐碟与桌边相距 1.5cm。

茶碟：放在餐碟右侧，与桌边相距 1.5cm。

茶杯：扣放在茶碟上面，杯耳朝右。

汤碗：摆放于餐碟的正上方，汤匙摆放于汤碗内，匙把朝左。

酒具：葡萄杯摆放在距味碟边约 0.5cm 的餐碟垂直线上，饮料杯居于其左，白酒杯居于其右，三杯直径横向呈一条直线，杯距约 0.5cm。

牙签：摆在筷子与餐碟之间。

餐巾：折成各种款式，摆放在餐碟中或饮料杯中。

香巾、香巾托：香巾放在香巾托内置于餐碟左边。

其他用品摆放。

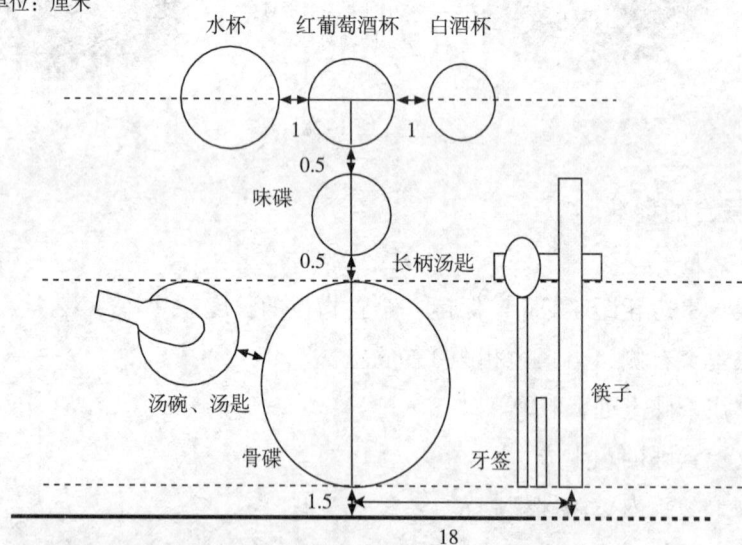

图 1-30

图 1-31

3. 中餐宴会摆台

表 1-1　中餐宴会摆台国家技能考核标准

| 项目 | 分值 |
|---|---|
| 一、仪表仪容 | |
| 1. 服装整洁、领带、领结系带端正，皮鞋光亮、布鞋干净无损，袜子干净不皱、无破损，不佩戴任何首饰 | 10% |
| 2. 头发干净、整齐，男士头发后不盖领、侧不盖耳，女士头发后不过背，前不盖眼，面容清洁、女士淡妆 | 5% |
| 3. 精神饱满、面带微笑、姿态优美大方 | 5% |
| 二、操作内容及标准 | |
| （一）折花要求<br>1. 每位选手折五种不同花形的杯花或盘花<br>2. 注意操作卫生、不许用牙咬、要在干净的地方进行折叠<br>3. 一次折成、捏褶均匀、形象逼真<br>4. 口布花摆放整齐、高矮有序、突出主位，有头的动物造型一般要求头朝右 | 15% |
| （二）摆台的具体要求<br>1. 备餐台整理，备齐物品，整齐有序<br>2. 铺台布，一次铺台定位、稍加整理后、台布中心居中、四周下垂均等<br>3. 上转台，转动流畅<br>4. 骨碟定位：10 个骨碟间隔基本相等，相对骨碟与花瓶三点一线，骨碟距桌边约 10 厘米，操作时手拿边缘部分<br>5. 三杯：拿法正确，水杯拿下半部，不碰杯口，三杯间距离 1 厘米，底部圆心在一条直线上<br>6. 筷子筷架：距桌边约 1 厘米，2/5 位置放在筷架上<br>7. 汤碗汤匙：拿法卫生，位置准确，位于骨碟左上方，匙柄向左<br>8. 公用餐具：每桌二副，按正、副主位呈"一"字放置<br>9. 调味品、烟缸：摆 4 个烟缸成"十"字形，其中 2 个摆在正、副主位右上方，椒、盐瓶放置在主人席右方约 90 度处，左方 90 度处放置酱、醋瓶，调味品两对呈一直线，字朝客人<br>10. 花瓶：位置居中<br>11. 餐椅归位，与对面椅子在一条直线上<br>12. 整体要求：餐具放置不倒、不落地、整齐、美观 | 50% |
| （三）斟酒要求<br>1. 斟酒的位置在客人的右后侧<br>2. 酒标朝向客人、杯子不倒、瓶口与杯口距 2 厘米、不滴酒、不溢出<br>3. 斟酒顺序为先主宾后主人，再按顺时针方向斟倒，中餐以八成满为准 | 15% |

## 二、西餐宴会摆台

1. 摆台前的准备

（1）餐盘擦拭及端运。先将餐巾的一面贴着盘子边缘，用手捏住餐巾和盘子，擦拭每个盘子的正面和背面；不要用手指直接接触盘子，端运时用专用布巾包好。

（2）刀、叉的擦拭及端运。垫着餐巾用左手攥住刀柄，右手擦拭刀刃；为避免碰伤，最好分别擦拭刀、叉。

（3）玻璃酒具的擦拭及托运。①擦拭：左手拿着餐具，握住底座部分，右手擦拭酒杯的里外面。擦拭后，要对着光线检查是否有污渍。②托运：用托盘端运时，注意不要用手直接抓杯口。

（4）餐具的端运与码放。用托盘将擦拭干净的餐具端送到餐厅，并码放好。

（5）检查桌椅。①首先检查桌椅是否牢固可靠，有无破损，摆设是否整齐等。②根据餐厅正门的位置确定出主位，主位朝向正门。

①②
③④

图 1-32

（6）个人整理。摆台操作前要先将手清洗消毒，可用消毒毛巾，也可用酒精棉球。

2. 西餐宴会摆台

（1）西餐摆台程序。

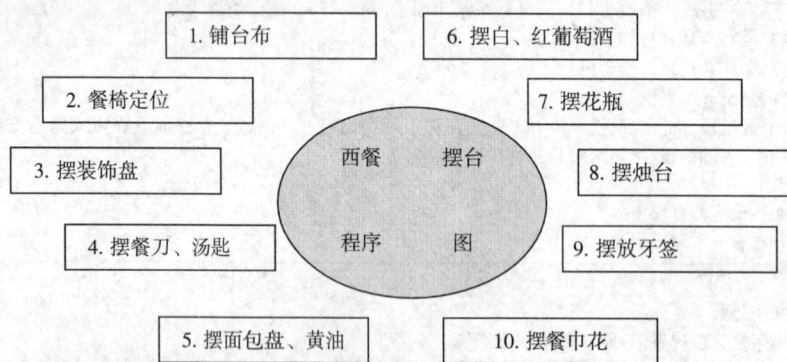

| 1. 铺台布 | | 6. 摆白、红葡萄酒 |
| 2. 餐椅定位 | 西餐　　摆台 | 7. 摆花瓶 |
| 3. 摆装饰盘 | | 8. 摆烛台 |
| 4. 摆餐刀、汤匙 | 程序　　图 | 9. 摆放牙签 |
| 5. 摆面包盘、黄油 | | 10. 摆餐巾花 |

图 1-33

（2）西餐宴会餐具摆设。

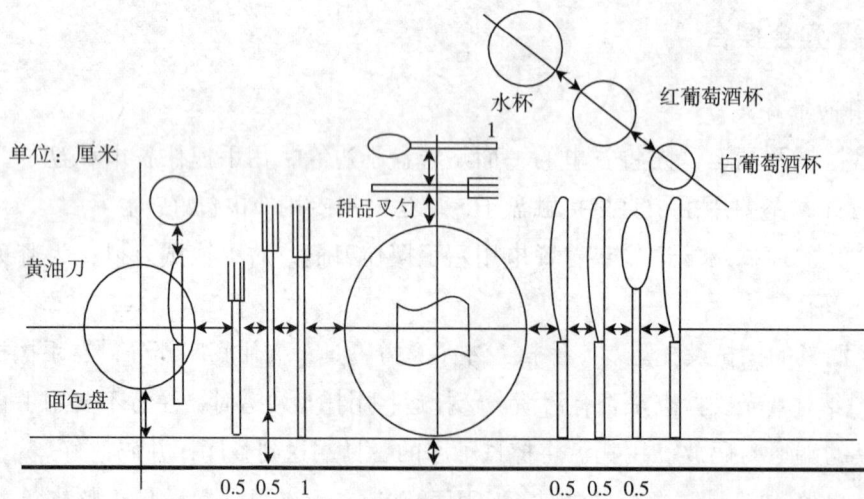

图 1-34

（3）道具认识。

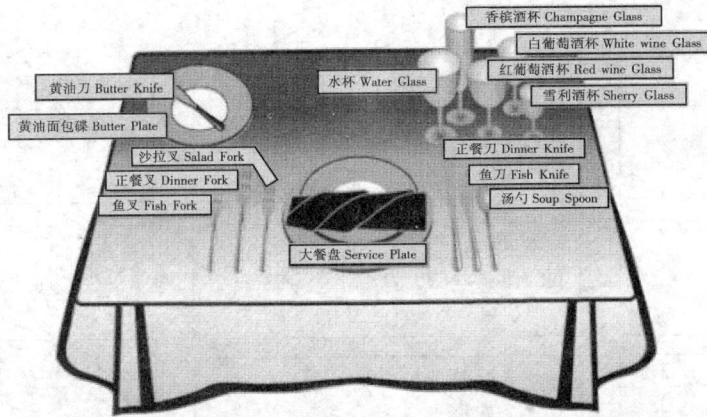

香槟酒杯 Champagne Glass
白葡萄酒杯 White wine Glass
红葡萄酒杯 Red wine Glass
雪利酒杯 Sherry Glass
水杯 Water Glass
黄油刀 Butter Knife
黄油面包碟 Butter Plate
沙拉叉 Salad Fork
正餐叉 Dinner Fork
鱼叉 Fish Fork
正餐刀 Dinner Knife
鱼刀 Fish Knife
汤勺 Soup Spoon
大餐盘 Service Plate

图 1-35

（4）摆放含义。

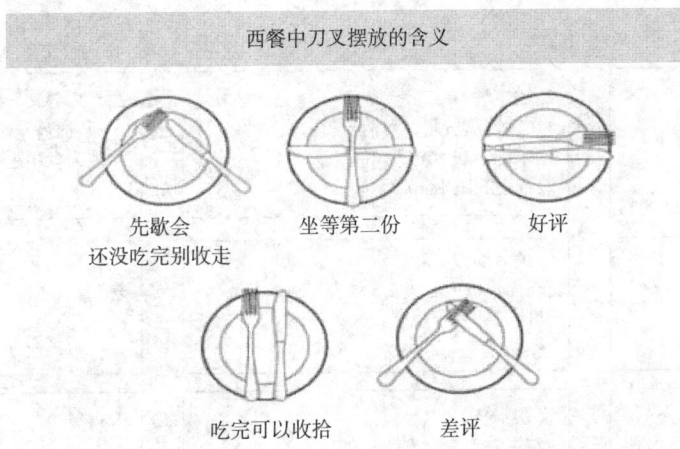

西餐中刀叉摆放的含义

先歇会
还没吃完别收走

坐等第二份

好评

吃完可以收拾

差评

图 1-36

（5）不同样式的摆台。

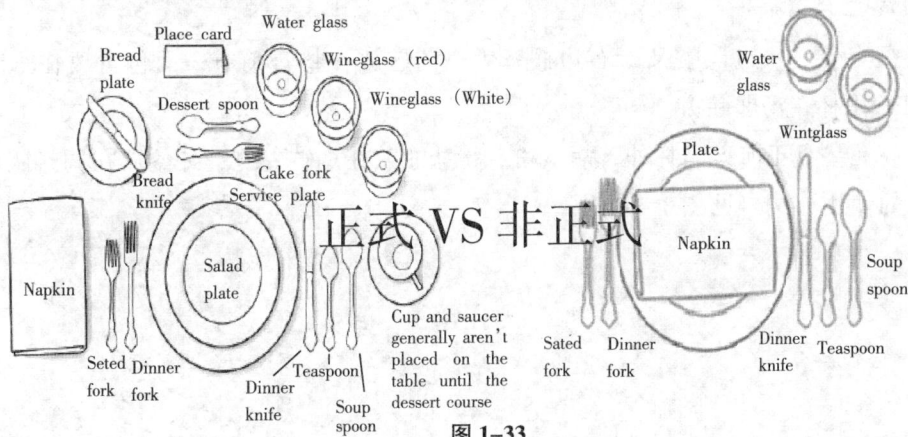

Place card
Water glass
Bread plate
Wineglass（red）
Dessert spoon
Wineglass（White）
Water glass
Plate
Wintglass
Bread knife
Cake fork
Service plate
Napkin
正式 VS 非正式
Napkin
Soup spoon
Salad plate
Napkin
Seted Dinner fork fork
Teaspoon
Dinner knife
Soup spoon
Cup and saucer generally aren't placed on the table until the dessert course
Sated fork
Dinner fork
Dinner knife
Teaspoon

图 1-33

3. 西餐零点摆台

（1）早餐。

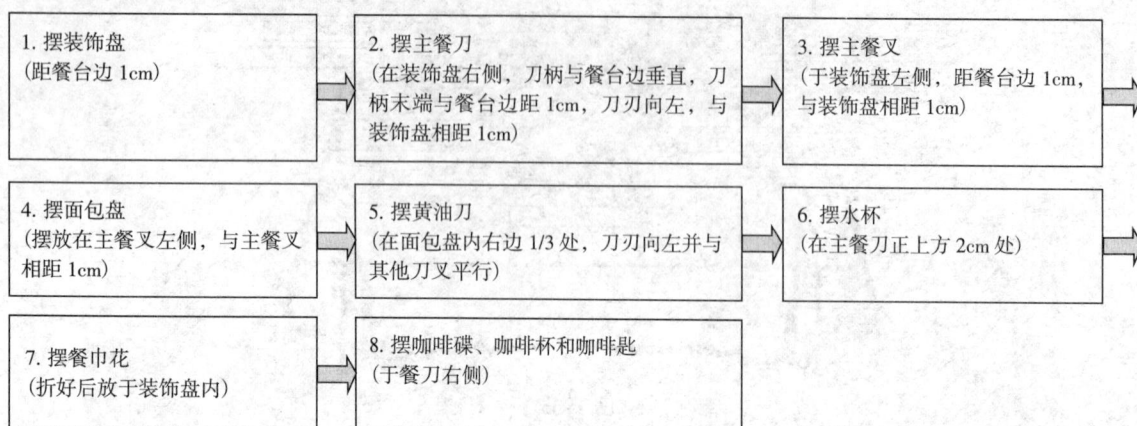

| 1. 摆装饰盘<br>（距餐台边 1cm） | 2. 摆主餐刀<br>（在装饰盘右侧，刀柄与餐台边垂直，刀柄末端与餐台边距 1cm，刀刃向左，与装饰盘相距 1cm） | 3. 摆主餐叉<br>（于装饰盘左侧，距餐台边 1cm，与装饰盘相距 1cm） |
| 4. 摆面包盘<br>（摆放在主餐叉左侧，与主餐叉相距 1cm） | 5. 摆黄油刀<br>（在面包盘内右边 1/3 处，刀刃向左并与其他刀叉平行） | 6. 摆水杯<br>（在主餐刀正上方 2cm 处） |
| 7. 摆餐巾花<br>（折好后放于装饰盘内） | 8. 摆咖啡碟、咖啡杯和咖啡匙<br>（于餐刀右侧） | |

图 1-38

（2）午餐、晚餐。

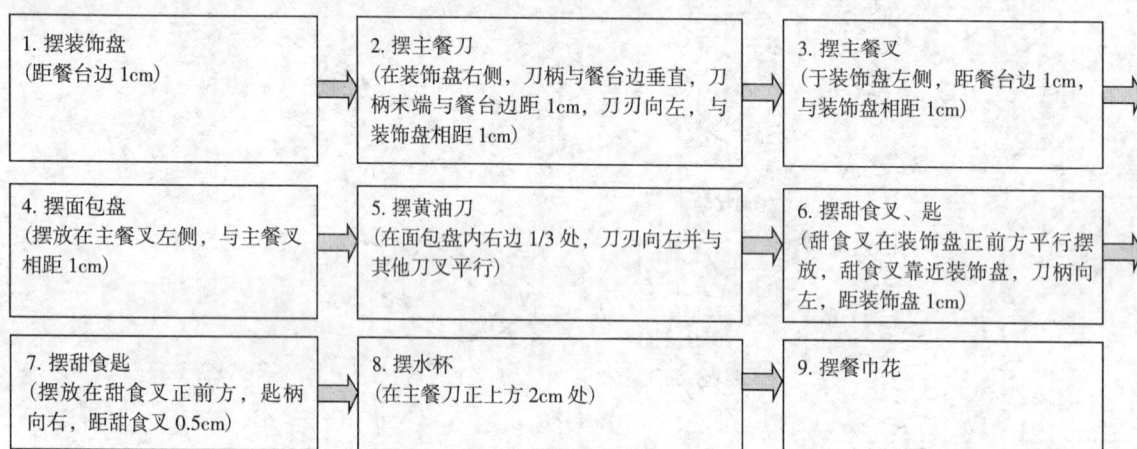

| 1. 摆装饰盘<br>（距餐台边 1cm） | 2. 摆主餐刀<br>（在装饰盘右侧，刀柄与餐台边垂直，刀柄末端与餐台边距 1cm，刀刃向左，与装饰盘相距 1cm） | 3. 摆主餐叉<br>（于装饰盘左侧，距餐台边 1cm，与装饰盘相距 1cm） |
| 4. 摆面包盘<br>（摆放在主餐叉左侧，与主餐叉相距 1cm） | 5. 摆黄油刀<br>（在面包盘内右边 1/3 处，刀刃向左并与其他刀叉平行） | 6. 摆甜食叉、匙<br>（甜食叉在装饰盘正前方平行摆放，甜食叉靠近装饰盘，刀柄向左，距装饰盘 1cm） |
| 7. 摆甜食匙<br>（摆放在甜食叉正前方，匙柄向右，距甜食叉 0.5cm） | 8. 摆水杯<br>（在主餐刀正上方 2cm 处） | 9. 摆餐巾花 |

图 1-39

4. 西餐便餐摆台

（1）摆垫盘定位—左边摆餐叉、右边摆餐刀—汤匙放在垫盘前方—面包盘放在餐叉左边、盘内放黄油刀—酒杯在汤匙前方。

（2）烟缸放在垫盘正前方酒杯外，胡椒粉、精盐瓶放在烟缸左侧，牙签放在调料瓶左边。

（3）刀叉的使用方法（见图 1-40）。

正确使用刀叉的方式　　　　　错误使用刀叉的方式

美式吃法　　　　　　　　　　欧式吃法

**图 1-40**

## 案例分析

### 案例一　必胜客创意餐桌

　　必胜客作为一家连锁食店，一直没少在科技领域吸引眼球。继之前为游戏主机推出点餐应用后，必胜客最近与 Chaotic Moon Studios 合作设计了一套概念性的点餐系统。必胜客是全球最大的比萨专卖连锁企业之一，由法兰克·卡尼和丹·卡尼两兄弟在 1958 年，凭着由母亲借来的 600 美元于美国堪萨斯州威奇托创立首家必胜客。它的标识特点是把屋顶作为餐厅外观显著标志。在遍布世界各地 100 多个国家，每天接待超过 400 万位顾客，烤制 170 多万个比萨饼。必胜客已在营业额和餐厅数量上，迅速成为全球领先的比萨连锁餐厅企业。必胜客公司属于世界最大的餐饮集团——百胜全球餐饮集团，百胜餐饮集团在全球 100 多个国家拥有超过32500 家的连锁餐厅，是全球餐饮业多品牌集合的领导者。

**案例分析：**

　　这个点餐系统的创意在于餐厅的饭桌同时也是一个带多点触摸的大型餐牌。点餐时，餐桌上呈现出一个 1:1 的 pizza，客人能够根据自己的喜好，确定大小和配料。若与另一半在身边的时候，也能根据双方的口味制作最适合自己的pizza，实在太和谐了。另外在等待上餐的过程中，客人也不用怕无聊，硕大的触摸屏本就很适合来一场游戏。整个餐桌变成了一个硕大的屏幕，顾客轻轻滑动手指，就可以完成点餐了。不仅如此，顾客还可以任意改变比萨的尺寸，以及选择添加各种食材。未来，多媒体交互系统将更加普及化，给我们的生活提供多样的交互体验。

## 案例二　两人世界西餐厅

两人世界西餐厅是一家以正餐只设一张餐桌为特色的主题餐厅，是目前北京甚至全国唯一一家每次只为两位客人提供用餐服务的西餐厅，位于胜利电影院东侧。室内色调基本都是温暖又浪漫的粉红色，外屋只有一张能容纳两人的咖啡桌，嵌入墙壁的书架里摆的书都是店主"咬牙"从家里拿来的心爱之物；咖啡店里有一张双人沙发、小咖啡桌和一面投影墙。台布、烛台、咖啡、CD、电影，一切都可以选择自己最喜欢的。环境很好，很舒服，昏昏暗暗的灯光使人陶醉在爱情的浪漫之中。点一瓶红酒、两份套餐，只能吃套餐，没有单点的菜品，菜的味道很一般，上菜顺序是按照吃西餐的惯例一道道上的，餐后还有甜点、冰激凌等，不过，要提前电话预约，而且用餐还有时间限制——一个半小时，除非在用餐后没有人再来，否则要在规定的时间内离开。

**案例分析：**

两人世界西餐厅的特色就是围绕"爱情、友情、亲情"三个永恒不变的主题，可为客人精心安排各类私人约会与小型聚会，可以特别按照客人的个性化需求布置用餐环境，提供配套服务，让客人在对空间、氛围、服务完全拥有的喜悦与浪漫中度过一段难忘的美好时光。

## 案例三　"大便"餐厅的特色餐桌

"大便"主题餐厅，是以厕所文化为主题设计而成的餐厅，餐厅用形似尿盆的容器来盛放食物，甚至有类似大便形状的冰激凌供应。就餐者安坐抽水马桶上，津津有味地咀嚼盛在容器里的美味佳肴。中国第一家厕所主题餐厅出现在台湾省的高雄市。该餐厅的菜式主要分为三大类：马桶系列、浴缸系列、洗手盆系列！三种系列的容器都是实体设备的微缩版，马桶更分为坐厕、蹲厕和尿壶。装潢很"浴室"，马桶、洗手盆、厕纸……一应俱全；餐厅里没有放音乐，但不时会听到冲水声，相当有趣，让人忍俊不禁。

**案例分析：**

餐厅的所有装饰，都是按照卫生间的样式设计，椅子是货真价实的马桶，餐具也是小号的马桶和便盆，处处透着新奇和可爱。用马桶装着的单人风味火锅、用蹲坑盛满的美味冰激凌，每个都是形象逼真，在菜单的名称上也都是用"招牌便秘黑干屎"之类的特色称谓。这家餐厅主要就是为了能让年轻人缓解忙碌的工作和生活带来的压力。并带给大家一个欢乐又美好的就餐环境。

## 案例四　红色经典主题餐厅

红色经典主题餐厅的餐桌布置自然独具"红色"特色。桌椅材质都为革命时期木质桌椅，十分具有特色。女服务员扎着红头绳，戴着红星帽，胳膊上是为人民服务的红袖章，男服务员穿着牛仔背带裤，一身工人小兄弟的打扮，客人则被称为革命同志，大伙儿都是一家亲。

**案例分析：**

红色餐厅的大门本身就是一个极好的广告，鲜红的立体五角星闯入人的眼球，让人颇有几分猝不及防，从五角星的侧面进去，经过一个幽暗的通道，来到餐厅有豁然开朗的感觉。新刷过油漆的老式拖拉机稳稳地"坐"在餐厅一角，像个退休的老功臣。毛主席的画像和手拿红宝书的青年的宣传画让普通的墙壁一下子充满了新奇的张力。

## 案例五　盲人餐厅

盲人餐厅是以闲置的教堂改装而成的。餐厅内唯一灯火通明的地方只有一个，那就是洗手间。其他地方则完全没有照明，非盲人顾客进入这个餐厅就餐时不能使用手电筒，不能佩戴夜光表之类会发光的物品，而且入门后就得戴上遮光的眼罩，靠用手搭着侍者或朋友的肩膀，一个一个地入座。侍者全部都是盲人，脚上系有铃铛，好让顾客听出他们的位置。有60个座位的盲人餐厅不仅吸引了许多顾客上门来体验盲人用餐的新奇感受，还成为情侣约会或单身者相互认识的热门地点，因此经常座无虚席。

**案例分析：**

顾客用餐时看不到任何东西，只能听到咀嚼食物的声音，闻到食物的香味。这样就餐可以促进食欲并专心用餐，而且同桌友人说话时也能用心聆听，不会分心。

### 服务名言

客粗我细，客细我耐；对男客细心，对女客耐心；餐厅是戏台，喜忧随客来！

## 👍 职业能力训练

（1）用中圆托盘托起装满水的 1.25 升的饮料瓶 3 个或具有相同重量的其他物品，垫布，进行轻托考核；用长方托盘托起装满水的汤盘或具有相同重量的其他物品，进行重托考核。

（2）在 14 分钟内完成 10 人席位的中餐宴会摆台（含餐巾花），达到操作规范、动作娴熟，席面效果布局合理，美观大方。

（3）进行西餐宴会摆台，餐具摆放合理、有序、统一，餐台摆放的整体效果美观、大方。

## 👍 观念应用训练

阅读资料，回答问题。

### 婚宴餐桌布置

酒店内一般会有不同材质和不同色彩的餐具，搭配不同色系的桌布，制造出不同效果的中西风格的感觉。酒店的花艺也同样搭配不同的效果的布置，选择不同材质的花器和配套色系的花材来烘托效果，一般来讲，花器的选择是根据餐具和转台等来决定的，而花的颜色是根据桌布和餐具的颜色而定的，以下为中西方婚宴餐桌布置的常规标准。

图 1-41

1. 中式婚宴餐桌布置

在整个婚宴中，精致漂亮的餐桌装饰往往决定了餐桌的美感。首先餐桌花饰的高度不能太高，以免挡住客人们的视线妨碍交谈。其次与正方形或长方形餐桌相比，每张圆形餐桌用一个中央花饰布置就足够了。除了鲜花，精致的丝带和水晶，颜色鲜艳且形状饱满的水果如苹果、葡萄、柠檬、樱桃等也是很好的装饰元素。

中国人结婚离不开红色。这种传统的色彩如果用在餐桌布置上，可以进行改良设计。比如采用局部的红色，或者选用有细节考究的高级桌布、椅套、餐巾等，以配合整体环境。此外，像金色也是有中国特色的色彩，很喜庆和华丽。在与此配套的桌卡、餐巾等小物的设计上，可以加入传统的图案，让传统的元素和现代的高级工艺相结合，作出有新意的新的中式风格。

图 1-42

2. 西式婚宴餐桌布置

西式经典的餐桌布置任何时候都不落伍。白色、米色、蓝色是常见的基调。

用花方面，牡丹、茉莉和天竺葵是非常高雅的花系，象征新娘的纯洁。春季的大花蕙兰、蝴蝶兰、郁金香也比较适合营造典雅精致的感觉。这种风格的餐桌不用繁复装饰，只需用低调、简洁的鲜花造型和优质的餐具共同衬托出优雅高贵的整体气质。这样的餐桌适合主题隆重大气的婚宴，而且适合的场地范围也很广，一般不会和宴会厅的装饰起冲突。

西式婚宴餐桌布置在某些要求上与中式婚宴餐桌布置大致相同或者类似。

（1）座位：在圆形餐桌就餐的宾客比在正方形或长方形餐桌就餐的宾客靠得更近，有利于增添宾客之间的亲密感。仔细测量餐桌和座椅的尺寸，按比例安排好每张餐桌能容纳宾客的数目。如果条件允许，尽量保证每张餐桌的男女宾客能交错而坐。在正方形或长方形餐桌上就餐，参加婚宴的夫妇应该相对而坐；如果一同来参加婚宴的并非自己的伴侣，那么与同伴相邻而坐即可。

（2）花饰：餐桌中央装饰除了运用花卉外，还可加入精美烛台、彩色烛杯等元素，这样会令餐桌变得更加生动有趣，尤其在装饰正方形或长方形餐桌时，因为这两种餐桌需要精心装扮的部分比圆形餐桌要大得多。

（3）蜡烛：牢记锥形的蜡烛在视觉上非常生动。具有强烈装饰效果的彩色玻璃蜡杯与鲜花搭配使用，外加亚麻质地的桌布，能为你的餐桌增添亮色，营造完美视觉效果。

（4）餐巾：餐巾最好由柔软自然的纤维材料做成，大小一定要适中，放置在餐盘内。

（5）卡片：座位卡应放置在每个座位正前方最醒目的地方。菜单既可以插入餐盘内的餐巾里，也可以摆放在刀具的左上方。

（6）器皿：运用装满彩色溶液的酒杯协调餐桌花饰与桌布的颜色，并将美酒盛入晶莹别透的高脚杯，营造出高贵典雅的格调。不要因为一些额外的物品使餐桌变得凌乱不堪，可以安排专人在婚宴上为宾客分发面包和倒酒。如果在饮品上有特殊安排，应为每位客人提供相应的杯子。

（7）桌布：对于正方形或长方形餐桌来说，可以将桌布直接平铺在餐桌上，令桌布四边垂下形成自然褶皱，为宾客们的双脚留出足够的活动空间。虽然将桌布平铺在桌面上是人们首选的方式，但错落重叠的正方形桌布能为餐桌带来层次感丰富的视觉效果。切记，如果选用多张桌布装饰餐桌，在颜色搭配和桌布放置方面一定要深思熟虑，以免看上去过于繁复厚重。有装饰图案的桌布越来越受人们的青睐，特别是按照婚宴风格和新人喜好定制的桌布，引领餐桌装饰最新潮流。

问题：比较中式婚宴餐桌布置与西式婚宴餐桌布置的不同，并考虑如果是中餐的寿宴餐桌布置应如何进行？

## 👍 情景模拟训练

**情景设定：**

假设你所工作的餐厅接了一场中式婚礼宴会任务，时间是下星期。客人要求运用装满彩色溶液的酒杯来协调餐桌花饰与桌布的颜色，并将美酒盛入晶莹别透的高脚杯，营造出高贵典雅的格调。注意座位卡应放置在每个座位正前方最醒目的地方。好的设计绝对不仅仅是鲜花，还有更多的外延：灯光、音响、布局、总体规划等。鲜花的作用只是为了衬托环境和气氛，如果鲜花过于突出，也算不上是个好设计。

**训练要求：**

根据以上中式婚宴餐桌布置相应资料，了解中式婚宴餐桌布置要求，设计出布置策划方案。

**知识拓展**

# 宴会设计

## ——主题定位为婚宴《百年好合》

## 一、宴会厅场景设计

应注意三个要点：饭店自然环境、餐厅建筑风格、宴会场地规模。

总体要求：根据宴会规模，适应餐厅场地、合理布局、突出主台、有利进餐、方便服务。

宴会厅由大厅、门厅、衣帽间、贵宾室、音像控制室、家具储藏室、公共化妆间、厨房等构成。

1. 宴会厅的构成

大宴会厅由大厅、门厅、衣帽间、贵宾室、音像控制室、家具储藏室、公共化妆间、厨房等构成。门厅设在大厅与外界环境之间，门厅外有专门的迎宾员负责迎接客人，门厅内布置一些供客人休息的沙发或其他座椅。门厅大概占宴会厅的1/3或是1/6左右。衣帽间可以设在门厅的入口处。贵宾室设在紧邻宴会厅主席台的位置较为恰当，应该配置高级的家具设施和专门通往主席台大厅的通道以及专用的洗手间。音像控制室、辅助设备用房主要保证宴会的声像设置的需要。音像设备调试员应能在音像控制室内观察到宴会厅中的活动情况，以保证宴会厅内使用中的声像效果的良好状态。

家具储藏室的大小应该适宜一些，离宴会厅近一些，方便存放一些不用的或暂时不用的物品。宴会厅应按一定的标准设置公共洗手间。洗手间宜设在较隐蔽的位置，并有明显的图形符号标志。宴会厅一般设舞台，供宴会活动发言时使用。舞台应靠近贵宾休息室并处于整个大厅的视觉中心的明显位置，应能让参加宴会的所有人看见，但是舞台不能干扰客人动线和服务路线。

宴会厅应设相应的厨房，其面积约为宴会厅面积的30%。厨房与宴会厅应紧密联系，但两者之间的间距不宜过长，最长不要超过40米，宴会厅可设置配餐廊代替备餐间，以免送餐路线过长。

2. 宴会餐厅的台型设计与桌面布置

宴会台型分为中餐宴会台型和西餐宴会台型，中餐宴会台型主要有会议型、三角型、梅花型等。必须在适当位置摆放操作台。中餐宴会大多数用圆台。

中餐宴会台型设计中餐桌的排列十分强调主桌位置。主桌应放在面向餐厅主门、能够纵观全厅的位置。中餐宴会台型设计要求将主宾入席和退席要经过的通道作为主行道，主行道应比其他行道宽敞突出些。中餐宴会台型设计中其他台椅的摆法、背向要以主桌为准。一般直径为150厘米的圆桌，每桌可坐8人左右，直径为180厘米的圆桌，每桌可坐10人左右，直径为200×220厘米的圆桌，可坐12~14人左右。直径超过180厘米的圆桌，应安放转台。

摆桌椅时要留出服务员分菜位，其他餐位距离相等。中餐宴会台型设计中多台宴会的餐台排列，要根据餐厅的形状和大小及赴宴人数的多少安排，桌与桌之间的距离以方便穿行上菜、斟酒、换盘为宜。整个宴会餐桌的布局要整齐，做到桌布一条线，桌腿一条线。宴会应强调会场气氛，做到灯光明亮，通常要设主宾讲话台，麦克风要事先装好。餐巾折花是餐前的准备工作之一，主要工作内容是餐厅服务员将餐巾折成各式花样，插在酒杯或水杯内，或放置在盘碟内，供客人在进餐过程中使用。

## 二、宴会菜单设计

宴会菜单设计有四大原则必须遵守。

原则一：菜肴的数目应为双数。

原则二：菜肴的命名应尽量选用吉祥用语以寄托对新人美好的祝愿，从心理上愉悦宾客，烘托气氛。

原则三：婚宴菜单在设计的过程中应遵照因人配菜的原则。

原则四：婚宴菜品原料的选择一定要根据习俗，注意禁忌。

下面是传统婚宴中的比翼双飞席。

八冷碟：鸳鸯彩蛋、如意鸡卷、糖水莲子、称心鱼条、大红烤肉、相敬虾饼、香酥花仁、恩爱吐司。

八热菜：全家欢乐——烩海八鲜

　　　　比翼双飞——酥炸鹌鹑

　　　　鱼水相依——奶汤鱼圆

　　　　琴瑟和鸣——琵琶大虾

　　　　金屋藏娇——贝心春卷

　　　　早生贵子——花仁枣羹

　　　　大鹏展翅——网油鸡翅

　　　　万里奔腾——清炖猪蹄

四果点：甜甜蜜蜜——喜庆蛋糕

　　　　欢欢喜喜——夹心酥糖

　　　　热热闹闹——糖炒栗子

　　　　圆圆满满——豆沙汤团

宴会的桌面布置首先要根据餐桌的大小选择平整、无皱纹、无破边、无破洞、大小适宜的台布。铺台布时中线鼓缝朝上，对准正副主人，台布中心图案置于桌中央，台布下垂的四角离地面距离相等。中餐餐台通常摆放的餐具、用具有骨碟、勺垫、瓷勺、筷子架、筷子、各种中式酒杯、牙签盅、烟灰缸等。

## 三、宴会人员

确定宴会的人员安排，根据桌次安排服务员工作。服务人员必须了解以下七点：

（1）服从宴会领班的工作安排，掌握和了解每天宴席预订、客人用餐和餐桌安排及当日特色菜点情况。

（2）按照宴会服务工作规程和质量要求对客人进行优质细致的服务。

（3）做到"八知三了解"。

（4）掌握菜单变化和厨房货源情况，主动介绍和推销各种菜肴及酒水。

（5）保持餐厅环境整洁，确保餐具、布件清洁完好，备齐各种物料用品。

（6）做好厅内餐具及物品交接，保证设施设备的正确使用及维护。

（7）严格按照服务程序及规程对客进行服务。每餐结束后参加餐厅的整理清扫工作。

## 四、宴会流程

宴会主要流程包括：宴会前的组织准备工作（了解宴会人数、所在餐厅、开始时间，即"八知三了解"；备好宴会所用餐具以及所用的其他用具；宴会的场景及台型的布置；宴会人员的分工安排等）。宴会活动、婚礼活动一开始，立即放背景音乐。活动程序大致包括：新人入场，踏上红地毯→司仪致证婚词→新人家长代表致主婚词→新郎求婚→求婚成功→交换戒指→kiss仪式→香槟仪式→父母上台→为爸妈敬酒→全场举杯，为新人祝福，新人暂时退场换装。宴会中的服务工作（上、撤菜的服务，饮料酒水的斟倒服务，以及提供客人所需的一切服务）。宴会结束后的收尾工作（送宾、帮客人去送衣帽、整理好服务现场等）。

## 五、预防方案

（1）各个部门负责对酒店设施的检查，通过安全检查。

（2）根据《中国饭店行业突发事件应急规范》，制订应急实施方案。

（3）加强对员工的培训，提高员工的安全意识和应急能力。

**基础知识训练**

**一、选择题**

以下关于托盘使用步骤排列顺序正确的一组是（　　）。

A 起托：左脚在前，右脚在后，两腿略微弯曲，身体略微下蹲，上身正直，两肩放平，右手往外拉托盘，左手同时往里伸，同时要保持托盘的平衡

B 理盘：整理，检查托盘是否干净完好并选择适当的托盘类型，托盘一定要用毛巾擦拭干净，在托盘内垫上洁净的垫布或垫纸，垫布和垫纸一定要铺平摆正，使垫布或垫纸整洁美观

C 落托：落托是指把托盘放在桌面上，落托时右手扶住托盘往外推，同时左手往回抽，同样注意托盘的平衡

D 装盘：在装盘时一定要根据物品的形状、重量、大小和取用的先后顺序合理装盘，一般的装盘顺序为，高的重的物品放在内侧，轻的矮的物品放外侧，常用物品在外侧，后用物品在内侧

E 端托行走：托盘平端于胸前，略与胸低，右臂自然摆动，目光平视，表情自然微笑。在端托行走过程中要注意灵活运用各种步伐，防止发生碰撞和意外，靠右侧行走，注意让路

**二、填空题**

1. 餐巾，又名____，是餐厅中常备的一种卫生用品，又是一种装饰美化餐台的艺术品。

2. 托盘根据制作原料，大致分为_____、_____、_____。

3. 台布是指_____。因习惯于覆盖桌面，所以也称桌布。

**三、简答题**

1. 详细阐述中餐宴会摆台的步骤和标准。

2. 阐述餐巾花的折花要求。

# 任务4 中餐宴会的准备服务

## 任务目标

通过对本次目标的训练，使学生在了解中餐宴会摆台的种类和要求的基础上，熟悉宴会预订的流程与服务技巧，为中餐宴会正式开始前的准备工作打好基础。主要考验学生的知识储备能力以及服务技巧实操能力。

### 项目任务书

| 任务名称 | 中餐宴会的准备服务 | 任务编号 | | 时间要求 | |
|---|---|---|---|---|---|
| 训练要求 | 熟练掌握宴会预订的流程与服务技巧；懂得中餐宴会厅的布置与安排座位的技巧 | | | | |
| 培养能力 | 培养学生掌握宴会预订工作的服务流程与服务技巧，以及中餐宴会厅的布置能力 | | | | |
| 涉及知识 | 宴会预订的流程、中餐宴会厅的布置、中餐宴会座位安排规则 | | | | |
| 教学地点 | 教室、机房、模拟餐厅 | 参考资料 | | | |
| 教学设备 | 投影设备、投影幕布、可联网的电脑、模拟宴会厅、电话 | | | | |
| 训练内容 | | | | | |

1. 当面订餐实训
2. 电话订餐实训
3. 根据布置的训练任务进行宴会厅布置的实训练习

### 实训成果评价标准

1. 能根据任务要求按规范完成订餐服务，且能规范、正确填写预订单
2. 能根据任务要求完成中餐宴会厅的布置

## 引导案例

"您好，这里是阿蒙餐厅。"前台接待员小张接到一个电话。

"您好，我想预订一个包间，大概10人左右，下午6:00过去用餐，可以吗？"

"当然可以，请问您贵姓？"

"免贵姓李。"

"好的！我已经为您记下了，包间为您预留到下午6:30，希望您在6:30之前到达餐厅内用餐，因为过时可能我们的包间就要为其他客人提供服务了。另外，请问您有什么特别需要吗？"

"不用了，我们就是普通的家庭聚会，听闻你们餐厅的服务很周到，菜品也做得不错，就打算来尝尝！"客人很开心地说。

"呵呵，谢谢您的支持！欢迎您和家人下午光临，我们一定为您提供满意的服务！"

**思考：** 在电话订餐过程中，服务员应牢记客人哪些信息？

## 知识点一　宴会预订流程

1. 电话预订

（1）了解客人举办宴会的日期、性质、人数及举办时间。

（2）查询预订，确认当日是否有场地，告知客人酒店的收费标准及免费项目，询问客人是否能够接受，如可接受与客人约时间看场地。

2. 上门预订

（1）了解客人举办宴会的日期、性质、人数及举办时间。

（2）查询预订，确认当日是否有场地。

（3）告知客人酒店的收费标准，询问客人是否能够接受，带客人看场地，介绍场地情况。

3. 与客人洽谈具体事项

（1）会议：会议的性质（会议、展销会），举办时间，会议期间的台型，所需物品，设施设备情况（纸、笔、指示牌、音响、麦克风、演讲台、背景板、投影幕布等）。会议期间是否提供茶歇及标准，是否用餐及餐标等，以及其他特殊事项。如客人所需的设备为收费物品，需告知收费标准。

（2）宴会：宴会性质（围桌、自助餐、冷餐会、婚宴、满月酒、升学宴等），宴会时间，宴会人数，台型、餐标，是否需要场地布置，舞台、音响等设施设备，如客人所需的设备为收费物品，需告知收费标准。

4. 确定

（1）与客人签署相关协议，协议书上需体现所有免费项目与收费项目，以及客人的特殊要求等。宴会期间的菜单需与协议书装订一起，事后客人如需更改事项也应体现在协议书上，且必须经客人签字确认。

（2）婚宴客人所领的请柬数备注于协议书上，须客人签字。

5. 下单

（1）所有宴会、会议的通知单均以签署的协议书为准，下单时请注意核对相关事项。

（2）如有更改事项请下宴会更改单，发至相关部门，并由该部门负责人签字。

（3）宴会期间所有相关单据需提前下单（海报提前1个星期，派车单、婚房单提前2天以上）。

6. 跟踪

（1）宴会开场前的跟踪，确认摆台、物品、设施设备是否可以正常使用。

（2）婚宴须事前确认婚房、婚车是否已经布置，相关鲜花是否已到位，烟酒是否已摆上桌。

（3）宴会期间须有销售人员跟场，以便第一时间了解客人所需。

7. 会后反馈

（1）宴会结束后询问客人满意度，建立客户档案，并请客人填写意见调查表，并上交餐饮经理处。对客人提出的意见作出解决，并将解决结果反馈给客人。

（2）不定期电访客户，了解最新情况。

（3）客人第二次光临酒店，要上前招呼接待，询问近况。

## 知识点二　宴会流程管理

### 一、宴会预订阶段

宴会部受理预订是宴会流程的第一步，也是重要的一个环节。预订工作做得好与坏，直接影响到宴会的设计策划及整个宴会活动的组织与实施。因此，宴会部应设预订专门机构和岗位，挑选有多年餐饮工作经历、了解市场行情和有关政策、应变能力较强、专业知识丰富的人员承担此项工作，从而推动宴会的销售。

宴会预订的主要工作流程如下：宴会洽谈→接受预订→填写宴会预订单→填写宴会安排日记本→签订宴会合同书→收取定金→跟踪查询→正式确定→发布宴会通知。宴会部要了解有关宴会活动的各种信息，它为宴会活动的策划和设计提供正确、充足、必要的依据，这些信息包括：①赴宴客人人数。②宴会规格。③宾客风俗习惯。④宾客生活忌讳。⑤宾客特殊需要。⑥如果是外宾，还应了解国籍、宗教、信仰、禁忌和口味特点等。对于规格较高的宴会，还应掌握下列事项：①宴会的目的和性质。②宴会的正式名称。③宾客的年龄和性别。④有无席次表、座位卡、席卡。⑤有无音乐或文艺表演。⑥有无司机费用等。⑦主办者的指示、要求、想法。

### 二、设计策划阶段

宴会部在接受宴会预订、签订宴会合同之后，就应着手根据了解的信息进行宴会的设计与策划工作。宴会的设计与策划，就是指受理预订后在举办宴会前，根据有关信息资料和宴会规格要求，编制出主题突出、科学合理、令主办者满意的宴会活动计划。宴会计划的内容要求详细、明了，只有经过周密的策划与设计之后，才能进行宴会准备和组织实施。宴会设计策划的内容如下：

1. 宴会厅环境与气氛策划

（1）宴会厅的餐桌与台型设计。

（2）宴会厅绿化和鲜花等装饰设计。

（3）讲台、话筒位置和花卉布置、工艺装饰。

（4）宴会娱乐项目策划（背景音乐、乐队人员的位置安排、文艺演出的场地范围等）。

（5）灯光的要求等内容。

2. 宴会服务策划

（1）主桌台的席次排列和花卉布置、工艺装饰。

（2）贵宾（VIP）随行人员座位安排。

（3）随行人员和陪同人员座席安排。

（4）宴会服务人员人数确定工作安排。

（5）管理人员、服务人员岗位位置安排。

（6）上菜、撤盘的线路设计。

（7）餐具、布巾等项目的数量等。

3. 宴会食品策划与菜单设计

（1）宴会菜单设计。

（2）宴会食品原料的采购计划、加工烹调工作安排。

（3）宴会酒单设计等。

上述宴会活动的所有计划内容，并不是完全由宴会部指定，而是由饭店相关部门分别拟订的，各部门依照所收到的宴会通知单，各自拟订所负责部分的工作计划，并列出工作清单，作为标准的依据。若为特殊的宴会，如大型酒会或国际会议，宴会部可将各部门集合开会，共同策划，各部门有任何问题，都可在会中讨论并加以解决，并将会中决议印成书面资料，分发给各部门分头进行相关工作。宴会工作千头万绪，各部门工作计划的拟订相当重要。

除了上述宴会活动计划外，宴会部还应编制一个宴会时间控制表。从客人进入宴会厅到整个宴会结束，将其间的各项活动纳入控制表中，并落实到每位服务人员，使整个宴会有计划、有步骤、有条不紊地进行。另外，良好的宴会活动计划，必须通过畅通合理的传递渠道来下达，使宴会活动的各个程序和各个环节按计划进行，这样才能确保宴会的质量。延误了信息的传递和计划的下达，或把计划内容中宴会日期、开宴时间、人数、桌数、费用标准、设备要求等写错或传递错，就会影响计划下达，并影响后面整个宴会程序的顺利进行。

### 三、执行准备阶段

好的开始是成功的一半，一场宴会事前的准备工作是否妥善、彻底，关系到宴会的成败。试想当宴会主人驾临宴会会场时，看到一切准备工作井然有序，其心情必定是欢愉且满意的；一旦留下完美的第一印象，宴会人员便可顺利地与其商谈其余细节。下面以宴会厅为例，分别介绍宴会前的准备工作。

1. 宴会场地布置

宴会工作人员在进行场地布置时，应该充分考虑到宴会的形式、宴会的标准、宴会的性质、参加宴会的主宾的身份等有关情况，进行精心设计、精心实施，使宴会场景既反映出宴会的特点，又使宾客进入宴会厅后有清新、舒适和美的感受，以体现出高质量、高水平服务。宴会场地何时开始着手布置，应视宴会复杂程度而定，可能在宴会当天、前一天或数天以前，并应由各部门根据场地规划进行安排。客人若有事先进场布置的需求，负责人员应先了解该场地是否有空当，并依照宴会厅规定收取场租之后，方可让客人进场布置。

**2. 人员的分工**

人员分工必须根据宴会类型，针对迎宾、值台、备餐、传菜、酒水、服务桌、供酒、区域负责人等进行工作任务分配，将任务落实到每个人。宴会部主管应在宴会开始前，计算所需服务人员的总数，若有人数不足的情形，宜提早申请临时工。为确保临时工能随时补缺，饭店需预先安排临时工的来源，比如对社会人士、学校或饭店其他部门的人员进行培训，并随时保持联系以备不时之需。

**3. 物品的准备**

开宴前的物品准备主要包括以下三个方面。

（1）台面用品：宴会服务使用量最大的是各种餐具，宴会组织者要根据宴会菜肴的数量、宴会人数，计算出所需用餐具的种类、名称和数量，并分类进行准备。通常需由宴会部开出清单交给餐务部或管事部工作人员进行准备，所需餐具酒具的计算方法是：将一桌需用的餐具、酒具的数量乘以桌数即可。各种餐具、酒具需要一定的备用数量，以便宴会中增人或者损坏时替补，一般来说，备用餐具不应低于20%。桌布和餐巾同样需按照桌数准备，此外餐巾数量应比宴会参加人数多准备10%左右，以便应付宴会人数临时增加使用。

（2）茶水、酒品饮料：宴会开始前30分钟按照每桌的数量拿取酒品饮料。取回后，要将瓶、罐擦干净，摆放在服务桌上，做到随用随开，以免造成不必要的浪费。

（3）冷菜围碟：大型宴会一般在开始前30分钟摆好冷菜。冷菜的多少应根据宴会的规模、规格来定，一般安排8个围碟，高档宴会外加一道花式冷盘。服务员在取冷菜时一定要使用大长形托盘，绝不能用手端取。

**4. 开宴前的检查**

开宴前的检查，是宴会举行前的关键环节，它是消除宴会隐患，将可能发生的事故降至最低，确保宴会顺利、高效、优质运行的前提条件，是必不可少的。宴会的工作人员各项准备工作基本就绪后，应该立即对餐台进行检查。检查的主要内容包括餐桌的检查、卫生检查、安全检查和设备检查，具体内容如下：

（1）宴会厅内的摆设及形式是否与宴会订席单上的内容一致。

（2）宴会通知单上的注意事项，客数、器材设备、桌布颜色等是否与宴会现场摆设相符。

（3）宴会厅外的海报及指示牌内容与宴会是否相符。

（4）宴会指示牌、宴会厅名称、宴会场地示意图是否正确无误。

（5）接待桌的位置及所需物品是否备妥。

（6）会场上所需物品及使用器材是否准备齐全并维持在良好状况下。例如，喜宴时会场上的喜字、蛋糕、香槟酒等是否准备妥当；会议时所需的器材，例如幻灯机、投影机、麦克风等是否备妥并功能完善。

（7）设备，如灯光、音响、冷气、电器等，运作是否正常。

（8）音响、背景音乐备妥与否；应在宴会开始前半个小时将空调设备开启。

（9）餐具、家具、地毯是否合乎卫生标准。

（10）检查房间窗帘和服务台是否整洁美观；盆花是否新鲜，玻璃、银器是否擦拭光亮；桌布和餐巾是否有破损的情况，应确保其干净卫生；维护服务区域与工作台的整洁；检查服务人员是否随身携带笔、打火机及开罐器等必备物品。

为准备好宴会，增加宴会收入，喜来登酒店集团设计了一份出色的"宴会指导检查表"，供宴会销售使用，包括以下内容：①宴会联系人的姓名、地址、电话。②将要使用哪一宴会厅、座位风格、具体服务时间。③招待——开胃小吃、装饰与音乐。④赴宴人数、保证人数、主席台位人数和保证日期。⑤菜单、酒单——鸡尾酒、葡萄酒、其他菜品。⑥价格多少。包括税金服务费在内的价格、服务费或小费如何处理、谁来为宴会活动付款、何时付。⑦晚宴或晚宴舞会，表演者到位名单、出场顺序。⑧晚餐后舞会：是否清台。⑨承诺的所有项目是否能按时交付（宴会前要再次检查）。⑩服务时间厨师、领班有无变动。

此外，还要保证酒吧正常运转，主席台位和座位的风格与要求一致。座位数与摆台人数一致。衣帽间打开，并有侍者服务。花草和烛台与预订要求一致。室温、特殊灯光设施。麦克风工作效果检查，讲稿架、讲词提示器正常工作。

5. 宴会前集会

待一切设备、摆设的事前检查完成后，紧接着应在宾客达到之前集合员工召开宴会前会议，告知该宴会的注意事项。许多宴会服务工作大量采用钟点工及临时工，来源不一，层次参差不齐，不似已受过严格训练的酒店正式员工。为统一服务作业，需要事先就宴会服务工作充分协调，并且给予最精确的指示，所以服务前的集合会议不可省略，以免服务发生失误。会议前，当班主管必须先与负责接洽的主办者进行沟通协调，了解主办者的需求和宴会进行的方式，然后再与主厨商讨菜单内容，并让主厨了解宴会进行的程序，以便控制出菜时间。会议开始前，宴会主管集合员工，点名，确认人员是否到齐，一旦有缺席便应立刻调派人员替补，检查员工的服装仪容，尤其是临时工作人员和钟点工。必须使所有员工认识到，一旦穿上饭店的制服，所有行为都代表着饭店，半点马虎不得。

接着应详细说明该场宴会的性质、菜单内容、每道菜的服务方式、客人的特别需求、每位服务人员所应服务的桌（人）数、上菜的顺序、上菜的信号以及其他相关注意事项。解说完毕，便分配服务区域，并且由服务人员自己提问，务必使员工在每一个工作细节都能达成共识。举办大型宴会时分秒必争，所以领班必须在有限时间内将该宴会的注意事项清楚告知员工，并将宴会结束后的工作进行妥善的安排，使整个宴会得以圆满完成且有效率地进行善后工作。为使宴会工作顺利、有效率，人员集合时所讲的内容应以重点式的告知方式为主。至于其他服务上应注意的细节，则可斟酌集合后所剩余的时间再行告知。

## 四、组织实施阶段

组织实施阶段一般工作程序包括：宴会现场的接洽→迎客→客人入座→铺餐巾、拆筷子套、上小毛巾→斟酒上菜→席间服务。

不同的宴会形式（如中式宴会、鸡尾酒会、自助餐等）或不同主题的宴会（如婚宴、寿宴等），其具体的宴会程序也有差异。如无锡地区饭店的宴会部承办结婚宴会都有一套规定的程序。

1. 宴会现场的接洽

宴会人员应在客人到场时主动与其接洽，讨论该场宴会所需配合的事项及流程，领班还应将讨论要点在宴会前告知员工。一般而言，喜宴中宴会人员需和顾客确认的事项较多，程序也较繁杂。

举办喜宴时，首先要确认宴会负责人与结账人，并分别作自我介绍以认识对方，取得信任。曾有饭店出现不知名人士冒充酒店人员与客人结账，收取现金后逃之夭夭的情况。为避免此类事件发生，事先与客人认识并确认双方结账人员的步骤绝对不容疏忽。确认双方负责人后，宴会人员应与负责人确认喜宴开席的桌数及酒水的数量，以免结账时有所争议。确认后，双方接着商讨宴会流程与所需配合的事项，例如致辞时间，致辞时服务员宜暂停服务动作，致辞后的干杯仪式需保证每位宾客手上皆有饮料可供敬酒。一般而言，酒店会向对方负责人提供宴会程序表及宴会进行所需的相关资料，以便其掌握宴会进行流程。

2. 迎接顾客光临

临近宴会时间，可安排若干服务人员列队于宴会厅门口迎接客人。列队时需注意高矮顺序，有些宴会厅甚至规定男女服务员各站一边。另外，衣帽间的管理也是迎接客人的一环，亲切的服务将给宾客留下美好印象。客人如有物品需寄放于衣帽间，管理员应在寄放物上挂一个号码牌，然后将同一号码的副牌交给客人，客人离开时再凭副牌领回寄放物。有些宴会在宴会入口处设有接待桌，供宾客办理报到、签字等手续。喜宴则另设收礼桌，供主家收礼用。不过这些接待员大多需由宴会主办者自行指派，酒店并不负责提供。

3. 服务时的注意事项

（1）服务人员必须了解客人的喜好及要求，进而提供亲切、周到的服务。例如，有些客人不习惯别人帮忙分菜而偏好自己动手，因此服务人员应先询问客人的意见。

（2）服务人员若在执行服务中遇到一些突发事件，必须马上向宴会厅经理反映，以便做最快速且最适当的处理。例如，服务不周而令客人感到不愉快，或是客人蓄意骚扰服务人员等事件，均应立刻向上级反映，采取换人等适当的解决方式，将伤害降至最低。

（3）服务人员在服务当中应谨言慎行，不能窃窃私语或对顾客的行为妄加评论。尤其有些服务人员在为外宾服务时，常无意间以自认为对方听不懂的语言喃喃自语，徒增不少尴尬场面。所以服务人员务必小心，避免服务中无谓的言语或行为。

（4）服务部门主管应注意提高服务人员的反应能力，并耐心地对待员工。对于员工所提出的疑问，主管必须仔细倾听，并给予正确的答复，否则将很容易造成沟通上的误会，得不偿失。

（5）服务人员应随时留意客人的需求。完成上菜与收拾等分内的工作后，若暂时没有其他任务，仍须坚守在自己的服务区内待命。进行宴会服务时，服务员应随时保持机动性，一面留意自己的客人是否需要其他临时性服务，一面注意主桌服务员的动作或当班主管的信号，绝对不能倚墙靠椅，也不可和同事聊天说笑。

### 五、宴会结束工作

宴会结束后，要认真做好收尾工作，使每一次宴会都有一个圆满的结局。宴会结束工作程序包括：结账→送客→撤桌→清场→追踪→建档。

现就主要工作说明如下：

1. 结账工作

宴会后的结账工作是宴会收尾的重要工作之一，结账要做到准确、及时，如果发生差错，多算则会导致主办单位的不满，影响宴会厅的形象；少算则使宴会厅的利润受损失，相应增加了宴会成本。

在预订宴会时，客户与宴会部门双方便已就付款方式达成协议，所以在宴会接近尾声时，为确保结账正确无误，要认真做好如下工作：

（1）负责结账的人员必须逐一清点所有必须计价的项目，然后再依单价和实际数量，结算出总消费金额，各项费用务必先行确认，不可遗漏，金额也应核对清楚。

（2）准备好宴会的账单，在宴会各种费用单据准备齐全后，由饭店财务部门统一开出正式收据，宴会结束马上请宴会主办单位的经办人结账。

如有额外服务，领班应于宴会前先请主办人签字同意，结账时才能减少不必要的纠纷。例如，有些闲杂人员会对喜宴接待处谎称自己是某受邀贵宾的司机，要求代付司机餐费。为避免类似状况发生，必须先向主办人汇报，经确认再行处理。

2. 撤桌、清场

宴会结束后，宴会主管人员应监督服务人员按照事前的分工，整理宴会场地，抓紧时间完成清洗餐具、整理餐厅的工作。负责清洗餐具的服务人员要做到爱护餐具，洗净擦净，分类摆放整齐，把餐具的破损率降到最低。负责整理宴会厅的服务人员要把宴会厅恢复原样，工作包括撤餐台、收餐椅、搞好宴会厅场面卫生等。宴会组织者在各项工作基本结束后要认真进行全面检查，最后关上电灯，切断电源，关好门窗。

3. 跟踪回访

跟踪回访的目的是征求意见，改进工作。每举办一次大型宴会，对宴会组织者、服务员和厨师都增加了一次高水准服务的经历，所以说，宴会结束后，应该认真总结经验教训，以利于搞好服务工作。

### 知识点三　中餐宴会厅的布置与席位安排

中餐宴会是一种较为传统和正式的宴会形式。一般中餐宴会采用的是圆桌式的围餐方式，在布局上很重要的一点是要表现出宾客的身份和地位，席位的安排也体现出对客人的尊重。宴会一般要求事先依照宾客的身份地位及其与主人的关系——安排桌次和座次，以便参加宴会的人都能各就各位，入席时井然有序。中餐宴会现场布局因餐厅形状、大小、主席（舞）台的位置和餐桌的数量不同而不同。在布局时首先要考虑主席（舞）台的位置和装饰，因为它是宴会的中心点，应重点装饰，凸显宴会的主题。主席（舞）台要安装和调试好音响和灯光，如有需要，还须提供影像设备。其次要确定主桌或主嘉宾席的位置，主桌的大小应根据需在主桌上就餐的人数来确定，主桌可以使用桌面直径比其他桌子大些的桌子。主桌的位置应该突出，它应面向餐厅正门，能够纵观全厅的位置，或最靠近宴会舞台，或位于宴会的正中。最后再根据摆放筵席的数量和餐厅的形状，安放其他桌子。一般来说中餐宴会的布置形式有以下几种：

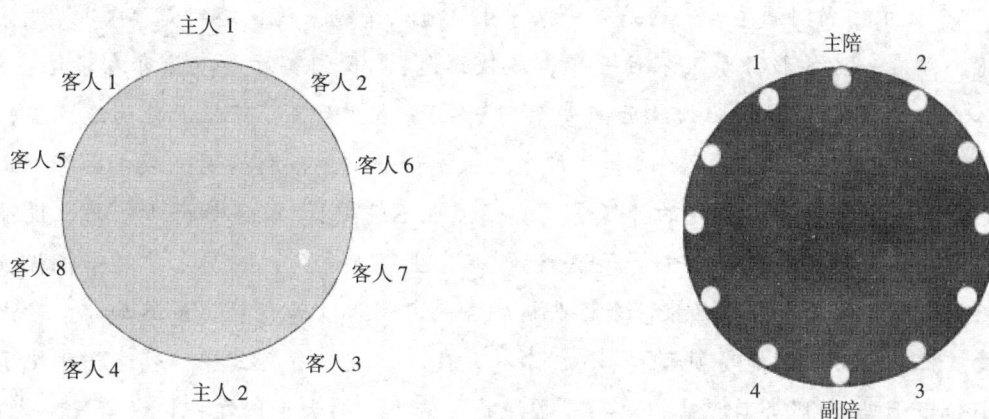

图 1-43

（1）"一"字形：这种摆放比较适合长条形的宴会厅，但摆放的桌子数量不多，一般用于规模较小的宴会。"一"字形布局的主桌一般放"一"字的两头或正中间，这主要是看舞台的位置。这种布局的优点是走动位置较为宽松，能方便服务员提供服务。

（2）三角形和菱形及其变形：这两种方式的排列一般也只适用于3~8张圆台，它的主桌设在三角形或菱形的"顶点"上，其优点是给人以鹤立鸡群的感觉，突出了主桌的地位。三角形和菱形的变形是指桌子摆放时不出现"顶点"，使原来的菱形和三角形变成了"梭形"或"锥形"。

（3）发散形：发散形是将主桌置于会场的中心，其他餐桌围绕它向外发散状摆放。这种布局方式能将所有与会宾客目光集中到主桌，有众星捧月的效果，发散形布局一般在室外宴会中使用，如日形和梅花形排列。

（4）"主"字形："主"字形排列一般用于大型宴会，"主"字上的点代表主桌，其他桌子一排排整齐地向后排列，主桌的位置应靠近舞台。这种布局的优点是空间利用率高，整齐划一，容易管理。"主"字形布局要做到餐台中心横直均在一条轴线上。

## 案例分析

### 案例一　自带酒水的客人

有一次，赵先生和几位朋友请一位老先生吃饭，因老先生是他们的前辈师长，所以大家都让他来选择餐厅。老先生想了想说："就到迎宾餐厅吧！那里的菜不错，环境也很好。"大家便一起到了迎宾餐厅。落座后不久，老先生把他从家里拿来的两瓶茅台酒摆上桌说："今天咱们喝国酒茅台，这是我一个学生从贵州带过来的，绝对是真货！"没等老先生说完，站在一旁的服务员沉不住气了，赶快说道："我们餐厅是不让客人带这些酒的。如果客人自带酒水，我们必须收开瓶费。""开瓶费多少钱？"有人不禁问道。"每瓶50元。"老先生一听，赶快说道："我和你们李老板是好朋友，我到这里吃饭，已经不止一次了。就算他在这里也不会收我的开瓶费，你当然也不会要！"服务员一听，马上说："不行，这是我们餐厅的规矩，我们必须遵守！"老先生有点急了，他马上拿起手机就拨打餐厅老板的电话。显然，在电话里，老板告诉服务员不用再收开瓶费。虽然如此，老先生仍不好受。他气呼呼地对服务员说："刚才你不听我话，现在看怎么样？我这把年纪了，还骗你小姑娘干吗？"服务员无言以对，非常尴尬。老先生的太太则在一边没好气地说："以后别到这里来了。这儿的规矩真多！"在座的几位也不禁暗暗赞成老先生及其夫人的做法和想法。

**案例分析：**

在本案例中，老先生认为自己和餐厅的老板是好朋友，并且自己又是常客，老板在场也不会收他的"开瓶费"，和服务员说清楚，服务员当然也不会收的，这是他已经有的一种看法和态度。但服务员听后，马上说："不行，这是我们餐厅的规定，我们必须遵守！"拒绝了老先生的要求。这时候老先生有点急了，他马上联系餐厅老板。虽然最后他也没有交开瓶费，但已经给他带来不愉快的体验，造成了他对服务员及其餐厅的不好印象，进而又破坏了他对餐厅已有的良好印象，强迫他改变态度，使他感到非常不愉快。

此外，老先生的态度又影响了他的太太，进而影响了在座的其他人的感受，使他们对餐厅有不良的评价。老先生在这里丢了面子，以后也不想再光临了。诚然，餐厅里的规定服务员是必须遵守的。但是，并不应该教条地执行，而应该根据具体情况灵活变通，尽量满足顾客的个性要求，才能保住熟客。服务人员在对待客人时应时刻注意语气要委婉，不可对客人说"不行"等强硬性的拒绝语言，应随时站在客人的角度去处理客人的需求，给客人面子的同时为客人提供优质的服务。

## 案例二　未经商量的宴会菜单

张某去年5月结婚，经朋友介绍在一家有较高知名度的大酒店订了婚宴。酒店根据张某的喜宴标准制定了一份每桌2888元的菜单，但并未列出主料和配料，只对主菜用料作了口头商定。张某认为该酒店名气大且又是朋友介绍，对此也没在意，就在双方订好的菜单上签字并付了定金。然而，在婚宴开始上菜的过程中，张某发现许多事前商定好的菜被调了包，婚宴档次明显下降了。事后，他找到酒店负责人反映，要求赔偿，却被告知菜单是双方签字认可的，张某事先也没提出异议，酒店方面不承担赔偿责任，并要张某付清剩余费用。

**案例分析：**

对于较大规模的餐饮消费，双方对菜单内容的约定实际上就是一份消费合同，作为消费者一定要对菜单内容做到具体明细，对菜肴的名称、用料、成分、重量都应作严格的约定并在双方确认的情况下签字认定。如果单纯作口头的约定，或者对于主要内容没有作文字上的明确约定，则会给双方造成困扰。

## 案例三　只因少说了一句话

某餐厅的正中间是一张特大的圆桌，从桌上的大红寿字和老老小小的宾客可知，这是一次庆祝寿辰的家庭宴会。朝南坐的是位白发苍苍的八旬老翁，众人不断站起对他说些祝贺之类的吉利话，可见他就是今晚的寿星。一道又一道缤纷夺目的菜肴送上桌面，客人们对今天的菜显然感到满意。寿星的阵阵笑声为宴席增添了欢乐，融洽和睦的气氛又感染了整个餐厅。又是一道别具一格的点心送到了大桌子的正中央，客人们异口同声喊出"好"来。整个大盘连同点心拼装成象征长寿的仙桃状，引起邻桌食客伸颈远眺。不一会儿，盘子见底。可是不知怎么，上了这道点心之后，再也不见端菜上来。闹声过后便是一阵沉寂，客人开始面面相觑，热火朝天的生日宴会慢慢冷却了。众人怕老人不悦，便开始东拉西扯，分散他的注意力。一刻钟过去，仍不见服务员上菜。一位看上去是老翁儿子的人终于按捺不住，站起来朝服务台走去。接待他的是餐厅的领班，他听完客人的询问之后很惊讶："你们的菜不是已经上完了吗？"中年人把这一消息告诉大家，众人都感到扫兴。在一片沉闷中，客人怏怏离席而去了。

**案例分析：**

逢有寿辰、结婚之类的喜庆宴会，酒店应尽量在环境布置、气氛烘托上大做文章。本例中八旬老翁的生日宴请从一开始起便很成功，但是由于酒店最后一步棋没下好而功亏一簧，这顿宴席给客人留下的印象无疑是不好的。本例的症结在于上最后一道菜时服务员少说了一句话，致使整个宴席归于失败。服务员通常在上菜时要报菜名，如是最后一道菜，则还应向客人说明，最好再加上一句："你们点的菜都上了，还要添些什么吗?"这样做，既可以避免发生客人等菜的尴尬，又是一次促销行为。工作中，有许多细微的事情，然而正是这些事才构成了酒店的服务质量。在整个服务中需要服务员的细心和周到，容不得哪个环节上出现闪失，哪怕只有一句很简短的"台词"，或仅有一个很不起眼的动作都容不得丝毫马虎。客人离开酒店时的总印象是由在酒店逗留期间各个细小印象构成的，与体育运动中的接力赛不一样，一个人稍差些，其他的人可以设法弥补。在酒店里任何岗位都不许发生疏漏，一旦出现差错，是很难弥补的。正因如此，酒店里的每个人必须牢牢把好自身的质量关。本例中，由于一名服务员缺了一句不应少讲的话，终使酒店许多员工的服务归于无效，这又一次证明了酒店业的确符合 100-1=0 这一计算公式。

## 案例四　一盒贴心准备的磁带

钱王大酒店是临安唯一的一家三星级酒店，优雅的环境，优质的服务，在当地有口皆碑。多年以来，酒店一直把"宾客至上，服务第一"作为自己的宗旨，让客人真正享受到"宾至如归"的服务，而无"羁旅之感"。为此酒店要求每一位员工热情待客、竭诚服务，使来临安居留的客人不仅能领略到临安的真山真水，更能感受到临安的真情真意。来自上海的裘先生随假日旅游团队住进了临安市钱王大酒店，晚上他兴致勃勃地携几个游伴到娱乐厅观看歌舞表演。热烈的演出中，台上一个女歌手热情相邀裘先生上台合唱一曲《夫妻双双把家还》，裘先生拿着麦克风说："今天我很开心，认识了这么多朋友，但很遗憾，不能把这精彩的时刻带回家，大家喜欢听我唱歌，我再为朋友们唱一首《朋友》。"又是一阵雷鸣般的掌声……

晚会临近散场，意犹未尽的裘先生正待起身，没料边上笑容可掬的服务员十分礼貌地走过来，递上一盒录音带对他说："先生，十分感谢您为大家带来的歌声，我们的音响师已经将您的《朋友》录下来，让您可以把欢乐带回家去。"拿过这盒磁带，裘先生惊喜之情难以言表，充满感激地说："真是太感谢你们了，想不到我不经意的一句话你们却如此当真，你们的诚意真让我感动。今后，每当我听这盒磁带时，一定会想起美丽的临安，想起一流的钱王大酒店，想起今天这难忘的夜晚。"裘先生愉快地回房去，一路走，一路哼："朋友一生一起走，这种日子不再有……"

**案例分析:**

一盒小小的磁带，给客人带来了惊喜，使客人离店时的满意值远远超过了客人的期望值，而这一切完全取决于服务人员认真诚挚的服务，处处主动、事事想深，未雨绸缪。一盒小小的磁带实质上是酒店真诚服务的结晶，是真情真意的表达。

## 案例五 为客人准备的香蕉

有一位美国客人入住某国内知名中餐酒店，他个性孤僻，不喜言笑。在酒店住了一周，几乎从不开口，不跟人打招呼，更难得让人看到一丝微笑。楼层服务员觉得这位客人极难伺候，任凭如何笑脸相待，主动招呼，所得到的总是一张铁板的脸。每天早上，他爱去自助餐厅吃早饭。当他吃完自己挑选的食品之后，便开始在台上寻找什么东西，他没吭一声，掉转头便走出餐厅。第二天小梅壮起胆询问他，还是一张冷峻的脸，小梅窘得双颊发红。当这位美国客人正欲步出餐厅时，小梅又一次笑容满面地问他是否需要帮助，也许是小梅的诚意感动了他，他终于吐出"香蕉"一词，这下小梅明白了。第三天早上，那位沉默寡言的客人和平时一样又来到自助餐厅，左侧一盘黄澄澄的香蕉吸引了他的注意力，绷紧的脸第一次有了微笑，站在一旁的小梅也喜上眉梢，又一次领悟到"精诚所至，金石为开"的道理。在接下来的几天里，酒店每天早餐中都有特地为他准备的香蕉。几个月后，这位客人又来到该酒店。第二天一早他步入自助餐厅，迎面就是引人注目的一大盘香蕉。这位"金口难开"的客人看到小梅，第一次主动询问是不是特意为他准备的香蕉。小梅嫣然一笑，告诉他昨晚总台工作人员已经给餐厅带来了他入住本店的信息。"太感谢你们了"，美国客人第一次向酒店表示了发自内心的感谢。

### 案例分析：

餐厅全心全意为客人服务，博得客人的好评，在餐饮业中极为常见。可是本案中那位沉默寡言的美国客人一个微笑、一声道谢，其含"金"量就非同一般。上述餐厅的小梅等人便是用自己的真情使美国客人开启了他紧闭的嘴，"熔化"了铁铸的脸。在自助早餐中准备一些香蕉，不是一件难事，重要的是去探索客人的心理，了解他们的需求。这位美国客人对香蕉情有独钟的信息不仅餐厅知道，连总台都掌握，可见该酒店极为重视有关每个客人特殊需求的档案。此外，该餐厅的信息传递渠道畅通。晚上客人到达，第二天早上餐厅已经有了准备，酒店的服务效率由此可见一斑。

## 服务名言

服务注重细节，细节决定质量。

### 职业能力训练

（1）老师组织学生到酒店餐厅进行摆台技能观赏，于学校模拟餐厅中进行实训。

（2）模拟婚宴预订服务，能够为客人设计台面，同时对宴会厅进行布置。

（3）模拟中餐正式宴会，即政府和团体等有关部门为欢迎应邀来访的宾客或者来访的宾客为答谢主人而举行的宴会。为不同身份地位的客人安排席位。

### 观念应用训练

阅读资料，回答问题。

## 位数与台数的变更

陈领班接到当晚订单之后，便回贵宾厅安排工作。其中1号厅高先生留台16位/席。当时陈领班只是安排服务员小吴在1号厅的大铁台（14人台）摆16人的餐位，而没有按要求换成18人台，严重违反了操作规程。当时经理在开餐检查工作时不够细致，发现问题未能及时追问陈领班为何不变台型及纠正错误。6:30 PM小厅接到宴会部的菜单时（已明确是16位），陈领班仍未能及时更换台型。7:00 PM高先生带了几位客人来到餐厅，陈领班马上将当晚的菜单让高先生确认。高先生的客人中由于有小孩，便将第一个菜"三文鱼北极贝刺身"改为"乳猪拼盘"。当时高先生说一共有18位，陈领班仍然没有组织人员更换台型。后来客人认为餐桌太小，陈领班才匆忙找人变更，并请在2号厅休息的高先生一行入座，上酒水、上菜，宴会过程中的服务均正常。

问题：对于此次案例的认识是什么？

### 情景模拟训练

**情景设定：**

模拟中餐宴会摆台服务。

**训练要求：**

假设你所在的餐厅即将承接一项家庭聚会式的中餐宴会，要求你与同学合作，能够娴熟顺利地在规定时间内完成摆台工作，同时对宴会厅进行布置。

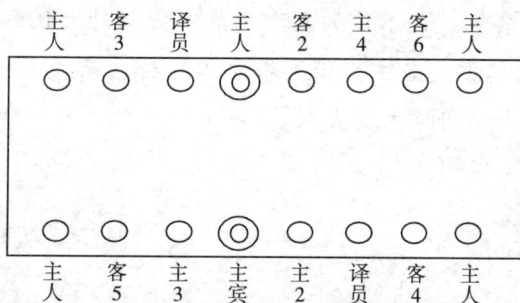

图1-44 国际宴会席位安排

正式宴会一般均排席位，也可只排部分客人的席位，其他人只排桌次或自由入座。要在请柬上注明桌次，现场还要有人引导，以免混乱。国际上的习惯，桌次高低以离主桌位置远近而定，右高左低。桌数较多时，要摆桌次牌。同一桌上，席位高低以离主人的座位远近而定。如果夫人出席，通常把女方排在一起，即主宾坐男主人右上方，主宾夫人坐女主人右上方。两桌以上的宴会，其他各桌第一主人的位置可以与主桌主人位置同向，也可以面对主桌。遇特殊情况，可灵活处理。如遇主宾身份高于主人，为表示尊重，可以把主宾摆在主人的位置上，而主人则坐在主宾位置上，第二主人坐在主宾的左侧。但也可以按常规安排。如果本国出席人员中有身份高于主人者，比如厅长请客，省长或副省长出席，可以由身份高者坐主位，主人坐身份高者左侧。主宾偕夫人，而主人的夫人又不出席的，通常可以请其他身份相当的女同志作第二主人。如无适当身份的妇女出席，也可以把主宾夫妇安排在主人的左右两侧。席位排妥后着手写座位卡。我方举行的宴会，中文写在上面，外文写在下面。卡片用钢笔或毛笔书写。便宴、家宴一般不放座位卡，但主人对客人的座位也要有大致安排。

**涉外宴会的席位安排**

国际上通常做法，邀请夫妇可只发一张请柬。有的场所需凭请柬进入的，则应给夫妇二人都发请柬。涉外宴会的席位安排有特别的讲究：

（1）以主人座位为中心。如夫人参加，则以主人夫妇为基准，靠近者为上，右高、左低，依次排列。

（2）把主宾和夫人安排在主人夫妇右首边上。

（3）在大体尊重礼宾次序的前提下，尽可能地将说同一种语言、不同国家的客人安排在相邻座位上，以便交谈。

（4）主客双方人员应相间而坐，以便交谈。

（5）夫妇一般不相邻而是相对而坐，西方习惯男女主人分别陪伴男女客人，我国不习惯这样做。

（6）译员在主宾右首边，在有些国家译员不入座。

（7）多边活动中，应尽量将有敌对关系的国家人员的座位分开。

宴会主人的身份比主宾低，如本国的总理出席本国驻外大使的宴会，为了表示对客人的尊重，将客人安排在主位上。若主宾偕夫人参加宴会，而主人夫人临时因故不能出席，最好安排一个身份相当的女性陪伴主宾夫人。

**基础知识训练**

**一、选择题**

台面按饮食习惯可划分为三大类，（　　）不包含在内。

A. 中餐台面 　　　　　　　　　　　B. 西餐台面

C. 中餐西吃台面 　　　　　　　　　D. 日式台面

**二、填空题**

1. 中餐宴会一般使用三套杯，即＿＿＿、＿＿＿＿＿、＿＿＿＿＿＿。

2. 将餐具摆放在垫有餐巾的托盘内，用手将托盘托起，从主人位开始依次在＿＿＿摆放餐具。

**三、简答题**

简述摆台的意义。

# 项目二

# 餐前服务技能实训

正所谓"好的开始是成功的一半"，充分的餐前准备工作是良好的餐厅服务、高效流畅的餐厅营运工作的重要保证，餐前准备工作不仅能够为服务员后续的服务工作奠定好的基础，而且也能很好地分担服务员在餐中服务过程中的压力。所以，餐厅服务员要搞好餐前准备工作，餐厅领班、前厅部长等管理人员则要做好餐前准备工作的检查。餐厅的所有工作人员都应当在迎接第一位客人的到来之前，做好餐厅的餐前准备工作。

餐厅开门营业前，服务员需要做准备工作。首先是接受任务分配，了解自己的服务区域，然后检查服务工作台和服务区域，熟悉菜单及当日的特选菜，了解重点宾客和特别注意事项等。因为充分的餐前准备工作是良好的服务、有效经营的重要保证，因此是不可忽视的重要一环。餐厅迎宾员是餐厅的门面，是餐厅对外展示餐厅良好素质与形象的窗口。迎宾员优雅的仪容仪表、得体的礼貌素质、高超的服务水平将会给餐厅顾客留下好的第一印象，更会对餐厅随后的顾客服务产生极为重要的影响，大方优雅的迎宾服务甚至还能起到调节餐厅氛围的作用。

## 项目导图

```
        ┌──────────┐
        │ 餐前服务  │
        │ 技能实训  │
        └────┬─────┘
     ┌───────┼───────┐
┌────────┐┌────────┐┌────────┐
│ 接待服务 ││ 点菜服务 ││ 茶水服务 │
└────────┘└────────┘└────────┘
```

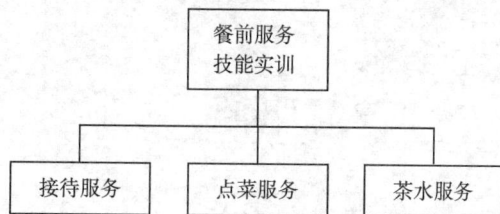

**图 2-1　餐前服务技能实训**

## 学习目标

知识目标

1. 认识餐厅接待服务岗位的设置及重要性

2. 了解餐厅点菜员服务岗位的设置及重要性

3. 分析餐厅茶水服务员服务岗位的设置及重要性

## 技能目标

1. 掌握点菜服务流程和服务技巧

2. 掌握茶水服务流程和服务技巧

3. 注意观察客人，了解顾客投诉的动机，掌握处理投诉的主要程序

# 任务1 接待服务

## 任务目标

通过餐前服务技能的训练，使学生能熟练、规范地使用服务技能，为客人提供满意周到的服务。掌握餐厅服务过程中职业形象的设计，通过仪容、仪表、仪态的训练进一步提高服务人员的素质。掌握接待服务流程和服务技巧，以便顺利地完成工作。

### 项目任务书

| 任务名称 | 接待服务 | 任务编号 | | 时间要求 | |
|---|---|---|---|---|---|
| 训练要求 | 能明确餐前服务相关部门的工作任务、能了解餐前服务的程序与标准、能掌握餐前服务的各项技能 | | | | |
| 培养能力 | 了解迎宾员的工作程序及服务要领和标准、掌握引客落座的服务技巧；掌握接待服务流程和服务技巧 | | | | |
| 涉及知识 | 餐厅服务过程中职业形象的设计，通过仪容、仪表、仪态的训练进一步提高服务人员的素质 | | | | |
| 教学地点 | 教室、机房、模拟餐厅 | 参考资料 | | | |
| 教学设备 | 投影设备、投影幕布、支持联网的电脑、桌子、台布、餐具 | | | | |
| 训练内容 | | | | | |
| 1. 迎宾服务的程序与标准<br>2. 掌握引位的技巧<br>3. 熟悉茶水服务的服务流程和技巧 | | | | | |
| 实训成果评价标准 | | | | | |
| 1. 迎宾员的工作程序正确与技巧娴熟<br>2. 引位工作的服务语言规范、动作准确<br>3. 熟知餐厅茶叶种类，泡茶手法娴熟、自然、准确 | | | | | |

## 引导案例

"我觉得细节服务很重要，尤其是宾馆的对客细节服务，是宾馆优质服务的关键，只有每一个环节的服务到位了，整体服务才会提高，宾馆的经济效益才能上去。"这是一个宾馆服务员的工作感言，也是她对日常工作的经验总结。尽管她年龄不大，来馆时间不长，可她是一位"有心"人，对客服务是"用心"去做的。她就是望海餐厅服务员张丽。张丽2008年来宾馆，接受宾馆基础培训后，分到望海餐厅当服务员。她人虽小，上进心很强。不论是开始的业务专业知识培训，还是餐厅对新员工的虚拟实操技能演练，张丽都一一作了笔记，用心领会。她总是在别人上班前或者在客人少时，悄悄一边看笔记，一边练习。餐厅经理、领班对她关爱有加，总是想方设法给她更多的练习机会。短短三个月的时间，她已经掌握了基本的业务技能。

她的出色表现，餐厅领导、员工看在眼里，打心底为她高兴。

那是来馆半年后望海餐厅的一次晚餐服务。晚上9点多，来了几位河南郑州的客人，其中有一对是夫妻。客人落座后，张丽面带微笑，热情大方地把菜单双手捧上，递到客人手中，客人看完菜单，提出要一盘水饺，几个特色菜，张丽举止得体、口齿伶俐地给客人介绍了"苔蘑冠顶饺"、"五峰大烩菜"、"圣地佛珠"等几个特色菜，并且给客人作了产地的解说，客人的胃口马上被她的解说"提"了上来，加之价位适度，客人们还未就餐情绪就格外地好。等到菜一上，张丽细心、周到的服务，灵活、快捷的上菜，规范、到位的动作……一个个细小的环节她都面面俱到，给客人留下了美好的印象。客人们十分喜欢这个细心、机灵的小姑娘，"是不是跟我们到河南啦，小姑娘"，客人看似开玩笑，实质是从心里佩服她的出色服务。就餐完毕，张丽又提醒客人带好随身物品，正巧，其中一对夫妻由于一时疏忽，把白天买的三串佛珠丢在了座椅上，张丽小心地帮客人收好，送还了那对夫妻。

成功的细节服务是关键。服务员的一个微笑、一句亲切的问候语、一双热情的手、一个体贴的眼神看似微小，却能起到意想不到的效果，客人会因此而如沐春风，对餐厅留下难忘的记忆，以至于关注、思念，再次光顾餐厅。客人源源不断，餐厅的经济效益就会大幅度提高。

**思考：** 试分析接待服务中细节服务的重要性。

## 知识点

### 一、散餐预订服务

（1）迎宾员在迎宾台后按标准姿势站立，面带微笑。

（2）电话要在铃响3声以内迅速接听，如果电话铃响超过4声以后才接起来，要说一句致歉的话，如"对不起，让您久等了。"

（3）致以简单问候。语言要柔和亲切，并自报餐厅名称。例如，"您好！这里是兰中餐厅，我是迎宾员××，请问我可以帮什么忙吗？"

（4）接受客人散餐预订时，应问清客人就餐的人数、时间以及对餐食的要求，并准确地记录在订餐本上。

（5）请客人留下预订者的姓名或预订单位名称以及联系方式。

（6）当客人散餐预订结束时，应向客人重述预订的内容：姓名、联系方式、就餐人数、就餐时间以及就餐标准等。

（7）告知客人预留台面的保留时间。

（8）告知客人餐厅将等候客人光临。

（9）与客人结束谈话时，应礼貌地向客人道别并等客人挂机后再挂电话。

（10）及时通知餐厅领班按客人预订的就餐人数摆台，并将预留卡放于台面显眼位置上。

## 二、迎宾及引领服务

1. 迎接客人

（1）保持正确的站姿和仪容仪表。

（2）站立于餐厅门口可以被客人直接看到的位置。

2. 问候客人

（1）当客人到来时，应微笑并使用专业用语礼貌地问候客人。

（2）当客人确定就餐后，应问清客人是否预订、客人人数、姓氏以及是否吸烟。

3. 协助客人存放衣物

（1）协助客人在衣帽间存放衣物，并提醒客人保管好贵重物品。

（2）将取衣牌交给客人保管。

4. 引领客人入座

（1）问清客人是否选择无烟区就餐。

（2）迎宾员右手（或左手）持菜单，左手（或右手）为客人指示方向，注意指示方向时，必须四指并拢，掌心向上。

（3）迎宾员在引领客人进餐厅时，应走在客人的左前方，并保持 1 米左右的距离，步伐适中。

（4）到达餐位后，应征询客人对餐位是否满意。

5. 拉椅让座

（1）站立于餐椅之后，将餐椅拉开 0.5 米左右的距离。

（2）当客人坐下时将餐椅轻轻前送。

（3）在服务过程中，应遵循先女后男、先宾后主的服务顺序。

6. 迎宾员与值台员的交接

（1）当客人入座后，迎宾员应打开菜单第一页，站在客人的右侧，按照先宾后主、先女后男的原则，将菜单双手递送给客人。

（2）将客人就餐人数、宾主姓氏等信息告知值台员，以便值台员能够更好地为客人提供服务。

（3）迎宾员礼貌地向客人道别，返回自己的工作岗位。

## 三、候位客人

1. 问候客人

（1）主动微笑地使用专业用语问候客人。

（2）礼貌地告知客人本餐厅已经客满。

2. 请客人等候

（1）首先确认餐厅内的客人用餐情况，并预计客人大约需要等候的时间。

（2）向客人提出建议，请客人在餐厅外的沙发上休息等候，并告知客人当餐厅有餐位时，会立即请客人进餐厅就餐。

（3）如果客人同意等候，应为客人提供茶水服务，同时礼貌地将菜单递给客人，请其先看菜单，或者提供杂志给客人翻看。

（4）如果客人询问需要等候的时间，应如实地告知客人预计的大约时间。

（5）如果客人不愿意接受等候的建议，应立即向客人提出第二个建议，请客人到本酒店的其他餐厅就餐，并主动向客人介绍其他餐厅的风味特点。

（6）如果客人同意去其他餐厅就餐，应立即用电话帮助客人预订餐位。

（7）告诉客人去其他餐厅的路线，并再次对客人不能在本餐厅用餐表示歉意。

（8）如果等候客人较多，要注意客人的人数以及到来的先后顺序，以做到合理的安排。

3. 请客人就餐

保证在预计的时间内请等候就餐的客人用餐，并提前或准时请客人进餐厅就座。

## 四、送客服务

（1）保持正确的站姿和仪容仪表。

（2）站立于餐厅门口，目光随时注意客人的动向。

（3）当客人结过账后起身离座来到餐厅门口时，迎宾员主动上前将餐厅门拉开。

（4）对要离开的客人说：请慢走，欢迎下次光临!

（5）目送客人离开餐厅，等客人走远后关上餐厅大门。

（6）目光继续留意将要离开餐厅的客人，随时做好送客的准备。

### 案例分析

#### 案例一　沟通的重要

一天中午，一位客人打电话到餐厅消费，并说明要吃一个"T骨牛扒"，希望餐厅能为其预留位置。当时，接电话的服务员正准备去用午餐，考虑到客人要半小时后才能过来，而这段时间餐厅生意都不旺，肯定有空位，且自己用餐时间不用半个小时，于是她未向其他同事交代便吃饭去了。大约一刻钟后，客人来到餐厅，询问为一名当值的服务员，刚才已打电话来预订，午餐是否准备好。当值的服务员称没有接到客人电话，不知此事。客人听后非常生气，于是向餐厅经理投诉。

**案例分析：**

准确的沟通是酒店服务之魂，没有沟通就没有服务。案例中存在三个方面的问题需要引起注意：一是第一位服务员对客人的理解有误。客人称半小时后进餐，其实是客人希望餐厅马上准备好食物，待会来餐厅就可以吃到预订的午餐，因为他可能有事情要办而赶时间或是不愿意在餐厅等待，而不是半小时后再来餐厅点菜。二是沟通的方式问题。作为餐厅服务人员，要注意客人口头承诺的随意性，比如该客人说半小时后来进餐，却在一刻钟后就来了。所以无论遇到什么情况，服务人员都要尽快做完自己手中的服务项目，而不要根据客人口头所说来安排自己的工作。脱岗时则一定要将工作及时移交同事，避免出现服务真空或盲点。三是当值服务员与客人的沟通问题。在未弄清情况时，餐厅服务员随便对客人说"不"。要知道，把责任推给客人是很容易引起客人不满和投诉的。

## 案例二 优秀迎宾员

李玲是一家四星级餐厅的迎宾员，上个月刚刚被餐厅评为"优秀员工"。餐厅领班评价李玲为最称职的迎宾员。并将李玲的工资标准上调1000元作为奖励。迎宾员的日常工作大致分为四部分：准备工作、引领入座、客人等位服务、送客服务。

**案例分析：**

一位优秀的迎宾员日常的工作任务包括：使用服务敬语，笑脸迎宾，主动询问客人位数，客人离开酒店时应微笑道谢。当有电话订座或来人订座时，应准确地填写预订本，并复述给客人听。尽可能记住常客的姓名、习惯、喜爱，使顾客有宾至如归的感觉。熟悉酒店的服务设施项目，以便解答顾客询问。负责做好规定范围内的卫生。下雨天协助帮助客人打伞，避免客人淋湿。完成领导安排的其他临时工作。

## 案例三 用心的姓名辨认

一位美国客人住进了北京建国饭店。中午到餐厅进餐，接待他的是一位上岗不久的男服务员。这位服务员一边问候客人一边心中暗暗着急，他怎么也想不起这位客人的名字。他仔细观察，忽然看到客人放在桌边的房间钥匙牌，想出了办法。当他去取热水时，利用这个空隙向总台查询了客人姓名，等回到桌前为客人服务时，就亲切称呼客人名字了。客人十分惊讶，原来他是第一次住进这家饭店。客人得知了服务员的用心后，非常高兴，倍感亲切和温馨。

**案例分析：**

本例中这位新员工想方设法叫出客人的名字，给客人带来惊喜与亲切，是具有强烈服务意识的体现。现代酒店的营销专家十分推崇"姓名辨认"，认为酒店员工如果在第二次或者第三次见到客人时，能在先生或小姐之前冠以姓氏，将会使客人感到异常亲切，这是一种人情味极浓的服务。

## 案例四　微笑——化解矛盾的润滑剂

一个阳光普照、风和日丽的星期六，"果房"餐厅，迎来了一位西装革履、红光满面、戴墨镜的中年先生。服务员快步上前，微笑迎宾，问位开茶。可是，这位客人却不领情，一脸不高兴地问道："我两天前就已预订了一桌酒席，怎么看上去你们没什么准备似的？""不会的，如果有预订，我们都会提早准备的，请问是不是搞错了？"服务员连想都没想就回答了那位客人。可能是酒席的意义重大，客人听了解释后，更是大发雷霆，并跑到营业部与营业员争执起来。营业部经理刘小姐闻讯赶来，刚开口要解释，客人又把她作为泄怒的新目标，指着她出言不逊地呵斥起来。当时，刘小姐头脑非常清醒，她明白，在这种情况下，做任何的解释都是毫无意义的，反而会惹得客人情绪更加激动。于是就采取冷处理的办法让他尽情发泄，自己则默默地看着他并"洗耳恭听"，脸上则始终保持一种亲切友好的微笑。一直等到客人把话说完，平静下来后，刘小姐才心平气和地告诉他有关的预订程序，并对刚才发生的事表示歉意。客人接受了她的劝说，并诚恳地表示："你的微笑和耐心征服了我，我刚才情绪那么冲动，很不应该，希望下次来这里时还能见到你亲切的微笑。"

### 案例分析：

本例的症结在于实习员工质疑客人"如有预订，我们都会提早准备的，请问是不是搞错了"的言语，他应向客人说明"您等等，我去帮您查对一下好吗？"这样做，既可以避免发生客人大发雷霆、与营业员争执起来的尴尬局面，又是一次促销行为，争取机会为酒店多做生意。微笑，已成了宾客都理解的世界性"语言"。世界著名的酒店管理集团如喜来登、希尔顿、假日等都有一条共同的经验，即服务的金钥匙中最重要的一把就是"微笑"。美国著名的麦当劳快餐店老板也认为："笑容是最有价值的商品之一。我们的酒店不仅提供高质量的商品、饮料和高水准的优质服务，还免费提供微笑。"客人离开酒店时的总印象是由在酒店逗留期间各个细小印象构成的。微笑服务是酒店服务中永恒的主题，是酒店服务一刻都不可放松的必修课，它有着丰富的精神内涵和微妙的情感艺术。

## 案例五　粗心触犯了客人禁忌

某酒店中餐宴会厅，酒店总经理宴请西藏一位高僧。中午 11 点，一群人簇拥着西藏高僧步入厅堂，两名服务员上前迎接，引领客人入席，并麻利地做好了餐前服务工作。菜品是预订好的，按照程序依次上菜，一切服务在紧张有序地进行。食之过半，宾客要求上主食，三鲜水饺很快端上了桌面。在大家的建议下，高僧用筷子夹起一个水饺放入口中品尝，很快就吐了出来，面色仍旧温和地问："这是什么馅的？"服务员一听马上意识到问题的严重性，心里说：坏了！事先忘了确认是否是素食。三鲜水饺虽是清真，但仍有虾仁等原料，高僧是不能食用的。忙向高僧道歉："实在对不起，这是我们工作的失误，马上给您换一盘素食水饺。"服务员马上通知厨房上一盘素食三鲜水饺。由于是 VIP 客人，部门经理也赶来道歉。高僧说："没关系，不知者不为怪。"这次失误虽然很严重，由于高僧的宽容大度，才得以顺利解决了，但留给服务员的是一个深刻的教训。

**案例分析：**

第一，信仰佛教的人和僧侣是严格的素食主义者。素食起源于宗教寺庙，供佛教徒、道教徒及忌荤腥者食用，是以豆制品、蔬菜、植物油为主要原材料。而清真菜多以牛羊肉和蔬菜等为主要原材料，烹制成各种适合伊斯兰教的饮食习惯的菜肴。二者是有很大区别的。

第二，由于服务员工作粗心，忽略了"素食"与"清真"的不同，以致为高僧上了有荤腥原料的食品，触犯了客人禁忌，是严重的失礼。这么严重的失误发生在对 VIP 客人的接待中，是个沉痛的教训。

第三，通过本案例，使我们认识到，服务员必须加强业务知识的学习，准确掌握客人禁忌，不论工作多么繁忙，都要细心地检查每一个环节，认真对待好每一位客人，以避免触犯宾客的忌讳，引起不必要的麻烦。

## 案例六 白喝开水

盛夏，深圳市某旅游度假村来了一批客人。服务员小桃负责的 4 号桌有一位约 30 岁的女客人，她长长的脸，尖尖的下巴，浓妆艳抹。坐下后，小桃上前问："请问小姐喝什么茶？"女客人瞪了小桃一眼："谁是你的小姐！"显然，有些客人出于某种心理原因，是不喜欢别人叫她小姐的。小桃连忙表示歉意地说："对不起，请问您喝什么茶？""不喝什么茶，我只要一壶白开水。"客人快快地说。通常有些客人出于习惯，或者身体状况等原因，是有只要开水、不要泡茶叶的先例的。小桃为客人上了一壶白开水，正准备往瓷杯里倒，客人却说："我不要这茶杯，我要一玻璃杯。"小桃说："好的，我就为您用玻璃杯倒。"说着，就用玻璃杯为她倒好了一杯水。客人点了个小菜和一个汤面，就吃起来。到结账的时候，小桃把从电脑里打出来的单子给客人看，不料客人却惊叫起来："我没有要茶，为什么还要收我的茶费？"一般在餐厅里用餐，虽然没有泡过茶，但是只要你坐下来，喝了水，吃了饭，就得按人头收茶水费或服务费，这是一般顾客都认同的惯例。像这位女顾客的反应，在这餐厅还是第一回，她也许是不懂例规，或许就是小气吝啬，不愿付茶钱。小桃认为她是属于后者。现代人上茶楼，是少有不谙熟这些例规的，除非酒楼餐厅为了让利惠顾，列明"免收茶费"。但小桃知道要注意自己的态度，这时候是不能顶撞客人的，她只有耐心地解释道："这是茶水费，您虽然没有喝过茶，但您要了一壶开水，也要收费的。"小桃是想让客人弄明白，这是餐厅的服务例规。"茶是茶，水是水，反正我没要茶，你收我的茶费就不对了，这不是多少钱的问题，是是否公平合理的问题。"乍一听，这客人说得蛮有道理似的。本来一点茶费也不算什么，但如果客人一旦要计较，就没完没了。这时，主管过来了解情况之后，微笑着对客人说："请问您是第一次来这里用餐的吧？""是又怎么样？"客人显然很不高兴。"我的意思是，如果您第一次来，那就好了，为了欢迎您头次大驾光临，今天，您的茶水费就免了。而且，欢迎您再次光临。"主管诚然地说。听主管这么说，客人紧绷着的脸才放松下来。这场茶与白开水的争论也宣告结束了。

**案例分析：**

此事例中的女顾客，无疑是个十分小气和刁钻的人，她进餐后故意不付茶钱，在服务员无法说服客人的情况下，主管以宽容的心态对客人进行了"适当的让利"，"为欢迎头次大驾光临，您的茶水费就免了"，这些婉转而有艺术的话语，使客人听起来感到特别亲切，够体面和好接受。这与主管平时工作的细心与成熟程度是分不开的。酒店是天天面对人的服务工作，会碰到许多大小事情，正是这些大小事情才构成了酒店的服务质量。从上述案例中，我们还可以对一些问题加以注意，以促使酒店的服务工作做得更好。有时候，有一些"细节"问题上不加注意，也会引起客人不满。如对单独到酒店进餐的女士，不要随便称呼"小姐"，以免由于种种原因而引起客人的尴尬或不满。本例中的服务员小桃，一开始称呼客人为"小姐"就引起客人的不满，虽然马上道歉，但"亡羊补牢"，也未必有实效。

**服务名言**

最大化满意客人的要求，让客人寻找到物超所值的感受。

**职业能力训练**

# 迎宾员培训

## 一、明确培训内容

图 2-2　迎宾培训

## 二、明确岗位职责

（1）遵守酒店各部门的各项规章制度及操作规程。

（2）对客人彬彬有礼，服从上级领导的指挥、调动。

（3）按要求完成开餐前的各项准备工作，掌握订餐情况。

（4）接受宾客的订座，包括电话预订和当面预订。

（5）礼貌地将客人迎入并安排合适的座位。

（6）满座时，要安排好就餐的宾客并做好登记工作。

（7）为就餐客人递送菜单、酒单。

（8）掌握进餐客人人数、桌数等，做好书面记录。

（9）询问客人的姓氏，熟记常客的姓名和习惯。

（10）负责接听餐厅电话，及时通知受话人。

（11）与宾客、领导、同事保持良好的关系。

（12）接受宾客的建议、投诉并及时向上级汇报。

（13）负责将就餐完毕的客人送出大门，并有礼貌地向宾客道谢道别。

（14）完成上级分派的其他工作。

## 三、站岗迎客培训

保持一定的站姿要求，目光需注视前方等候客人的到来。

（1）有电梯的岗位，迎宾员需随时注意观察电梯的到来。当电梯一到楼层，迎宾员需主动上前鞠躬 30~45 度，并问候客人。主动询问客人预订的是哪个包厢（统一询问语：请问是哪个包厢），确定无误后带领客人进入相应的包厢。

（2）无电梯的岗位，迎宾员当看到客人距离自己3米左右时，需主动上前去问候客人，主动询问客人是哪个包厢的（统一询问语：请问是哪个包厢），确定无误后带客人进入相应的包厢。

带客的时候需注意以下六点：

（1）迎宾员带领客人时，需走在客人右前方约1米的位置，不能离得过远或过近（手势与回头）。

（2）遇到拐角的位置，迎宾员需打手势并提醒客人（这边请）。遇到有阶梯的地方，要提醒客人（请小心阶梯）。

（3）站岗的时候要保持规定的站姿，不可靠墙、东倒西歪、聚集聊天及不文雅和不规范等动作（有迎宾台的不可靠在迎宾台上）。

（4）当带第一批客人进入包厢时，迎宾员要主动询问客人是否需要开启电视，让客人在等候其他客人的时候减少等待的无聊时间。并第一时间使用对讲机通知楼层主管或楼层管理人员，及时安排服务人员进入包厢为客人提供服务。从而可以避免房间的服务人员空岗的现象。

（5）迎宾员在带领客人进入包厢的过程中，可主动与客人聊天。因有的包厢距离远，聊天可以让客人感觉时间短而充实。

（6）迎宾员在带客的过程中也可主动询问客人的姓氏，将陌生的客人变成自己的客人或朋友。

备注：

遇到无提前预订包厢的客人时，迎宾员需请客人稍等片刻，找个休息区先让客人休息，并主动了解客人的姓氏及用餐人数，将相关的信息告知营业台，要求其给客人安排包厢。尽量抓紧时间，减少客人的等候，并按营业部提供的包厢号带领客人入座。

## 四、送客培训要点

（1）在客人的用餐期间，迎宾员的每一个岗位都不可以出现空岗的现象，如有事离开需与楼层的管理人员沟通，安排替岗的人员来交接之后才可以离开自己的固定岗位。

（2）在送客的同时，迎宾员需注意：当楼层有电梯，看到客人走过来时，需主动上前询问客人是上还是下（统一询问语：请问是上去还是下去呢），并帮客人按好相应的电梯，欢送客人到电梯关门，迎宾员才可回到自己的岗位上（统一送客用语是：再见，期待您再次光临）。

## 五、姿态标准与要求

1. 站立（基本要求：挺拔）

站立要头部保持端正、面带微笑、双目平视前方、嘴微闭、下巴往内放、颈部要直、肩平、挺胸收腹、身正、腿直，两臂自然下垂在身体两侧或在体前交叉，右手放在左手上，以保持随时向客人提供服务的状态。双手不抱胸、不插袋、不弯腰。女子站立时，脚呈V字形（脚尖分开距离约为50度左右），双膝和脚跟要并紧；男子站立时双脚与肩同宽（脚跟分开距离限8厘米内），身体不可东倒西歪，双臂交叉在身后。

2. 坐姿

入座要轻缓，不要赶步，以免给人以"抢座"感，走到座位前，自然转身，右脚向后撤半步，安稳坐下（入座时，若是裙装，应用手将裙向前拢一下，不要落座后再起来整理）。坐下后，头部要端正，面带微笑，双目平视，嘴唇微闭，下颌微收。双肩平正放松，挺胸、立腰、两臂自然弯曲，可将右手搭在左手上，轻放在腿面上，并将两脚并排自然摆放。也可以一手略握一只手腕，置于身前。两腿自然弯曲，双膝并拢，双腿正放或侧放，双脚平落地上，可并拢也可交叠。女子坐在椅子上，只可坐满椅子的2/3。谈话时如需侧转身，上体与腿应同时转动，幅度不可过大。起来时，右脚应向后收半步而后站起，动作不要迅猛。坐在椅子或沙发上时，不要前俯后仰，更不要将脚放在椅子或沙发扶手上和茶几上。

3. 蹲姿

欧美国家的人认为"蹲"这个动作是不雅观的，所以只有在非常必要的时候才蹲下来做某件事情。日常生活中，蹲下捡东西或者系鞋带时一定要注意自己的姿态，尽量迅速、美观、大方。

若用右手捡东西，可以先走到东西的左边，右脚向后退半步后再蹲下来。脊背保持挺直，臀部一定要蹲下来，避免弯腰翘臀的姿势。男士两腿间可留有适当的缝隙，女士则要两腿并紧，穿旗袍或短裙时需更加留意，以免尴尬。

4. 走姿训练

行走时，上身应保持挺拔的身姿，双肩保持平稳，双臂自然摆动，幅度以手臂距离身体30~40厘米为宜。腿部应是大腿带动小腿，脚跟先着地，保持步态平稳。步伐均匀、节奏流畅会使人显得精神饱满、神采奕奕。步幅的大小应根据身高、着装与场合的不同而有所调整。女性在穿裙装、旗袍或高跟鞋时，步幅应小一些；相反，穿休闲长裤时步伐就可以大些，凸显穿着者的靓丽与活泼。

### 观念应用训练

阅读资料，回答问题。

## 权金城国际餐饮管理公司

权金城国际餐饮管理公司成立于2000年9月，以经营正宗韩国烧烤、韩国料理为主，是目前全国规模最大的韩餐连锁公司之一。公司总部设在北京，下设上海权金城酒店管理有限公司、北京松本楼餐饮管理有限公司、权金城国际餐饮管理（北京）有限公司、权金城食品研发中心等子公司。

权金城国际控股集团，10多年前靠30万元起家，经过短短几年跨越式的飞速发展，目前已成为一家集房产物业、酒店、高尔夫球场、餐饮、休闲娱乐、广告、文化、科贸物

图 2-3

流于一体的大型民营企业，走上了产业化、多元化、规模化、国际化的发展道路。

权金城企业以领衔行业发展的雄图大略，奉行多品牌战略，追求标准化管理，执行以服务为基础的经营理念，走过辉煌的 7 年创业路。酒店、餐饮和休闲是企业重要的三条产品线，经过几年的发展，具有韩国特色的餐饮和具有健康休闲特点的洗浴已成为权金城企业的两块金字招牌，成为企业品牌战略的最佳代言。连锁经营模式更以其标准化质量与管理、快速复制的优势，使企业在短期内发展到大江南北，连锁门店多达五六十家，成为行业标杆。坐落于北四环边，集五星级酒店、写字楼、商业、餐饮于一体的融金时代广场是权金城的又一力作，为权金城树立了高品质的企业形象。

目前企业拥有员工近万人，资产数亿元，跨不同行业的子公司 30 多个，总部设在北京，上海、深圳、天津、南京、长沙、武汉、苏州、香港等地设有分支机构。

权金城国际酒店管理公司（以下简称"酒店管理公司"）是权金城企业、权金城控股集团直属公司。酒店管理公司旗下拥有物流配送、商学院、拓展基地及资深的投资顾问等专业机构，围绕公司所属系列品牌连锁店及休闲酒店的全面建设、经营运作而科学运转，使公司旗下金沙国际酒店、权金城休闲酒店获得成功的经营及良好的投资回利，为公司专业化酒店管理输出的发展之路提供了坚实基础与保障。

酒店管理公司通过对内经营管理，明确对养生休闲业及酒店业发展、经营及市场的定位策略，严格规范产品标准，使旗下产业达到标准化、重管理、优服务、连锁性的规模化经营；同时，结合对外的品牌推广与维护，走品牌化经营的路线，更使旗下产业借助品牌的知名度获得更大的市场影响力；以先进、现代的设施、设备，全面、周到的服务项目打造"软"、"硬"兼备的经营优势，向宾客提供高品质的住宿，富有特色的餐饮，独具魅力的养生、休闲、康乐项目，以及完备的商务、会议服务，使旗下品牌成为消费者认可的社会同档次店中的领先品牌。

酒店管理公司通过对旗下酒店（权金城金沙国际酒店、权金城休闲酒店）的成功经营与管理，以良好稳定的业绩体现了经营管理四、五星级酒店的丰富经验与实力，使酒店经营管理业务成为权金城企业的重要发展方向。

目前权金城旗下的多个烧烤店面正在招收迎宾员，权金城公司提出的迎宾员岗位职责是：①做好消费宾客的迎、送接待工作，接受宾客各种渠道的预订并加以落实；②详细做好预订记录；③了解和收集宾客的建议和意见并及时反馈给上级领导；④以规范的服务礼节，树立公司品牌优质、文雅的服务形象。任职资格是：①女性，年龄18~28周岁，身体健康，身材匀称、五官端庄，身高1.65~1.72米；②具有良好的沟通协调能力及服务意识，反应灵敏，端庄大方、举止文雅；③敬业乐业、具有较强的责任心和吃苦耐劳的职业素养，具备一定的英语水平；④具备星级酒店前台工作经验或高档涉外写字楼前台接待工作经验者优先。

问题：根据权金城对迎宾员岗位职责的规定，分析成为一名优秀迎宾员的各种因素。

## 情景模拟训练

**情景设定：**

一般来说，工薪阶层客人的消费能力相对较弱。他们更注重饭菜的实惠，要求菜品价廉物美。在向这些客人推销菜品时，一定要掌握好尺度，要学会尊重他们，如果过分过多地推销高档食品会使他们觉得窘迫，很没面子，甚至会极大地刺伤客人的自尊心，容易使客人产生店大欺客的心理。试向工薪阶层推荐酒水。

**训练要求：**

在推销高档菜品、酒水时，要采取试探性的推销方法，如果客人坚持不接受，那么就需要服务人员转过来在中、低档菜品、酒水上做文章。切记，消费水平不高的客人同样是酒店尊贵的客人，厚此薄彼会使这些客人永不回头。

## 知识拓展

### 服务员亲和力培养

#### 一、何为亲和力

亲和力的狭义概念是指一个人或一个组织在所在群体心目中的亲近感，其广义概念则是指一个人或一个组织能够对所在群体施加的影响力。亲和力源于人对人的认同和尊重，很多时候，亲和力所表达的不是人与人之间的物理距离的远近，而是心灵上的通达与投合，是一种基于平等待人的相互利益转换的基础。真实的亲和力，以善良的情怀和博爱的心胸为依托，是一种发自内心的特殊禀赋和素养。

国外的一些企业家十分重视员工亲和力的强弱，尤其是服务行业，把它作为从业人员必备的素质。良好的亲和力能拉近企业与员工、员工与客户之间的心理距离，从而产生最大化的管理效能和经济效益，这也是企业的最终目的。

餐厅服务员应培养超强的亲和力。从给顾客良好的第一印象开始到以周全的礼仪结束，要使顾客有完美的感觉，一名优秀餐厅服务员要用亲和力使顾客感到自己可亲可信。特别是对于餐厅迎宾员而言，亲和力的重要性更为突出。

## 二、亲和力的重要性

形象、气质和亲和力都是可以通过后天培养的。形象的塑造要求营业员仪容端庄、装扮得体、自然大方。气质的自然流露则需要营业员站有站姿、举止文雅、谈吐得体。这里我们要重点讲到亲和力。亲和力是指"在人与人相处时所表现的亲近行为的动力水平和能力"，它可以帮助营业员赢得顾客的信任，获得顾客的理解和宽容。一个人亲和力的高低常常取决于其性别特征和性格特征。在性别特征上，相较于男性，女性有着天生的优势。性格特征来说，有的人生来不爱笑，有的人从小不爱亲近人，有的人天生爱热闹，有的人则具有丰富的幽默细胞……服务行业偏爱于性格外向、乐观活泼的职员。亲和力是人与人之间信息沟通、情感交流的一种能力。

具有亲和力的人，会每天都保持自信、乐观、向上的心情去面对每一个人，对每一个人都不觉得陌生，会视他们为熟人、朋友、老乡、亲人，这将使别人加深其信任感。亲和力能够方便与陌生人之间的沟通和交流，人都是有感情的，陌生人当然也不例外，感情的沟通和交流能够让人和陌生人之间建立一座信任的桥梁。信任的建立将会有效地消除相互交流的难度。当然亲和力从本质上来说除了继承某种先天性的东西外，更多的是自身的一种综合气质。它要求你必须具有良好的文化素养、优雅的谈吐和大方的举止等。

从很大程度上来说，亲和力是一种可以通过后天的努力来获得的能力，在日常工作中，要有意识地培养自己的亲和力。要培养亲和力首先就得装扮大方，以显示淡雅清新的气质，给人以舒适感。学会微笑，努力使笑容真实自然。有意识地放慢说话速度，以让自己的表达清晰有逻辑，但也不要慢条斯理，让人感觉到没有激情。多培养自己的兴趣爱好，要不断培养自己的信心，不断地与人沟通。

## 三、亲和力的基本要素

### 1. 深刻认识自我

人贵有自知之明，一个人只有深入地了解自我，才能有了解他人的基础。所以先深刻地认识自己才是真正具备良好的人际亲和力的基石。每个人在成长的过程中，都会有一些创伤和问题所在，也许会在童年时代感觉到自卑，或者自傲，或者以自我为中心，或者曾经遭受到各种各样的心灵上的创伤，这些问题的存在，都会影响到成年之后的良好的人际亲和能力。深刻地认识自己和了解自己，不让童年时代的阴影影响现在的人际交往是以自我反省为开始。

2. 不断地进行人际交流实践，并加强自我在实践中的体验和感受

在深入了解自己的基础之上，再进行人际交流的实践是加强人际亲和能力的重要过程。在不断的人际交流的实践中，他人作为一面镜子，可以折射出自己的某一面，从他人的身上，可以看到自己心灵中自己看不到的侧面。在与他人的交流和实践中，又可以不断强化自己的实战能力，随时地修正自己。有一些人在童年时代就很少有和人交往的机会，虽然他们在童年时代曾经是一个快乐活泼的幼儿，可是由于封闭的家庭环境，他们和人交往的潜能被压抑了，他们成年以后渐渐成为一个木讷寡言，紧张、容易害羞的人。有的人虽然青少年时代很少和人交往，缺乏实践的机会，但他们在成年以后，有的人因为生活所迫，不得不去谋生，如做销售等专门和人打交道的职业，渐渐地，他们和人交往的能力在实践中就无形地增强了。所以实践是增强人际亲和力的必经课程。

3. 自我意识扩大化，增强人际包容能力，增强对他人的理解能力

每个人都有自己特定的一个成长环境，而他所生长的家庭环境和社会环境给他的自我意识打下了一个烙印，对人会有自己的独特的看法。这些观点在和其他人交往的时候，都会影响到对他人的评价。当他是从自己的世界观、人生观和价值观去评价他人时，就无法深入理解他人内心深处的感受。所以在洞察自我的基础上，在人际交往的实践中，要不断地放下自己固有的价值观的标准，要耐心地倾听来自他人内心深处的声音，便会看到一个与自己不同的全新的内心世界。在这样的过程中，个人的自我意识就会扩张，对人的理解能力也在增强，一个能深入理解他人的人的人际亲和力自然就增强了。

4. 防止烦躁情绪的干扰和破坏

当人们处在高度的压力下，就会出现焦虑的情绪，许多内在的情感需求得不到满足，就会不断地从潜意识中浮现出来，便会变得烦躁不安，虽然懂得人际交往和亲和的原则，可是生理状况不允许他们做得很好，所以他们不由自主地发脾气，会因为一点鸡毛蒜皮的小事而生气，渐渐地，在无形之中便会给自己的人际关系增添许多麻烦，人际亲和力就会下降。所以应劳逸结合，工作和生活兼顾，紧张和松弛并存，有了一份好心情，才能有良好的人际亲和力。

**基础知识训练**

**一、选择题（可多选）**

1. 不符合餐厅服务员服务要求的是（  ）。

A. 当餐厅客满又有客人来到时，做好解释安顿工作，并主动为客人提供矿泉水；并按登记的先后顺序为客人安排餐位

B. 留座客人超时没有来时，应及时告诉领导处理，便于决定是否留座

C. 开餐期间，迎宾员应时刻保持门口地段和迎宾台的清洁卫生

D. 当有电话订座或来人订座时，应准确地填写预订本，但无须复述

2. 迎宾员的岗位职责是（　　）。

A. 迎宾员要了解每餐的菜单和预订情况，熟悉餐厅的所有包房及宴会厅的桌数及餐位

B. 要仪表整洁美观、彬彬有礼、热情，在开餐前 30 分钟，站立于餐厅门口一侧，面带笑容，迎接顾客

C. 当顾客到达，在距离顾客 3 米时，要微笑致意，距离 1.5 米时要躬身问好，行 30 度鞠躬礼，用手势表示请进，并协助顾客存放衣帽等物品

D. 迎宾员引客入座，顾客进入餐厅首先由迎宾员欢迎问好，询问客情并根据客人的人数和要求安排相应的位置就座，并引导客人到指定位置就座，找区域服务员，做好交接工作

二、填空题

1. 餐厅迎宾员是餐厅的＿＿＿＿，是餐厅对外展示餐厅良好素质与形象的＿＿＿＿。

2. 当有客人来时，主动向前迎接，对客人行＿＿＿＿的鞠躬礼，并热情问候。

3. 迎宾员在引领客人时，走在客人的＿＿＿＿，保持＿＿＿＿的距离，适时向客人介绍餐厅的特色或企业文化等。

三、简答题

谈一谈酒店服务员引客落座的服务要求与注意事项。

# 任务 2　点菜服务

## 任务目标

能熟练地为客人完成点菜服务，并能成功推销酒水和特色菜品，体现服务人员的专业知识。了解各种点菜技巧与点菜过程中的注意事项，更优质地完成本职工作。

### 项目任务书

| 任务名称 | 点菜服务 | 任务编号 | | 时间要求 | 180 分钟 |
| --- | --- | --- | --- | --- | --- |
| 训练要求 | 了解中餐零点餐厅点菜服务流程；了解特色菜品的推销技巧；了解酒水推销技巧实训，培养为客人熟练、准确地提供服务的能力 | | | | |
| 培养能力 | 熟练掌握中餐点菜服务技巧的能力；熟练掌握特色菜品和酒水推销技巧的能力 | | | | |
| 涉及知识 | 中餐点菜的服务流程、对菜品的认知 | | | | |
| 教学地点 | 教室、模拟餐厅 | 参考资料 | | | |
| 教学设备 | 投影设备、投影幕布、可联网的电脑 | | | | |
| 训练内容 | | | | | |
| 1. 中西餐点菜服务流程实训 2. 特色菜品推销技能实训 3. 大致熟悉餐厅普通菜品所需食材 | | | | | |
| 实训成果评价标准 | | | | | |
| 1. 主动介绍菜式并大致说明菜式特点 2. 点菜站位正确、点菜单填写正确、能给客人复述菜单内容 3. 菜单订好后，能用正确方法向客人推荐酒水 4. 正确运用各种菜品与酒水推销流程及技巧 | | | | | |

## 引导案例

有一次，餐厅服务员曼曼在给客人点菜时，忘记复述菜单，结果点了很多相似的菜："毛豆煎"、"黄鱼卷"、"鲫鱼豆腐汤"、"葱油鱼"、"莼菜黄鱼卷"。曼曼未做好提醒客人以及复述菜单，缺少了复述菜单这一项程序，幸好之后曼曼以优质的服务质量弥补了这一过失。客人在用完餐后对曼曼的服务表示了满意，还说"看来这一顿鱼宴也挺不错的，年年有余嘛"。曼曼听后对客人表示感谢。

点菜员在工作中应避免有重复菜，当然这里所指的重复菜并非是两遍相同的菜，而是指做法以及主配料相似的菜。这一点则要求点菜服务员对餐厅菜品要熟悉掌握与了解。

避免漏点菜，有时客人说一遍未记下来，在复述菜单时就可以把刚才的菜加上去，不至于等到客人催促这个菜时，才发现根本没有将这个菜点进去，减少了客人对餐厅服务的不满，避免了不必要的投诉。

点菜员给客人点菜时注意口齿清晰，站姿、仪容仪表端庄大方。

点菜员要熟悉菜肴的烹饪方式、出菜程序、菜肴口味、主配料，更好地为客人推荐。有些地方是先上冷菜、后上热菜，热菜先上海鲜、特色菜肴，再上肉类、禽类、整形鱼、蔬菜、汤、主食、点心、甜品，最后上水果。

## 知识点

### 一、中餐点菜程序

**（一）点菜流程**

（1）按规定着装，精神饱满，准备好点菜器，在规定位置站立。

（2）迎宾引领客人进入点菜区后，主动上前礼貌问候："先生/小组，中午/晚上好，请问现在点菜吗？"向客人推荐菜品时注意语言艺术及表情，要温文有礼、大方得体，面带微笑。

（3）点菜员应根据事先了解的信息，掌握当日沽清、急推菜品及相应的价格变化情况，重点向客人介绍本酒店的特色菜品。

（4）给客人点菜时，按照中、高、低的顺序进行，用心观察客人的反应后，再作出针对性的推荐。

（5）点菜时，应主动给客人介绍菜品的有关情况，并及时准确地输入点菜器中。

（6）点菜完毕，应礼貌地向客人重复所点的菜品，问清客人有无忌口及特殊要求，并在点菜器上注明。

**（二）中餐点菜的"三优四忌"**

一顿标准的中式大餐，通常上菜的顺序是：先上冷盘，接下来是热炒，随后是主菜，然后上点心和汤，如果感觉吃得有点腻，可以点一些餐后甜品，最后是上果盘。主人在点菜中要考虑到各个程序的菜式。"三优四忌"具体见表2-1。

表2-1

| | |
|---|---|
| 优先菜肴 | 1. 有中餐特色的菜肴。宴请外宾的时候，这一条更要重视。像炸春卷、煮元宵、蒸饺子、狮子头、宫保鸡丁等，并不是佳肴美味，但因为具有鲜明的中国特色，所以受到很多外国人的推崇<br>2. 有本地特色的菜肴。比如西安的羊肉泡馍，湖南的毛家红烧肉，上海的红烧狮子头，北京的涮羊肉，在那里宴请外地客人时，上这些特色菜，恐怕要比千篇一律的生猛海鲜更受好评<br>3. 本餐馆的特色菜。很多餐馆都有自己的特色菜。上一份本餐馆的特色菜，能说明主人的细心和对被请者的尊重 |
| 饮食禁忌 | 1. 宗教的饮食禁忌，一点也不能疏忽大意。例如，穆斯林通常不吃猪肉，并且不喝酒。国内的佛教徒少吃荤腥食品，它不仅指的是肉食，而且包括葱、蒜、韭菜、芥末等气味刺鼻的食物。一些信奉观音的佛教徒在饮食中尤其禁吃牛肉，这点在招待港澳台及海外华人同胞时尤要注意<br>2. 出于健康的原因，对于某些食品，也有所禁忌。比如，心脏病、脑血管、动脉硬化、高血压和中风后遗症的人，不适合吃狗肉；肝炎病人忌吃羊肉和甲鱼；胃肠炎、胃溃疡等消化系统疾病的人也不合适吃甲鱼；高血压、高胆固醇患者，要少喝鸡汤等 |

| 饮食禁忌 | 3. 不同地区，人们的饮食偏好往往不同。对于这一点，在安排菜单时要兼顾。比如，湖南省的人普遍喜欢吃辛辣食物，少吃甜食。英美国家的人通常不吃宠物、稀有动物、动物内脏、动物的头部和脚爪。另外，宴请外宾时，尽量少点生硬需啃食的菜肴，外国人在用餐中不太会将咬到嘴中的食物再吐出来，这也需要考虑到<br>4. 有些职业，出于某种原因，在餐饮方面往往也有各自不同的特殊禁忌。例如，国家公务员在执行公务时不准吃请，在公务宴请时不准大吃大喝，不准超过国家规定的标准用餐，不准喝烈性酒。再如，驾驶员工作期间不得喝酒。要是忽略了这一点，就可能使对方犯错误。 |
| --- | --- |

## 二、菜品推销语言

推销语言是一种引导顾客消费需求的语言艺术，运用得当可以促进消费，服务人员需要长期学习，不断琢磨。

表 2-2

| 1. 多用疑问句，少用特殊问句 | 是指推销过程中不以"要"或"不要"的疑问句提问，而是以选择疑问句提问，例如："先生，您要饮料吗？"这样问的结果是客人"要"或"不要"，将有50%的概率会被客人否定。再比如服务生问客人"要不要来点白酒"时，只要有一位客人说："今天不喝酒！"推销就会失败。如果采用选择疑问句，效果可能大不一样。例如："先生，我们有椰汁、可乐，请问您需要哪一种？""先生，您要来点红酒还是白酒？""小姐，您是只要螃蟹还是来点基围虾？"客人很有可能在你划定的选择范围之内，选择一种，这样推销成功的概率就大多了 |
| --- | --- |
| 2. 将顾客单一需求引向多元化选择 | 有些客人总是按个人习惯点菜，对餐厅特色菜并不了解。点了菜，服务生如果简单回答一句"没有"，就会让他们失望，从而失去消费欲望。如果服务生抓住机会，推销与所点菜品相关的其他菜式，将客人引到多元化选择，会取得较好效果。一位客人点了八宝粥，餐厅售完了，服务生说："好的！不过今天八宝粥已经卖完，现在还有黑米粥、玉米粥、皮蛋瘦肉粥，都很有风味，换个口味好吗？"于是客人欣然点了玉米粥 |
| 3. 利用顺口溜、打油诗或典故强化菜品介绍 | "巴国布衣"的招牌菜之一是口水鸡，客人不明白："啥子味道？"服务生说，这是川东特色名菜，有一首顺口溜："口水鸡呀口水鸡，阿妹做菜好手艺。麻辣酸甜有鲜香，川菜川妹一出戏。"客人感到很有趣，点了这道菜 |
| 4. 运用加、减、乘、除法 | 客人咨询婚宴席单上还应配哪些菜，可采用语言加法："这桌只有凤没有龙，如果加上一只龙虾就可龙凤呈祥。"如客人订寿宴，咨询时可以说："寿宴中加上一只甲鱼，就是益寿延年。"减法："不到长城非好汉，不吃烤鸭真遗憾。"到北京不吃烤鸭，来四川不吃江团，过了这个村就没有这个店了，别留遗憾呦！乘法：如有人问"你这个豆腐怎么这么贵，要卖28元一份？""这是箱箱豆腐，里面有十几种原料，用多种烹饪技法制作，家里可是做不出来呦！"除法：客人问："这份香辣蟹怎么这么贵？""这是两斤重的海蟹啊，10个人吃，一个人才几块钱，不贵！" |
| 5. 借他人之口 | 借用具有一定身份消费者的话来证明、推销菜品。"很多客人都喜欢吃我们做的×××，您也来一份吧？""毛主席曾赞誉过湖北的武昌鱼，您如果品尝一下，也一定有同感！""张局长最喜欢这道菜。他说这是他最近吃到的最好的菜。""黄总每次都点这道菜。""您真是行家，美食评论家×××说这道菜很精彩。"这样会增加可信度，无形中提升客人身份，把菜品推销出去 |
| 6.吉祥法 | 此法主要用于数量的推销，例如客人想点7瓶啤酒时，服务员就可以说"要不您就来8瓶吧！图个顺利！" |
| 7.转折法 | 即先顺着客人的意见，然后再转折阐述。例如："这道菜价格是比较贵，但是它的原料在市场上的价格就不低，烹制工艺也很讲究，没有十几年的烹饪功夫，火候是把握不好的，风味很特别，您不妨品尝一下！" |
| 8.赞誉法 | 例如："这道菜是我们香樟雅苑的特色菜，您要不要品尝下？" |
| 9.亲近法 | 例如："您一直这么照顾我们，今晚我特意为您推荐一道好菜，让您品尝一下！" |

**案例分析**

## 案例一　菜谱上没有的菜

一家三口到家附近的餐厅去吃饭，小孩子和妈妈想吃"西芹拌山药"，但是一般的餐厅是没有这道菜的，通常餐厅的凉菜中都有一道"西芹百合"。于是小孩子的妈妈向服务员询问，是否可以根据自己的要求为孩子做一道西芹拌山药。服务员得知后，立即去向凉菜厨师进行询问是否可以制作，凉菜师傅说可以。最终，让来就餐的小孩子吃到了期盼的西芹拌山药，小孩子的家长也对此次就餐十分满意。

**案例分析：**

首先，当客人点了菜谱上没有的菜时，服务员应说："请稍候，我到厨房问一下，是否能做。"然后和厨房联系，最大限度地满足客人的需求。如厨房没有原料或不能做，首先表示诚挚的歉意，然后主动介绍本店类似的菜品。注意：推荐的菜一定要有，否则客人点的菜接二连三没有，会引起客人反感。

## 案例二　客人在菜中吃出异物

一客人在食街用早餐，投诉所点的两份白米粥中有蚊虫。

**案例分析：**

餐厅服务人员应及时地为客人进行更换，并向客人道歉。查明原因，对出品厨师予以批评与处罚。加强厨房及餐厅的灭蚊工作。餐饮部在做好楼面服务员培训的同时，对厨房厨师的培训也是一个重要的课题。此类投诉往往都是厨师责任心不强、工作不细致所造成。因此厨师长及行政总厨应不定期地召开厨师会议，分析问题、解决问题，全面提高厨师素质。另外，传菜员、服务员在菜式上桌之前要认真检查，发现问题及时处理。

## 案例三　四川菜辣不辣

几位客人进入川菜馆进餐，坐下以后，就让服务员介绍正宗的川菜。服务员小姐耐心地向客人介绍了各款川菜的风味特点："川菜有辣的也有不辣的，如东坡肘子、蒜泥白肉、开水白菜等是没什么辣味的；而夫妻肺片、麻婆豆腐、水煮肉片等是比较辣的。"客人点点头，把服务员介绍"辣"的菜都差不多点上了。服务员请示客人："请问先生，您点的麻辣川菜是否需要减麻辣呢？"客人答："不用了，我们正要尝尝正宗的麻辣川菜。"第一道菜上的是东坡肘子，这道菜确实是不怎么辣的，客人对服务员说："味道还可以，就是辣味不够，劲头不够。"服务员小姐笑着说："等会儿辣的菜上来，你们就尝到正宗川菜的麻辣劲了。""最好是劲辣一点"，客人也笑着说。麻婆豆腐上席了，客人吃了第一口就呛着了，不断地咳嗽，不敢再吃。并向服务员投诉："怎么搞的，这菜这么麻这么辣，我的舌头都麻了，喉咙也痒疼，太难受了。"服务员这就犯难了，刚才不是说好要辣要劲吗？现在怎么又怕辣了，还显得这么难受。"这菜怎么能吃？你们搞错了吧？我在别的川菜馆吃的川菜不是这样的！"客人继续投诉说。此时此刻，真不是说理的时候。服务员看着客人辣得满头是汗的难受样子，忙说："对不起，先生。可能是我们错了，下面的麻辣川菜我转告师傅，给您减麻辣度，希望您吃得满意。"说完将刚上的菜也端回厨房让师傅重做，并立即递上毛巾让客人擦汗。

服务员心里明白，这时候只有把"错"转移给自己，才能让客人消气。随后，服务员把麻婆豆腐、夫妻肺片、水煮肉片等川菜一道接一道地端上台，客人再也不会呛着了，因为麻辣度已经减轻了很多。服务员小姐面带笑容地征求客人意见："请问这些菜的味道怎么样，可以吗？""香甜中带点辣，不错，不错。"客人终于满意地回答。川菜究竟辣不辣？其标准又怎么确定？看来只有让客人的口味"定"了。

**案例分析：**

本例的客人吃了麻辣的菜嘴唇发木、舌头麻、喉咙痒痛，这表现是事实；并说："我在别的川菜馆吃的川菜不是这样的。"也可能是事实。"你们搞错了吧？"这点不符合事实，况且服务员事先已给予提醒。客人要正宗川菜，厨师和服务员都没有错。若服务员据理力争，一定要争赢，矛盾就要起变化，变成服务员的错。所谓"讲理不讲理"，主要是"行为是否合情合理"的问题。"有理"并不等于一定要去"说"。是说，还是不说，这要看具体情况，不能一概而论。在酒店里，客人错了不认错是常有的事。一般认为"得理不让人，据理力争"也是天经地义的事，但在酒店这个特定的环境中，在服务员与客人这种特定的关系中，客人虽然错了，如果客人的错不会构成酒店重大的经济损失，就要将"对"让给客人。这样做，是酒店服务中宾客意识的重要表现。此例中的服务员态度谦虚，满腔热情的服务精神，给客人一种心理满足，将客人辣出来的火气熄掉。这就是正确的做法。

## 案例四 吃不完的鱼

许先生带着客户到北京某星级酒店的餐厅去吃烤鸭。这里的北京烤鸭很有名气，客人坐满了餐厅。入座后，许先生马上点菜。他一下就为8个人点了3只烤鸭、十几个菜，其中有一道"清蒸鱼"由于忙碌，小姐忘记问客人要多大的鱼，就通知厨师去加工。不一会儿，一道道菜就陆续上桌了。客人们喝着酒水，品尝着鲜美的菜肴和烤鸭，颇为惬意。吃到最后，桌上仍有不少菜，但大家却已酒足饭饱。突然，同桌的小康想起还有一道"清蒸鱼"没有上桌，就忙催服务员快上。鱼端上来了，大家都吃了一惊。好大的一条鱼啊！足有3斤重，这怎么吃得下呢？"小姐，谁让你做这么大一条鱼啊？我们根本吃不下。"许先生边用手推了推眼镜，边说道。"可您也没说要多大的呀？"小姐说道。"你们在点菜时应该问清客人要多大的鱼，加工前还应让我们看一看。这条鱼太大，我们不要了，请退掉。"许先生毫不退让。"先生，实在对不起。如果这鱼您不要的话，餐厅要扣我的钱，请您务必包涵。"服务小姐的口气软了下来。"这个菜的钱我们不能付，不行就去找你们经理来。"小康插话道。最后，小姐只好无奈地将鱼撤掉，并汇报领班，将鱼款划掉。

　　**案例分析：**

　　点酒和点菜是宾客购买星级饭店餐饮产品的初始阶段，它关系到整个服务过程的成败。如果点酒或点菜的服务不周到，宾客很可能会拂袖而去，甚至可能对餐厅的整个服务不满。因此，服务员需要掌握点酒、点菜的基本程序、基本要求和服务方法。点酒和点菜的基本程序从形式看比较简单，包括：递送茶水、手巾→等候点菜（点酒）→递送菜单（酒单）→点菜点酒→记录菜名和酒水。然而，要将这些程序有机地结合起来，达到宾客满意的效果，却不是一件简单的事情。宾客对酒水和菜食的喜好程度不同，饮食习惯、方法不同，对餐厅供应产品的熟悉程度不同，对产品风味和产品价格的要求不同，这些都需要在点酒和点菜的过程中予以注意，并得到妥善解决。从宾客的要求和饭店餐饮服务的特点来看，点酒和点菜服务需要注意如下几点：①时机与节奏。②客人的表情与心理。③清洁与卫生。④认真与耐心。⑤语言与表情。⑥知识与技能。

## 案例五　加点蒜蓉蚝油汁吧

　　这天在花源酒店餐厅靠窗临街的一张桌子前坐着几位香港客人，那位戴眼镜的穿斜纹条西服的中年人，一看便知道是今天做东的主人。值台小姐在客人点完菜后便手托蚝油、姜汁、蒜蓉、醋等调味品到几位香港客人面前。"江先生，加点蒜蓉吧？"她那自信的口吻丝毫不像询问，也不像建议，而像早有所知似的。"好啊！"江先生也没有一点惊奇的样子，似乎这应在情理之中。但是在座的其他几位客人都不明白，他们入厅之后没向谁报过姓名，这位小姐何以知道主人的姓氏呢？更令人琢磨不透的是她连江先生爱蘸蒜蓉蚝油汁的癖好都知道，岂不成了神机妙算？一位朋友转过头问江先生，是否经常来花源酒店吃饭，江先生答道："不常来，大概才两次吧！不过在花源酒店餐厅消费哪怕一次，小姐都能记住你的习惯和爱好，就像家里人一样。我第二次和朋友来这儿吃午餐，小姐已经为我送蒜蓉蚝油汁了。"江先生不无自豪的一席话，逗得大家都乐了。饭还未开始，欢快的气氛却早已是浓浓的了。

**案例分析：**

本例中花源酒店员工连香港客人江先生爱蘸蒜蓉蚝油汁的癖好都知道，很多酒店员工对客人的一些因个人爱好需特别添加调味料的要求都会婉言拒绝，因为这样做一怕违反规范，二怕增添麻烦。花源酒店坚持质量第一，突破规范框框，要求服务员尽量多记一些客人的姓名和爱好，这是个性服务在餐饮方面的体现。搞个性服务必然会超常规，也必然会增加工作难度，但反过来也必然会给酒店带来不可估量的经济效益和社会效益。在市场竞争中，只靠常规服务是绝对不够用的。曾获得美国国家技术与标准学会颁发的全美最高、最有权威的国家质量奖——梅尔考姆·贝尔特里奇质量奖的里兹·卡尔顿酒店公司，有一套举世闻名的"黄金标准"，其中有一条是这样写的：所有员工都必须将客人的各种特殊需求都记录在"客人专用手册"上。花源酒店的可贵即在于大胆而又迅速地引进世界最先进的服务。

## 案例六　客人意愿与"我认为"

在北京德宝饭店食街。一位老先生来买甲鱼，是要带走的。实习生服务员小倩接待了这位老先生，小倩给老先生开单。老先生说："我要的那只甲鱼要原汁原味的，我是给家里的病人买的。"当时服务员小倩想，给客人吃药材蒸的更好些。于是，小倩就对老先生说："先生，我们这里卖的甲鱼有加药材蒸的，我认为那个滋补药效更好。"老先生说，"那就要加药材的吧！"小倩又重点介绍了加药材清蒸甲鱼的特点，老先生表示同意。服务员就开了单子。等到甲鱼蒸好端出，老先生一看就说："这不对，我要的是有汤的，怎么没汤？"他一再说："我要的是有汤的，要原汁炖甲鱼，我是为了让病人喝汤增加营养的，这个做得不对，没汤，我找你们经理。"无奈，小倩请来主管，主管对老先生说："这个加药材蒸的更好，比原汁炖的又多了药材医疗功效，营养价值比原汁炖甲鱼更高。"老先生坚持说："就是做得不对，我要的就是原汁带汤炖的，你们给我重新换！"在老先生的坚持下，最后没办法，只好将甲鱼退回厨房，重新做一只清炖甲鱼。

**案例分析：**

在餐厅服务中，服务员主动向客人推荐菜肴，是积极的服务，但有一个原则，就是服务员先了解客人的要求，根据客人的爱好再给客人提建议，但只是供客人参考，推荐菜点要符合客人要求。且要得到客人的认可，方可开单子，而不能强加于人，更不能代客人订菜。此例中的服务员过于自信，把"我认为"当成客人的意愿。当老先生明确点出所需的菜肴，且符合给病人增加营养的要求，服务员根本没必要把"我认为""更好的"并且与客人要的原汁带汤炖的菜肴不同的清蒸菜强加于客人，真是多此一举。其结果就像案例中那样，客人不管你把菜说得如何好，一看端上来的与自己要求的不一样，只好重做。通过此案例，服务员需要明确的一点就是推荐菜点要有针对性，要顺从客人的意愿，不要把"我认为"强加于客人。

## 服务名言

微笑服务，快乐你我。微笑问好，喜迎客到。

## 职业能力训练

模拟点菜服务，让学生能按规范接受点菜，并能做到站姿端正，站位适当，服务态度热情、主动，进行良好的推销，记录内容清晰、准确，特殊要求特别记录，同时能做到为客人推销特色菜品。

## 观念应用训练

阅读资料，回答问题。

### 特色广东菜

星期日中午，雷先生一家三口来到北京某酒店的中餐厅吃午饭。点菜时，服务员微笑着询问雷先生想吃什么菜。雷先生考虑了一下，告诉服务员，想要一些口味清淡、不太辣的菜。于是服务员向他们推荐了几样中高档的广东菜，并介绍广东菜的特点说："广东菜由广州菜、潮州菜和东江菜组成，讲究原料和加工方法，口味清淡鲜美，突出菜的质量和原味。比较有名的菜是红烧大裙翅、片皮乳猪、蛇羹、清汤鱼肚、一品天香、盐焗鸡、冬瓜燕窝、油爆虾仁等。我们餐厅有从广州白天鹅宾馆请来的特级厨师，加工的菜都保持了广东菜的正宗风味。如果您感兴趣，可以在我给您推荐的菜中挑选几样尝尝。"

听了服务员的介绍，客人很放心，并按服务员的推荐点了菜。每上一道菜，服务员都热心地为他们介绍，使他们的进餐过程充满了情趣。经过品尝，客人确实感到这家酒店的菜品鲜美，味道不同寻常。用餐结束时，雷先生又告诉服务员，希望能带走一份味道鲜美、质量上乘、适合老年人享用的菜，带回家给行动不便的老母品尝。服务员热情地为他推荐了"燕窝黄翅煲"，告诉他此菜营养丰富，质量上乘，属于粤菜中的精品，非常适合老年人食用。在征得雷先生的同意后，服务员便替他们安排进行加工。加工后，连同餐桌上剩余的食品，服务员都进行了精心的包装。雷先生临走前感激地对服务员说："这顿饭我虽然花了不少钱，但非常高兴，对你的服务非常满意。有机会我还要来这里吃广东菜。希望下次能为我们推荐一些味道更好的菜！"

问题：菜品的成功推销，需要服务员具备哪些技巧？

## 情景模拟训练

### 情景一

朋友过生日，到一家餐厅聚餐，一位服务生走过来："请问你们需要点白酒还是啤酒呢？"客人答道："需要啤酒。"服务员又问："请问您需要几瓶？"客人说："来五瓶吧！"服务生马上就说："今天这位女士过生日，干脆来六瓶吧，六六大顺，多吉利的数字呀，我去帮你们拿去！"客人还没有来得及说话，服务员已经去拿酒了，然后客人就开始讨论，这个服务员嘴可真够快的，只不过行动还真快，人非常灵活。后来客人真的就把那六瓶酒都喝完了。

学生分角色扮演过生日的客人与服务员，进行情景模拟。体会并感受客人的心理然后进行小组讨论、分析。

### 情景二

小朋友到酒店就餐一般都是由父母带着，对于不是经常光顾餐厅的小朋友来说，对餐厅的一切都会感到新鲜。如果要问小朋友喜欢吃什么菜，他们一般都说不上来，但在挑选饮料上却恰恰相反。由于电视广告的作用，小朋友对饮料的种类如数家珍。在接待小朋友时，要考虑一下推销哪种饮料才能让他喜欢。可以这样说："小朋友，你好，阿姨给你介绍××牛奶果汁，非常可口，好喝，如果你喜欢的话告诉阿姨，阿姨帮你拿好吗？"

### 情景三

给老人推销菜品时要注意菜肴的营养结构，重点推荐含糖量低、易消化的食品或者软嫩不伤牙齿的菜肴，比如："您老不如品尝一下我们酒店的这一道菜，它的名字叫脆糖豆腐。这道菜的特点是吃起来像豆腐，但却是用蛋清等原料精制而成，入口滑嫩、味道鲜香、有丰富的营养价值，因其外形酷似豆腐，所以我们就把它称为'脆糖豆腐'。我相信一定会让您满意的，同时也祝您老'福如东海，寿比南山'。"

### 情景四

恋人去酒店用餐不是真的为吃菜肴，而是吃环境，浪漫的就餐氛围会吸引更多的情侣光顾。服务人员在工作中要留心观察，如果确定就餐的客人是情侣关系，在点菜时就可以推销一些有象征意义的菜，比如"拔丝香蕉"象征甜甜蜜蜜、如胶似漆等。同时服务人员可以针对男士要面子，愿意在女士面前显示自己的实力与大方，并且在消费时大都是男士掏钱的情况，可适当推销一些高档菜。

**情景五**

有些客人在点菜时经常犹豫不决，不知道该点哪道菜好。从性格上讲这种客人大部分属于"随波逐流"型，没有主见，容易受别人观点左右。因此，面对这些客人，服务人员要把握现场气氛，准确地为客人推荐酒店的招牌菜、特色菜，并对所推荐的菜品加以讲解。一般这类客人很容易接受推荐的菜肴，很多情况是客人选了半天什么都没点，所点的全都是服务员推荐的。

### 知识拓展

## 点菜员做好营销的十大诀窍

（1）为顾客量体裁衣。开始接待客人前，必须先了解客人用餐位数，以便为客人提供更全面的服务。现在酒店多采用展档形式介绍菜品，占据档口面积最大的往往是炒菜档，如果客人第一时间抵达的是炒菜的档口，尤其是老顾客，不要忙于记录客人点选的菜品，一定要及时介绍其他菜品。例如，先生，你们四位点两道炒菜足够了，您看是不是需要搭配一点凉菜、海鲜类的，这边还有炖菜、铁板、刺身、煲汤。

（2）投石问路有技巧。点菜时要留意客人的一言一行，不要强硬推销，要采取投石问路等有效的方法。推销时也不要滔滔不绝，不要在同一个菜品上占用时间太久，要给客人更多了解其他菜品的时间，要适当引导客人。例如，这是本店新到的鲇鱼头，128元/个，一鱼两吃，两道菜两种口味儿，鲇鱼头用正宗朝鲜族辣酱做酱焖，加豆腐加土豆条，加量不加价；鲇鱼后半部分做蒜烧，都是蒜瓣肉，口感不错。

（3）一道菜品定标准。通过客人所点的第一道菜式，基本可以断定客人的用餐标准，好的点菜员就会心中有数了。此时，根据餐厅的定位，点菜员推销的第一道菜最好是偏于中上价位的菜品，再根据客人的实际情况，或高或低搭配好其他菜式。

（4）价格适中易接受。点菜员要做好客人的参谋，尽量为客人量身确定菜单，价钱不宜过高，分量不宜过多，一般适中为好。现在的工薪阶层，消费能力相对较弱，他们更注重饭菜的物美价廉。在向这些客人推荐菜品的时候，一定要尊重他们。如果过多地推荐高档菜品，会使他们觉得窘迫，很没面子，所以要采取试探性的推销方式。切记，消费水平不高的客人同样是我们尊贵的顾客，伤害其自尊心会使这些客人永不回头。例如：先生，你们两位选四道菜足够了，要不然您先吃吃看，不够再加，吃不完都浪费了。

（5）后厨联系要加强。服务员要想顾客之所想，多留意有哪些菜品是顾客想吃而店里没有的，客人谈话间提到的时鲜菜品等信息，把这样的信息及时反馈给厨房，加强与后厨的衔接和协调。客人点海鲜时，要主动介绍最佳食用方法，并根据客人人数合理搭配其他菜品，要复述斤两并征求客人意见，高档菜品复述菜价，以防结账时出现意外。例如：先生，澳龙398元/斤，可以三吃，脑蒸蛋、肉刺身、头尾可以椒盐。您点的澳龙1.8斤，如果没有忌口的，马上给您正常做了。

（6）考虑周全好搭配。如果是在海鲜店，同行的五位客人每人点了一种海鲜，又加了一道凉菜，白灼虾、豉汁蒸鲍鱼、盐水海螺、辣炒海螺丝、清蒸大闸蟹、芥辣双鲜。当客人点完米饭时，就会发现台面上的菜没有可以下饭的，那么你为客人搭配菜品的时候，尽量搭配一道浓汁菜。

（7）做成朋友稳客源。在点菜过程中，尽量让客人把你当朋友，多为顾客着想，让顾客信赖你，以此与之建立良好的关系，增加酒店的回头客。例如：先生，红烧多宝鱼68元一条，你们16位，您不如换一道58元六条的酱焖鲫鱼，用鲜族辣酱做酱焖，加豆腐加土豆条，经济实惠，很有特色。

（8）特殊要求要标明。点菜时一定要标明客人的特殊要求，做好标记，交代厨房。点菜员可以记不住客人的特殊喜好，但客人交代你的特殊要求绝对不能忘，如果客人告诉你清真，你忘了，就等于投了一个定时炸弹，客人投诉，很难收场。即使你没问客人有无忌口，客人也没交代，当客人觉得自己再说已经晚了，也会埋怨我们服务不到位。

（9）重复菜单免出错。点完菜后要复述菜单，以免错点或漏点，并征询客人意见，有无忌口，是否可以马上起菜。除此之外，服务员也要积极配合后厨，相应控制上菜顺序，最后一定报菜齐。例如：类似按位的海参扣饭，有客人把它当作主食，最好不要与其他菜品一同起菜，应等其他菜品上齐后，征询客人意见起菜，灵活掌握。

（10）掌握点菜靠规律。点菜员牢记口味规律，可以辅助在点菜服务的过程中，为客人设计菜单，将服务做得更细，使得菜单的平均成本率与餐厅计划的菜单成本相近。合格菜单要求：主料不重复、味形有差异、烹饪方法多样化、荤素搭配更合理、六大营养均能占。口味规律：南甜、北咸、东辣、西酸、南爱米、北爱面、沿海常用清海鲜、辣味广为接受、麻辣独钟四川、秋冬偏于肥厚、春夏偏于清淡、劳力者重肥厚、劳心者重咸甜、少者香脆刺激、老者老嫩松软、悉心体察规律、尊客随机应变、重其味求其型。

**基础知识训练**

**一、选择题**

1. 不符合点菜须知要求的一项是（　　）。

A. 根据顾客人数点菜

B. 按上菜顺序点菜

C. 沽清菜肴，根据沽清单点菜，根据顾客心理特质点菜

D. 无须了解顾客是否赶时间

2. 在点菜过程中，不应具有的行为是（    ）。

A. 熟悉菜牌，明白推销菜式的品质和配制方式，介绍时可作解释

B. 使客人多消费，在任何场合销售量比顾客的满意更重要

C. 侍应可提供建议，最好是先建议高中价位的食物，再建议低价位的食物，由客人去选择，或先向客人征询他所喜欢的食物，再建议菜式制作

D. 谨记客人姓名和爱好的食品，那么客人再光临时，可以称呼客人姓名和介绍菜式，使客人高兴并增加信任心

二、填空题

"先生，您要来点红酒还是白酒？"这类"语言的推销技巧"叫作_____。

三、简答题

通过对本课的学习，并上网查阅资料，总结酒水推销技巧（要求技巧详细，并适当举例）。

# 任务 3 茶水服务

## 任务目标

通过本次任务实训，要求学生熟悉茶水对客服务的流程和技巧，最后能够独立并熟练地为客人完成茶水服务。

### 项目任务书

| 任务名称 | 茶水服务 | 任务编号 | | 时间要求 | |
|---|---|---|---|---|---|
| 训练要求 | 了解茶水对客服务的流程和技巧，能规范做好餐前服务工作 | | | | |
| 培养能力 | 掌握茶水对客服务的流程和技巧；能熟练地为客人完成茶水服务 | | | | |
| 涉及知识 | 中国茶文化、茶水服务员工作流程、茶水服务流程及技巧 | | | | |
| 教学地点 | 教室、机房、模拟餐厅 | 参考资料 | | | |
| 教学设备 | 各种茶叶、茶具、投影设备、投影幕布、可联网的电脑 | | | | |
| 训练内容 | | | | | |
| 1. 将学生分成小组，讨论对中国茶文化的了解<br>2. 观看餐厅茶水服务示范教材视频<br>3. 教师亲自示范茶水服务流程、要点、技巧以及在服务过程中的注意事项和原则<br>4. 让学生分组进行茶水服务的模拟实训 | | | | | |
| 实训成果评价标准 | | | | | |
| 1. 熟记茶水服务流程<br>2. 冲茶过程中首先进行茶叶冲洗工作<br>3. 茶水服务动作标准、娴熟、斟茶顺序正确 | | | | | |

## 引导案例

张明是小海酒店的茶水服务员，在经过培训后第一天正式工作。在为客人提供茶水服务的过程中，张明右手握住瓶把，左手拿一方巾托住瓶底，随时擦拭瓶口流出的水，右手轻轻揭开杯盖，倒放于桌面，第一次提供茶水服务时，茶水至茶杯 1/2 处，第二次至茶杯 2/3 处，没有倒满；完毕后，他用左手将杯盖轻轻盖上，同时面带微笑向客人示意："请用茶。"然后退于指定处站立。之后每隔 30 分钟，张明都准时准点按规定为客人提供一次茶水服务；此外，他随时注意客人的用茶情况，如看见客人将杯盖倒放于桌面，就及时上前提供茶水服务。经理见张明的工作做得很到位，给予他表扬。

**思考**：怎样做好茶水服务?

**知识点**

## 茶水服务流程

表 2–3

| 1. 点茶 | 客人入座后，应及时征询客人喝茶水的意见："您好，请问您需要什么茶水，我们这里有××茶、××茶。"（推荐三种以上） |
|---|---|
| 2. 冲茶 | 准备好开水；将客人点选的茶叶选取适量放在茶壶里，用1/5壶的沸水清洗茶叶，轻轻摇晃茶壶将水倒掉，再重新倒入开水即可；重新倒入大量的开水，将茶壶盖盖好；将提前叠好的席巾垫在茶壶垫里，再将茶壶放在席巾上 |
| 3. 茶水服务 | 操作标准：<br>（1）用左手托住茶壶垫，右手扶住茶壶把，从主宾的右侧开始，右脚在前，左脚在后站好<br>（2）腾出右手，在主宾面前打手势："您好，给您斟茶。"<br>（3）收回右手扶住茶壶把，两手配合将茶壶送到主宾茶杯的上方，左手托好茶壶垫，右手端起茶壶，轻轻往茶杯里倒茶<br>（4）倒好后，将茶壶放好，左手托住茶壶，腾出右手打手势："请慢用。"<br>（5）按顺时针的方向将所有客人的茶斟满 |

**案例分析**

### 案例一　茶水弄脏了客人衣服

餐厅的服务员小王在为客人倒茶的时候不小心将客人的衣服弄脏了。

**案例分析：**

遇到此类情况，首先要态度诚恳，说一些客套话，让客人心情平静，而餐厅应当马上找来会说话的部长、主管或经理和客人交流。让客人感到他（她）得到了足够的重视。然后和客人协商怎样补偿，比如送道菜，找来衣服给他换下，帮他干洗，送他优惠卡欢迎他下次光临。

### 案例二　没准备好的茶水

在东南沿海某四星级酒店考察时，接待人员把我们引领到大堂边的一个金碧辉煌的接待室，等候总经理接见。落座后，服务员在每位客人的茶几上摆上茶杯，然后用手从茶叶筒里取出茶叶，依次放入每个客人的杯子里，再用暖水瓶往杯子里倒水。5分钟后，服务员尚未把滚烫的开水倒完，总经理来了，干渴的客人没喝上一口水就离开了，茶水服务以失败告终。

**案例分析：**

应事先明确接待人员的工作程序，了解清楚要接待的是哪些人、多少人、什么时候到达及有无特殊服务要求等，向有关领导汇报准备工作情况并征询有无特别交代；服务员要在客人抵达前10分钟泡好茶，并备好茶杯。整理仪容仪表攒足精神、整体检查准备工作是否存在疏漏；客人到来后，表示欢迎和问候，然后引领客人入座；客人落座后，先奉上热毛巾，再用托盘将茶杯依次从客人右手边递上去，同时还要说"请喝茶"或适当进行茶叶介绍等；客人交谈期间，要不时添加茶水；客人离开后，要帮忙取衣、开门、欢送，搀扶年长者。规范出台后，要反复培训使员工了解，并熟练掌握具体的操作方法。

## 案例三 菊花茶不免费

某餐厅有的茶水是免费的，但是有的种类要进行收费，比如一壶菊花茶是15元。餐厅方面要求，如果有客人点菊花茶，必须要告诉他（她）菊花茶15元一壶，以免结账的时候说不清楚。但是经常有客人听到服务员报价格就很不高兴，客人觉得什么东西都没上，就开始说钱。但是餐厅规定不能写一个有价格的单子放在桌子上。

**案例分析：**

服务员介绍的时候会报茶名，"您好，我们这有A茶、B茶、C茶还有需要加收费用的上等菊花茶，请问您今天需要点哪一品？"这样已经无异于告诉客人A茶、B茶、C茶都是免费的，菊花茶要收费，具体多少不需要讲明白，只是给客人心理暗示，但是这样的语言已经把"免费"这个让客人不爽的词语隐去。一般客人不愿意花钱，那么肯定不会跳过A茶、B茶、C茶来选择菊花茶。如果有的客人为了显示自己的豪爽或者宴客贵宾，那么需要加收15元的菊花茶都能让客人接受。

## 案例四 客人喝了洗手盅的茶

服务员小张发现坐在餐厅角落的客人不小心喝了洗手盅的茶。

**案例分析：**

对于此类情况，服务员应预先告诉客人上洗手盅的作用。如发现客人已饮用后应假装看不见，以避免客人难堪。

## 案例五　加点冰块

　　某酒店午餐时间，一位客人招呼服务员"小姐，请给我倒一杯白开水好吗？"服务员微笑回答："好的，请稍等，这就给您送过来。"服务员迅速为客人送到餐桌上，这位客人看到自己要的白开水，从口袋里拿出一包药，摸了摸水杯，皱了皱眉头。服务员发现客人的细微动作后，立即主动询问客人："给您的杯里加些冰块降温好吗？"客人立即高兴地说："好的，太谢谢了。"服务员很快给客人拿来冰块放入杯中，水温立即降下来，客人及时吃了药。客人临走时，写了表扬信，对这位服务员的服务表示感谢。

　　**案例分析：**

　　服务员能否在客人就餐时，注意到客人的就餐动态，及时捕捉客人的需求信息，敏锐地发现客人微小的动作，及时为客人提供超值服务，与服务员平时工作中的细心是分不开的。酒店的服务中，有许多细枝末节的琐碎小事，然而正是这些小事才构成了酒店的服务质量。本例中的服务员在服务中善于观察客人的体态语言，发现客人皱眉的细微动作后，就主动询问客人并为客人提供服务，服务员因而受到客人赞扬。这种热情主动地为客服务的工作意识值得赞扬。

## 案例六　"热情过度"引起的思考

　　××××年××月初的一天中午，李先生陪一位外宾来到某酒店中餐厅，找了个比较僻静的座位坐下。刚入座，一位女服务员便热情地为他们服务起来。她先铺好餐巾，摆上碗碟、酒杯，然后给他们斟满茶水，递上热毛巾。当一大盘"西湖牛肉羹"端上来后，她先为他们报了汤名，接着为他们盛汤，盛了一碗又一碗。一开始，外宾以为这是吃中餐的规矩，但当李先生告诉他用餐随客人自愿后，忙在女服务员要为他盛第三碗汤时谢绝了。这位女服务员在服务期间满脸微笑，手疾眼快，一刻也不闲着：上菜后即刻报菜名，见客人杯子空了马上添茶斟酒，见骨碟里的骨刺皮壳多了随即就换，见手巾用过后即刻换新的，见碗里米饭没了赶紧添上……她站在他们旁边忙上忙下，并时不时用一两句英语礼貌地询问他们还有何需要。吃了一会，外宾把刀叉放下，从衣服口袋里拿出一盒香烟，抽出一支拿在手上，略显无奈地对李先生说："这里的服务真是太热情了，有点让人觉得……"见服务员实在太热情，外宾都有点透不过气来了，李先生只得对外宾说："我们还是赶快吃吧，这里的服务热情得有点过度，让人受不了。"听到此话，外宾很高兴地说："好吧！"于是，他们匆匆吃了几口，便结账离开了这家餐厅。

案例分析：

首先，服务员要留心观察客人当时的体态表情。本例中，女服务员并未留心观察客人用餐时的体态表情，在外宾脸上已流露出不悦时，仍然热情地为其提供服务。殊不知，这种热情过度的服务反而易造成客人拘谨和压抑的感觉。其次，服务员要注意分析客人的交谈言语或自言自语。古人说得好，"言为心声，语为人境"。客人的自言自语能够反映出客人的需求趋向。本例中，外宾已略显无奈地对李先生说："这里的服务真是太热情了，有点让人觉得……"女服务员站在旁边服务，听到此交谈话语后，就应该领会客人的意思，站在远处为他们服务。然而这位女服务员非但不领悟，还继续热情地为客人服务，从而进一步引起客人的厌烦情绪。再有，服务员要注意客人所处的场所。一般来讲，选择安静角落就餐的客人，希望服务员站得远一些，尽量少打扰他们。本例中，李先生和外宾一开始就在一个比较僻静的地方坐下，本来就不希望别人打扰。女服务员在向李先生和外宾提供服务时，未注意到客人就餐的场所，一味地按酒店规范提供服务，结果适得其反。

## 服务名言

在每次与客人的接触中尽可能多地，用我们的耐心、诚心、热情为顾客服务。

## 职业能力训练

高档的酒店通常都会配备专业的茶艺师。以下是茶艺馆中茶艺员各个岗位的具体职责介绍。分析以下资料，思考作为一名专业的茶水服务员，都有哪些具体要求。

## 茶水服务员岗位职责

（1）遵守企业各项规章制度，服从领导工作安排。

（2）在工作时间内需穿工作装，仪态大方，微笑接待顾客，做茶水服务工作。

（3）了解所备茶的特点，熟悉各种茶具的使用方法。

（4）不得私自拿取茶叶，严格管控辖区内的物品，建立各种盘点账目。

（5）做好客户接待工作，在服务好客户的前提下，做好茶水间的清洁卫生工作，尤其是茶杯、茶具、毛巾等的清点、消毒工作。

（6）在下班时若还有客户在店内，则要做好服务后才可下班。

（7）负责卫生间的检查，定时检查，对卫生间内所缺物料作出及时汇报。

（8）在接待工作中，不能与客户一起观看电影、不得闲聊。

（9）在客户离店后应及时清理台面，把台面上的杂物归拢。

（10）在下班时，做好每日的下班巡查，节假日休息必须做好工作交接。

## 👍 观念应用训练

阅读资料，回答问题。

# 泡茶的程序与技巧

## 一、茶的用量

泡好一杯茶或一壶茶，首先要掌握茶叶用量。每次茶叶用多少，并没有统一标准，主要根据茶叶种类、茶具大小以及消费者的饮用习惯而定。

茶叶种类繁多，茶类不同，用量各异。如冲泡一般红、绿茶，茶与水的比例，大致掌握在 1:50~1:60，即每杯放 3 克左右的干茶，加入沸水 150~200 毫升。如饮用普洱茶，每杯放 5~10 克。如用茶壶，则按容量大小适当掌握。用茶量最多的是乌龙茶，每次投入量几乎为茶壶容积的 1/2，甚至更多。一般来说，茶、水的比例随茶叶的种类及嗜茶者情况等有所不同。嫩茶、高档茶用量可少一点，粗茶应多放一点，乌龙茶、普洱茶等的用量也应多一点。对嗜茶者，一般红、绿茶的茶、水比例为 1:50~1:80，即茶叶若放 3 克，沸水应冲 150~240 毫升；对于一般饮茶的人，茶与水的比例可为 1:80~1:100。喝乌龙茶者，茶叶用量应增加，茶与水的比例以 1:30 为宜。家庭中常用的白瓷杯，每杯可放茶叶 3 克冲开水 250 毫升；一般的玻璃杯，每杯可放茶 2 克，冲开水 150 毫升。

用茶量多少与消费者的饮用习惯也有密切关系。在西藏、新疆、青海和内蒙古等少数民族地区，人们以肉食为主，当地又缺少蔬菜，因此茶叶成为生理上的必需品。他们普遍喜饮浓茶，并在茶中加糖、加乳或加盐，故每次茶叶用量较多。华北和东北广大地区人民喜饮花茶，通常用较大的茶壶泡茶，茶叶用量较少。长江中下游地区的消费者主要饮用绿茶或龙井、毛峰等名优茶，一般用较小的瓷杯或玻璃杯，每次用量也不多。福建、广东、台湾等省，人们喜饮工夫茶。茶具虽小，但用茶量较多。茶叶用量还与消费者的年龄结构和饮茶历史有关。中、老年人往往饮茶年限长，喜喝较浓的茶，故用量较多；年轻人初学饮茶的多，普遍喜爱较淡的茶，故用量宜少。

## 二、泡茶水温

泡茶水温的掌握，主要视泡饮什么茶而定。高级绿茶，特别是各种芽叶细嫩的名茶

(绿茶类名茶)，不能用100℃的沸水冲泡，一般以80℃左右为宜。茶叶愈嫩、愈绿，冲泡水温愈要低，这样泡出的茶汤一定嫩绿明亮，滋味鲜爽，茶叶维生素C也较少被破坏。而在高温下，茶汤容易变黄，滋味较苦（茶中咖啡碱容易浸出），维生素C被大量破坏。正如平时说的，水温高，把茶叶"烫熟"了。泡饮各种花茶、红茶和中、低档绿茶，则要用100℃的沸水冲泡。如水温低，则渗透性差，茶中有效成分浸出较少，茶味淡薄。泡饮乌龙茶、普洱茶和花茶，每次用茶量较多，而且茶叶较老，必须用100℃的沸滚开水冲泡。有时，为了保持和提高水温，还要在冲泡前用开水烫热茶具，冲泡后在壶外淋开水。少数民族饮用砖茶，则要求水温更高，将砖茶敲碎，放在锅中熬煮。

　　一般说来，泡茶水温与茶叶中有效物质在水中的溶解度呈正相关，水温愈高，溶解度愈大，茶汤就愈浓；反之，水温愈低，溶解度愈小，茶汤就愈淡，一般60℃温水的浸出量只相当于100℃沸水浸出量的45%~65%。这里必须说明一点，上面谈到，高级绿茶适宜用80℃的水冲泡，这通常是指将水烧开之后（水温达100℃），再冷却至所要求的温度；如果是无菌生水，则只要烧到所需的温度即可。

### 三、冲泡的时间和次数

　　如用茶杯泡饮一般红绿茶，每杯放干茶3克左右，用沸水约200毫升冲泡，加盖4~5分钟后，便可饮用。这种泡法的缺点是：如水温过高，容易烫熟茶叶（主要指绿茶）；水温较低，则难以泡出茶味；而且因水量多，往往一时喝不完，浸泡过久，茶汤变冷，色、香、味均受影响。改良冲泡法是：将茶叶放入杯中后，先倒入少量开水，以浸没茶叶为准，加盖3分钟左右，再加开水到七八成满，便可趁热饮用。当喝到杯中尚余1/3左右茶汤时，再加开水，这样可使前后茶汤浓度比较均匀。据测定，一般茶叶泡第一次时，其可溶性物质能浸出50%~55%；泡第二次，能浸出30%左右；泡第三次，能浸出10%左右；泡第四次，则所剩无几了。所以，通常以冲泡三次为宜。

　　绿茶经一次冲泡后，各种有效成分的浸出率是大不相同的。氨基酸是茶叶中最易溶于水的成分，一次冲泡的浸出率高达80%以上；其次是咖啡碱，一次冲泡的浸出率近70%；茶多酚一次冲泡的浸出率较低，约为45%左右；可溶性糖的浸出率更低，通常少于40%。红茶在加工过程中揉捻程度一般比绿茶充分，尤其是红碎茶，颗粒小，细胞破碎率高，所以一次冲泡的浸出率往往比绿茶高得多。目前，国内外日益流行袋泡茶。袋泡茶既饮用方便，又可增加茶中有效物质的浸出量，提高茶汤浓度。据比较，袋泡茶比散装茶冲泡浸出量高20%左右。

　　**问题：**根据以上阅读材料，你能够掌握泡茶的方法了吗？

## 情景模拟训练

**情景设定：**

按照人数设计台型（10人一桌的圆台或用方桌拼成长方形或其他形状）。能做到热情礼貌、精神饱满、面带微笑地向客人进行茶水服务。

**训练要求：**

满足以下四点具体要求：

（1）茶水服务员的性格要求：人际关系能力强、懂得察言观色、具有亲和力，亲切有礼貌、微笑待人，热情度高、具有感染力，口才好、促销技巧佳。

（2）茶水服务步骤：①进包厢动作：进门前站立定位，敲门三下，停顿三至五秒，打开门，站立定位，口语：抱歉，打扰您。反手关门。②做茶水服务：站立定位以后，茶水服务口语：各位先生小姐您好，为您做茶水服务。再依次为来宾递送茶水以及湿纸巾。③物品放置定位：第一，由主宾开始依顺时针方向递送水杯及纸巾。第二，水杯放置于来宾右前方距大理石桌边缘10~15公分处。口语：先生/小姐，您好，请用水。湿纸巾放置于来宾水杯左方，标志朝上。水杯及湿纸巾必须同时递送。第三，水杯及纸巾全部递送完之后退至电视柜前方将空托盘放置于电视柜上方。

（3）了解茶水服务的注意事项：①主位是指正对电视机的位置。②递送水杯时轻拿轻放，切勿与大理石桌面碰撞发出声响。③所有的服务动作均以不挡住来宾电视画面为原则。④一般服务姿势均采站姿，如包厢空间较大时可适当采蹲姿。

懂得茶水服务的意义：当带客人员结束带客服务后，安排外场同事为来宾递送茶水、纸巾的服务动作称为茶水服务。意义包括：让来宾刚进场有适当的休息时间；给来宾有宾至如归的感觉；掌控好来宾的消费状况；适时地促销公司的餐点酒水；满足来宾的需要。

（4）茶水服务准备工作：当人员收到指令后，马上到该区域工作站电脑内查看该包厢人数或根据所给的访客准备物品。所需准备物品包括：①圆形托盘。②符合来宾数量的水杯。③符合来宾数量的纸巾。注意事项：第一，托盘需保持整洁干净，不得有异味、水渍或异色变形的情况。第二，托盘摆设应将重心集中在托盘中央，避免翻撒，各类物品须分类摆放整齐（湿纸巾正面的标志需朝上）。

## 知识拓展一

### 中国茶文化

饮茶始于中国。茶叶冲以煮沸的清水，顺乎自然，清饮雅尝，寻求茶的固有之味，重在意境，这是茶的中式品茶的特点。同样质量的茶叶，如用水不同、茶具不同或冲泡技术不一，泡出的茶汤会有不同的效果。中国自古以来就十分讲究茶的冲泡，积累了丰富的经验。泡好茶，要了解各类茶叶的特点，掌握科学的冲泡技术，使茶叶的固有品质能充分地表现出来。茶有健身、治疾之药物疗效，又富欣赏情趣，可陶冶情操。品茶、待客是中国人高雅的娱乐和社交活动，坐茶馆、茶话会则是中国人社会性群体茶艺活动。中国茶艺在世界享有盛誉，在唐代就传入日本，形成日本茶道。

中国人饮茶，注重一个"品"字。"品茶"不但是鉴别茶的优劣，也带有神思遐想和领略饮茶情趣之意。在百忙之中泡上一壶浓茶，择雅静之处，自斟自饮，可以消除疲劳、涤烦益思、振奋精神，也可以细啜慢饮，达到美的享受，使精神世界升华到高尚的艺术境界。品茶的环境一般由建筑物、园林、摆设、茶具等因素组成。饮茶要求安静、清新、舒适、干净。中国园林世界闻名，山水风景更是不可胜数。利用园林或自然山水间，用木头做亭子、凳子，搭设茶室，给人一种诗情画意。供人们小憩，不由意趣盎然。

中国是文明古国、礼仪之邦，很重礼节。凡来了客人，沏茶、敬茶的礼仪是必不可少的。当有客来访，可征求意见，选用最合来客口味和最佳茶具待客。以茶敬客时，对茶叶适当拼配也是必要的。在陪伴客人饮茶时，要注意客人杯、壶中的茶水残留量，一般用茶杯泡茶，如已喝去一半，就要添加开水，随喝随添，使茶水浓度基本保持前后一致，水温适宜。在饮茶时也可适当佐以茶食、糖果、菜肴等，达到调节口味之功效。

中国茶文化的内容主要是茶在中国精神文化中的体现，这比"茶风俗"、"茶道"的范畴深广得多，也是中国茶文化与欧美或日本的茶文化区别很大的原因。中国是茶的故乡，是世界上最早发现茶树、利用茶叶和栽培茶树的国家。茶树的起源至少已有六七万年的历史。茶被人类发现和利用，大约有四五千年的历史。茶的利用最初是孕育于野生采集活动之中的。古史传说中认为"神农乃玲珑玉体，能见其肺肝五脏"，理由是，"若非玲珑玉体，尝药一日遇十二毒，何以解之？"又有说"神农尝百草，日遇十二毒，得茶而解之。"两说虽均不能尽信，但一缕微弱的信息却值得注意："茶"在长久的食用过程中，人们越来注重它的某些疗病的"药"用之性。这反映的是一种洪荒时代的传佚之事。

**知识拓展二**

## 冷泡茶

所谓冷泡茶，即以冷水来冲泡茶叶，可以说是颠覆传统的一种泡茶方法。无论走到哪里，只要可以买到矿泉水，随时可以享受既好喝又保健的冷泡茶。冷泡茶的香气及滋味，当然与茶壶热水的冲泡方式有所差异。近年，日本开发出冷水可浸出的绿茶，销售量逐年

冷泡茶

图 2-4

增加。与传统泡茶工艺相比，该茶的加工工艺特点是延长鲜叶蒸青时间，减轻精揉程度，并通过高火干燥。英国联合利华公司开发出一种新的冷水冲泡型茶加工技术，于 2001 年 9 月获得欧洲专利和国际专利。该茶通过特殊加工方法，在 15℃水中 5 分钟内就可浸出，大大缩短了制作时间。

### 冷泡茶步骤：

准备茶叶、水和茶具，茶叶要比平时热水泡茶多一些，也可以用专门的茶包；水最好是冷却的白开水或纯净水，尽量不含太多矿物质。一般说来，每 1000 毫升水需 10~15 克茶叶。在壶底放好茶叶，冲入冷水，室温下放置 3~4 小时后，取出茶叶再放入冰箱冰镇至凉透即可。也有人习惯一开始就放进冰箱，等待 8 小时的时间再滤去茶叶饮用。茶包和茶粉，半小时到一小时就泡好了。

### 冷泡茶的好处：

茶叶中的"儿茶素"、"茶多酚"等物质，能有效促进肠胃蠕动清除宿便，对于瘦身及防癌有非常好的功效。茶叶冷泡后可减少茶丹宁酸释出，饮用时可减少苦涩味，增加茶的口感。冷泡的茶叶因人体体温较茶汤高，带着香味分子的酮类会在茶汤到达口腔后才逐渐挥发起来，香味更浓，盈满整个口腔，喉韵也更浓重。冷泡可降低茶汤中咖啡因的含量，可减缓对胃的刺激，因此敏感体质或胃弱者均适合饮用。

茶叶在常温及低温中，内含物质会以十分缓慢的速度释出，带甜味的氨基酸分子会先溶出，其他有益成分如儿茶素和茶多酚，冷泡茶一样也不缺。而在冷水中，比较不易释出苦涩来源的茶碱，咖啡因含量据研究是热泡的 3/4 以下，所以较不伤胃，也较不影响睡眠。据说对降血压以及降尿酸特别有效。

为什么用冷水泡茶比热水泡茶降糖效果更好呢？这是因为茶叶中有降糖作用的多糖类物质经沸水冲泡后会被严重破坏，且热水又很容易将茶碱和茶中的咖啡因泡出，既苦涩又无助于降糖。糖尿病患者在服用降糖药的同时，可用冷开水冲泡茶叶常喝，尤其是中低档茶，降糖效果更佳。中低档茶中多糖类物质的含量较高档茶高，因此，从健康角度考虑，喝中低档茶的营养价值反而比喝高档茶高，而且以秋茶降糖效果更好。

以往传统的喝茶方式，是用热水泡茶，尤其泡乌龙茶的时候，必须使用100℃的热水，才能泡出茶香。近年来，有些注重养生的人开始喝起冷泡茶，尤其在炎热的夏天里，喝一杯清凉的冷泡茶，更令人全身舒畅。为什么冷泡茶比热茶更健康呢？茶叶主要含茶多酚、茶多糖、茶色素以及其他成分，已被证实有降糖、降脂，预防高血压、脑血栓、动脉硬化、癌症等功效。茶色素是茶多酚的氧化聚合物，与茶多酚一样，也有降低胆固醇的功效，对糖尿病并发症和心脑血管疾病及动脉硬化等都有一定的预防和治疗作用。目前茶色素已经被开发成胶囊应用于糖尿病的辅助治疗，尤其是伴有微循环障碍的2型糖尿病患者的辅助治疗。糖尿病患者在服用降糖药的同时，不妨常饮用冷开水冲泡的茶，这样降糖效果会更好，尤其是粗茶。

**基础知识训练**

**一、选择题**

不属于茶水服务员工作范畴的岗位职责是（　　）。

A. 了解所备茶的特点，熟悉各种茶具的使用方法

B. 不得私自拿取茶叶，严格管控辖区内的物品，建立各种盘点账目

C. 做好客户接待工作，在服务好客户的前提下，着重茶水间的清洁卫生工作，尤其是茶杯、茶具、毛巾等的清点、消毒工作

D. 打扫干净整个餐厅的卫生环境

**二、填空题**

茶水服务操作标准中要使用＿＿＿＿托住茶壶垫，＿＿＿＿扶住茶壶把，从主宾的＿＿＿＿开始，右脚在前，左脚在后站好。

**三、简答题**

请将茶水服务操作规程概括为三点（点茶、斟茶、茶皇）。

# 项目三

# 餐中服务技能实训

餐饮企业在完善硬件的基础上，只有不断规范和创新自己的服务内容和服务质量，才能脱颖而出。餐饮部依照酒店的营业及管理政策，全面负责餐饮部的各项预算、策划、运营，督导中餐、西餐、小吃各部经理、总管事等严格按照要求完成工作，并按需向客人提供高质量的餐饮服务。

毋庸置疑，餐中服务是整个就餐过程中的中心服务环节，餐厅必须给予最高重视。餐中服务的环节包括：传菜与上菜服务、酒水服务以及席间服务。本章内容首先学习上菜与分菜服务。

## 项目导图

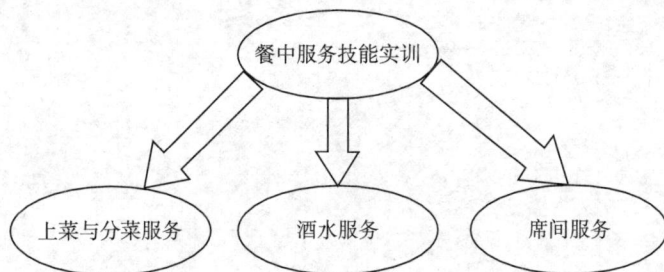

图 3-1　餐中服务技能实训

## 学习目标

知识目标

1. 了解席间服务的工作内容
2. 明确菜肴的分量、质量的标准要求
3. 了解中餐菜肴服务方式的特点及优缺点

4. 掌握斟酒的基本要求及酒水知识

5. 学习中西餐宴会酒水服务的操作要领

## 技能目标

1. 熟练地使用托盘传送菜肴

2. 掌握上菜的位置、顺序以及菜肴摆放的要求

3. 掌握斟酒的基本方法及操作规范

4. 掌握中西餐宴会酒水服务的操作要领

5. 掌握分菜服务的方法和技巧

# 任务1　上菜与分菜服务

## 任务目标

通过本次任务实训，让学生了解传菜服务的重要性，并通过对传菜服务基础知识的学习，掌握传菜服务技巧，可以做到熟练并规范地完成传菜任务，体会传菜员的岗位职责。此外，通过对上菜服务基础知识的学习，掌握上菜服务技巧，熟练并规范地完成上菜任务，掌握成为一名优秀的上菜服务员的技巧。

### 项目任务书

| 任务名称 | 上菜与分菜服务 | 任务编号 | | 时间要求 | |
|---|---|---|---|---|---|
| 训练要求 | 了解上菜与分菜服务的基本要领，掌握上菜与分菜服务的流程与标准，做到能够为客人熟练、准确地提供就餐服务 | | | | |
| 培养能力 | 上菜和分菜过程中能够操作规范、熟悉具体要求与注意事项，能在实际工作中应用自如 | | | | |
| 涉及知识 | 中餐菜肴服务方式、餐具的清洁与保养、上菜基础知识、餐厅上菜和分菜流程与规范 | | | | |
| 教学地点 | 教室、机房、模拟餐厅 | 参考资料 | | | |
| 教学设备 | 投影设备、投影幕布、可联网的电脑 | | | | |
| 训练内容 | | | | | |
| 1. 教师先进行示范，并讲解操作要领<br>2. 学生分组进行上菜服务流程以及技巧实训<br>3. 学生分组进行分菜服务技能练习 | | | | | |
| 实训成果评价标准 | | | | | |
| 1. 能够掌握上菜服务流程以及技巧，且上菜顺序与原则正确<br>2. 上菜位置和姿势正确规范，且菜品摆放合理、美观<br>3. 掌握三种分菜的方法和技巧，且动作规范、娴熟、标准、自然 | | | | | |

## 引导案例

众所周知，餐厅一般的上菜顺序是先冷盘、后热炒、大菜、汤，中间穿插面点，最后是水果，上点心。各个酒店之间有所不同，点心有的在汤后面上，有的将第一道咸点提前到第一道大菜后面上；有的咸、甜点心一起上，有的咸、甜点交叉上。

第一道菜肯定是上冷盘。在开席前几分钟端上为宜。来宾入座开席后，走菜服务员即通知厨房准备出菜。当来宾吃去2/3左右的冷盘时，就上第一道菜，把菜放在主宾前面，将没吃完的冷盘移向副主人一边。以下几道炒菜用同样方法依次端上，但需注意前一道菜还未动筷时，要通知厨房不要炒下一道菜。如果来宾进餐速度快，就须通知厨房快出菜，防止出现空盘空台的情况。炒菜上完后，上第一道大菜前（一般是鱼翅、海参、燕窝等），应换下用过的骨碟。第一道大菜上过后，视情况或上一道点心，或上第二道大菜。在上完最后一道大菜和即将上汤时，应低声告诉主人菜已上完，提醒客人适时结束宴会。

思考：为何餐厅上菜永远都是先上冷盘？

## 知识点

### 一、中餐上菜

1. 上菜顺序（见图 3-2）

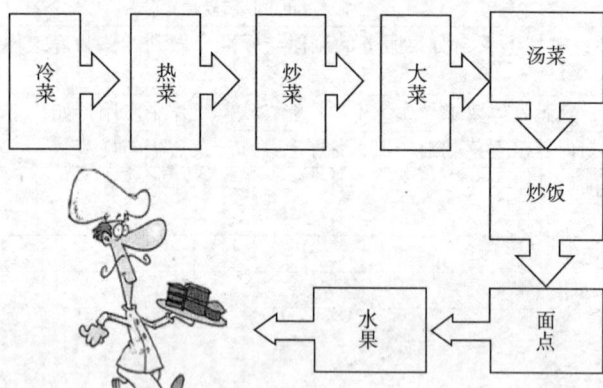

图 3-2

2. 上菜的时机和服务位置

（1）上菜时：可以将凉菜先行送上席。客人落座后通知厨房做好出菜准备，待到凉菜剩下 1/3 左右时，送上第一道热菜。

（2）服务时：一般要以第一主人作为中心，从宴席的左面位置上菜，撤盘时从宴席的右侧位置。上菜或撤盘时，都不应当在第一主人或主宾的身边操作，以免影响主客之间的就餐和交谈。

3. 上菜中的习惯与礼貌

（1）菜肴上有孔雀、凤凰图案的拼盘应当将其正面放在第一主人和主宾的前面。

（2）第一道热菜应放在第一主人和主宾的前面，没有吃完的菜则移向副主人一边，后面的遵循同样的原则。

（3）遵循"鸡不献头，鸭不献爪，鱼不献脊"的传统礼貌习惯。

4.上菜具体流程（见表3-1）

表3-1

| |
|---|
| 1.上菜前先询问主人上菜时间，同时祝客人用餐愉快 |
| 2.（1）上菜前先准备客人所需要的酒水及菜品所配备的器皿，客人点了白酒要准备白酒所需的器皿，还要准备所需的一些公杯，再多备一些杯子，以便客人需要<br>（2）在给客人倒酒时，倒酒的标准为白酒9分满，啤酒8分满，红酒2/3，花雕酒根据配备的器皿来定 |
| 3.（1）上菜前的准备工作就绪后，等待传菜员按菜单所列的顺序逐项传递上桌<br>（2）上菜的顺序为：先冷后热，先菜后汤，先鲜后咸，先辣后炒，先烧后蒸，先清淡后肥腻，先主食后甜品，先点心后水果，先优质后一般<br>（3）服务人员将菜准备上桌前，必须先核对传菜服务员所传到的菜是否与菜单上所列相符，确认后方可上桌，上菜时有些菜上桌后方可开盖，上菜时要检查器皿有无破损、菜量是否符合标准 |
| 4.服务员上菜时要顺时针上菜，所有菜均在主人与主宾的中间过目，在服务时要重点服务主宾、主人 |
| 5.（1）上菜前先将上菜的位置腾出，站在副主人的右首边<br>（2）上菜时，报菜名要声音洪亮、清楚，并用手示意，有配料应先上配料后上菜，介绍菜名，如：这是本店的招牌菜过桥排骨，我们做的排骨口味浓郁，微辣，是最受客人欢迎的一道菜，还有历史典故，我给大家讲个小故事吧，征得客人同意后讲故事，"相传西蜀和平年间，每当丈夫出门经商，妻子都要精心烹制一道辣香四溢的排骨，配一把便于剔骨的竹剑，还意味深长地在状如石桥的排骨下摆放香软的土豆，希望丈夫不管走到哪里，对她的爱情都像桥下的石头一样，海枯石烂也不改变，并祝愿丈夫翻过桥后在商场如履平地，顺利取得象征权势和富贵的宝剑，从此平安富贵相随。祝大家富贵相随，谢谢。"<br>（3）上菜时，主动征求客人是否需要加米饭（上白米饭时应把每碗端到客人的餐位上），并在菜单上写上白米饭的数量<br>（4）餐桌上有几个菜已经占满位置，而下一个菜又不能够放在转盘上，应征求客人的意见，将台上的剩下最少的一些菜，换到小盘里，切忌将新的菜叠压在另一道菜上面<br>（5）注意客人台上的菜是否齐全，但有些菜等待很久没有上桌，要及时查单，看是否有遗漏（或告知当区的负责人追菜），接到通知有沽清的菜，要立刻告诉客人，但是需要婉转说明，不要让客人有意见，改菜后马上通知传菜部及时上下一道菜，退菜单上需要写明原因，领班签名方可下单<br>（6）上一些（位）菜时，首先上桌时要告诉客人这道菜的特点及口味，同时提醒客人小心烫 |

5.特殊菜肴

（1）汤羹。用小碗将汤按客人人数分好。如喝完后表示还需要，员工应立即用小碗为客人装满。

图3-3

（2）火锅。先根据客人口味以最快速度提供锅底。向客人核实点单情况，备菜。

图 3-4

（3）其他特殊菜肴如泥包、纸包、荷叶包的菜。易变形的油炸菜。

图 3-5

6. 上菜服务注意事项

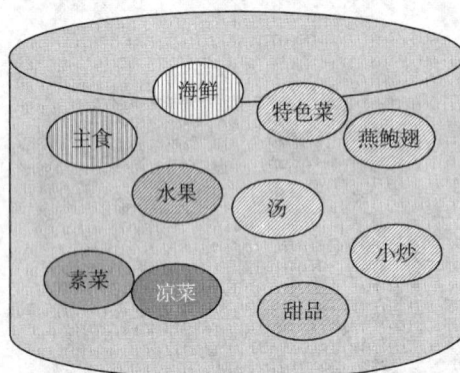

图 3-6

（1）必须先看菜品和点菜单上的是否相符；菜品必须第一时间上桌，以确保其新鲜；凉菜
1/3 时要征询客人意见是否需要上热菜。

（2）上菜时要注意搭配：颜色、荤素、器皿、凉热、味道、位置。

（3）看单准备好上凉菜的位置，一次到位。菜盘边与转盘边平行（菜盘的中线与转盘点的横向延伸线垂直)。

（4）上凉菜时：现炸、卤水、烧腊、刺身应在客人到齐时再上。卤水放的时间长会变硬；现炸的不脆，口感不好；刺身会不新鲜；装饰花不能对准客人。

（5）验菜：菜盘是否有破损；菜盘特别是盘边是否干净卫生，无异物；菜品和菜名是否相符；菜品的分量，海鲜的斤两；如果是按位上的菜，应看菜品的件数与实际人数是否相符。

（6）上菜前先理出空位。上菜位：一般在副主人的旁边，不能在老人、小孩及行动不便的人中间上菜，固定上菜位，不能忽左忽右。

（7）上菜时的站立姿势：一脚在前一脚在后，侧身。

（8）端菜的手法：双手端菜，要平、稳，手指不能接触到菜品。上菜时不推盘，撤盘时不拉盘，菜盘不能超出转盘的边缘，转转盘时要稳，不能过快或过慢，不能倒转转盘，转好后将转盘稳住再后退报菜名。注意：鸡不献头，鸭不献爪，鱼不献脊。

（9）煲仔：必须先加热后上桌，上桌后再拿下盖，取盖时盖子朝上，注意不要滴落在客人身上或餐台上。锅仔：锅仔的特色是边加热边吃，所以上桌后点上火并介绍：这是×××，待会烧开后再帮您把盖打开。烧开后记得给客人打开盖子。打开盖子时应注意：盖子朝上以避免蒸汽水滴洒在餐台上或客人身上。征询客人是否需要分菜。

（10）上带酱料以及工具的菜时：先上酱料后上菜，最后上工具。如果客人点了鲍鱼，需要吃鲍鱼的刀叉，应先上酱料，然后上工具，最后上菜。要向客人介绍酱料及工具的用途。

## 二、分菜服务

分菜服务就是在客人观赏后由服务人员主动均匀地为客人分菜分汤，也叫派菜或让菜。西餐中的美式服务不要求服务员掌握分菜技术，俄式服务要求服务员有较高的分菜技术，法式服务要求服务员有分切技术。

表3-2

| | |
|---|---|
| 1. 分菜的工具 | （1）中餐分菜的工具：分菜叉（服务叉）、分菜勺（服务勺）、公用勺、公用筷、长把勺等<br>（2）法式服务的分切工具：服务车、割切板、刀、叉、分调味汁的叉和勺 |
| 2. 分菜工具的使用方法 | （1）中餐分菜工具的使用方法<br>①服务叉、勺的使用方法：服务员右手握住叉的后部，勺心向上，叉的底部向勺心；在夹菜肴和点心时，主要依靠手指来控制；右手食指插在叉和勺把之间与拇指的情合捏住叉把，中指控制勺把，无名指和小指起稳定作用；分带汁菜肴时用服务勺盛汁<br>②公用勺和公用筷的用法：服务员站在与主人呈90°角的位置上，右手握公用筷，左手持公用勺，相互配合将菜肴分到宾客餐碟之中<br>③长把汤勺的用法：分汤菜，汤中有菜肴时需用公用筷配合操作<br>（2）法式切分工具的使用方法<br>①分让主料：将要切分的菜肴取放到分割切板上，再把净切板放在餐车上。分切时左手拿叉压住菜肴的一侧，右手用刀分切<br>②分让配料、配汁：用叉勺分让，勺心向上，叉的底部向勺心，即叉勺扣放 |
| 3. 分菜的方法 | （1）餐盘分让式：服务员站在客人的左侧，左手托盘，右手拿叉与勺，将菜在客人的左边派给客人<br>（2）二人合作式：将菜盘与客人的餐盘一起放在餐台上，服务员用叉和勺将菜分派到客人的餐盘中，然后由客人自取或服务员协助将餐盘送到客人面前<br>（3）分菜台分让式：先将菜在转台向客人展示，由服务员端至分菜台，将菜分派到客人的餐盘中，并将各个餐盘放入托盘中，应先将客人面前的污餐盘收走，将菜托送至宴会桌边，用右手从客位的左侧放到客人的面前 |

| | |
|---|---|
| 4. 分菜的基本要求 | （1）将菜点向客人展示，并介绍名称和特色后，方可分让。大型宴会，每一桌服务人员的派菜方法应一致<br>（2）分菜时留意菜的质量和菜内有无异物，及时将不合标准的菜送回厨房更换。客人表示不要此菜，则不必勉强。此外应将有骨头的菜肴，如鱼、鸡等的大骨头剔除<br>（3）分菜时要胆大心细，掌握好菜的份数与总量，做到分派均匀<br>（4）凡配有佐料的菜，在分派时要先蘸（夹）上佐料再分到餐碟里 |
| 5. 特殊情况的分菜方法 | （1）特殊宴会的分菜方法<br>①客人只顾谈话而冷淡菜肴：遇到这种情况时，服务员应抓住客人谈话出现短暂的停顿间隙时机，向客人介绍菜肴并以最快的速度将菜肴分给客人<br>②主要客人带有少年儿童赴宴：此时分菜先分给儿童，然后按常规顺序分菜<br>③老年人多的宴会：采取快分慢撤的方法进行服务。分菜步骤可分为两步，即先少分再添分<br>（2）特殊菜肴的分让方法<br>①汤类菜肴的分让方法：先将盛器内的汤分进客人的碗内，然后再将汤中的原料均匀地分入客人的汤碗中<br>②造型菜肴的分让方法：将造型的菜肴均匀地分给每位客人。如果造型较大，可先分一半，处理完上半部分造型物后再分其余的一半。也可将食用的造型物均匀地分给客人，不可食用的，分完菜后撤下<br>③卷食菜肴的分让方法：一般情况是由客人自己取拿卷食。如老人或儿童多的情况，则需要分菜服务。方法是：服务员将吃碟摆放于菜肴的周围；放好铺卷的外层，然后逐一将被卷物放于铺卷的外层上；最后逐一卷上送到每位客人面前<br>④拔丝类菜宴的分让方法：由一位服务员取菜分类，另一位服务员快速递给客人 |

## 三、中餐摆菜

（1）摆菜时不宜随意乱放，而要根据菜的颜色、形状、菜种、盛具、原材料等因素，讲究一定的艺术造型。

（2）中餐宴席中，一般将大菜中头菜放在餐桌中间位置，砂锅、炖盆之类的汤菜通常也摆放到餐桌中间位置。

（3）摆菜时要使菜与客人的距离保持适中。

（4）注意好菜点最适宜观赏一面位置的摆放。

（5）送上宴席中的头菜或一些较有风味特色的菜时，应首先考虑将这些菜放到主宾与主人的前面。

**案例分析**

## 案例一　补偿服务

某餐厅，几位客人在就餐，餐厅服务员正在为客人服务。宴请快结束时，服务员为客人上汤。恰巧张先生突然一回身，将汤碰洒，把张先生的西服弄脏了。张先生非常生气，质问怎么把汤往他身上洒。服务员没有争辩，连声道歉：实在对不起，先生，是我不小心把汤洒在您身上，把您的西服弄脏了，请您脱下来，我去给您干洗。另外我再重新给您换一份汤，耽误各位先生用餐了。请原谅。随后，服务员将西服送洗衣房干洗，而后对几位先生的服务十分周到。当客人用餐完毕后，服务员将洗得干干净净、叠得整整齐齐的衣服双手捧给了张先生。客人们十分满意，张先生也诚恳道歉：是我不小心碰洒了汤，你的服务非常好。事后，客人主动付了两份汤钱，张先生给服务员小费，而且不久又带着一批客人来餐厅就餐。

**案例分析：**

服务员在处理这种问题时应讲究策略，给客人台阶下。发生这种事情后，处理方法是：服务员首先向客人道歉，主动承担责任。如果客人衣服弄脏的程度较轻，应用干净的餐巾擦拭衣服。但要注意征得客人同意。同性客人，服务员可为客人擦拭，异性客人，服务员应将餐巾交给客人由她自己擦拭。如果客人衣服弄脏程度严重或者客人对此事态度反应激烈，服务员应主动提出免费为客人洗涤，洗好及时送还，并要再次致歉。根据事态发展，服务员应请示主管适当免费提供一些食品和饮料补偿。

## 案例二　上菜太慢

王客人投诉小米餐厅沽清菜式太多且上菜速度慢，并且向服务员询问原因时，服务员在向客人解释时含混不清，造成客人多次退菜。

**案例分析：**

服务员应及时地向客人道歉，并委婉地向客人解释：因为生意太好，您点的菜式已沽清，并及时帮客人更换容易制作的菜式，有利于加快上菜速度。对不能清晰、明确回答客人问题的服务员，部门有针对性地进行了培训。造成以上投诉有两个原因：一是厨房当日沽清不明确，没有将沽清品种及数量准确无误地及时传达至楼面；楼面服务员对当日沽清也没及时了解，在点菜过程中失误，造成客人退菜（厨房与服务员协调不到位）。二是一楼厨房与二楼厨房协调不到位。经部门调查，平时一楼沽清菜式，在二楼有原料，因为一、二楼衔接不够，造成一楼菜品不能满足客人需求，从而投诉。除此之外，服务人员也应提高应答技巧，在向客人做好相关解释工作的同时引导客人消费其他菜式，尽可能地满足客人的需求。

## 案例三　优秀的传菜员李刚

李刚是一名普通酒店传菜员，其他服务员总是觉得"传菜员"这个职位意义不大，工作又很轻松，因此经常对李刚的传菜工作嗤之以鼻，还时不时向酒店经理提出取消这个岗位的想法。对此，李刚很是苦恼，虽然自己的工作看似简单，其实要求与工作注意事项并不简单，他为了做好自己的工作时时刻刻严格要求自己，完完全全按照传菜员岗位职责规范去做。

李刚每天在上岗前都调整和保持良好的精神状态，做好上岗前的仪容、仪表的检查工作。处理好他个人的一切私事积极投入工作中。到岗后，先查看工作日志：看是否有未完成的工作或需要向上级汇报的工作，以及需要了解的工作事情和通知。准时参加班前会，了解当天分配的工作任务和上级的通知。做好餐厅正式营业前的工作区域卫生。准备好开餐前各种菜式的配料及传菜用具，保证开餐时使用方便。在上菜前李刚还会将菜名及桌号报给传菜领班，经他同意后才进行上菜工作。他积极配合餐厅前台服务员的工作，做到"传递迅速，走菜快捷"。在将菜上给值台服务员时，轻声报上菜名并及时带走值台撤下来的空盘、碗等餐具。开餐结束后，注意负责打扫传菜部地面的清洁及规定地段卫生。离岗前，李刚每天都会全面检查工作区域卫生，保证了良好的卫生环境。及时填写当班工作日志和物品交接表，并与下一班传菜员认真做好工作交接。

酒店经理见李刚工作很是努力，多次表扬他，并给他加了薪，堵住了其他服务员的口。

**案例分析：**

传菜员的工作看似简单——将厨房出品的菜品及时送至前厅相应的台号，将厨房和前厅的沟通信息及时传达到相应的人员，但也正是因为传菜员特殊的工作位置，所以也对传菜员的服务意识、质量意识、礼仪礼貌和体能体力等提出了全面的要求。因为传菜员在餐厅的走动是最为频繁的，所以不管是餐厅内部的信息传达，还是餐厅外部的顾客信息反馈，他们在其中都发挥着无可替代的作用。传菜员在服务工作过程中要注意灵活性，有时候抓住顾客的一个眼神、上菜后撤走餐桌上的一个空盘等都会对餐厅的服务工作产生很有利的帮助。

## 案例四　菜式沽清了

×月××日据前台反映：703房客人昨日在食街用晚餐，餐后客人另外点了鱼头和排骨，要求打包带到客房。晚上客人发现只有一份排骨，客人表示不满。经调查，当时客人所点的鱼头沽清，服务员已向客人说明并将此菜退掉，可能客人未听清楚，误以为此菜已收钱未打包。大副已向客人解释清楚，客人无异议。

**案例分析：**

　　在为客人点菜前，服务人员要清楚当天沽清的菜式，以免出现换菜现象。对于临时沽清的菜式，服务人员要及时知会客人，询问客人是取消菜式还是换其他菜式，并向客人道歉。在为客人结算过程中，如出现过换菜或取消菜式等情况，可附带向客人解释相关费用的情况，避免出现类似问题，让客人高高兴兴来，明明白白消费。

# 案例五　就上一盘花生米

　　几位客人来玉凰山庄的中餐厅吃夜宵。他们点了六个菜和一盘花卷。过了好一会儿，实习生小田取了啤酒刚要存到冷库去时，客人中的一位先生叫住了小田："服务员，为什么我们的菜这么半天还没上？就吃这盘花生米，我们还不得饿死呀！"小田忙走过去一看，桌上孤零零地只摆着一盘儿花生米，立即开口说道："对不起，先生，请——"这句话还没说完，客人就接上说："别说'对不起'啦！我们已经'稍等'了很长时间了，快点儿上菜吧！"小田不好意思地住了口，心想，这种情况下，如再多解释，客人会更觉得你很烦人，所以立即到后厨催厨师先给这桌上几个菜。很快，客人的菜炒好了，小田立即将菜端上。这时小田向这几位客人道歉："耽误您的时间了，很抱歉！我是实习生，服务还很差，没能及时给您催菜，请您原谅！"客人见服务员满脸真诚，又跑前跑后忙着催来了菜，气就消了，说："我们刚才火气大了点，您别在意，以后上菜快点儿就行了。"

**案例分析：**

　　第一，就餐时，所点菜肴上得太慢，客人肯定会着急，会生气，在这时服务员把责任承担起来，应向客人道歉，这时使用致歉语："对不起"、"很抱歉"、"请稍等"等，可以缓解客人焦急的心情，也是礼貌的表现。第二，此案例中造成客人长时间等菜的主要原因是服务员给客人开单后，没能及时巡台，不知客人所点菜上桌情况，因此没能及时去后台联系催菜而造成的。要避免这种情况的发生，服务员开单时，对客人所点菜肴中需等候时间较长的菜品需作说明，免得客人点了制作时间长的菜肴，上桌慢，客人会焦急。开单后，要不断巡台，观察掌握各桌客人菜上桌的情况，发现问题适时调整；若有的桌菜品上得慢，应及时与后台联系，及时催菜，若客人很多，使后厨压菜较多而造成有的桌上菜的速度慢时，可以巧妙调整不同桌上菜速度，采取各桌穿插上菜的办法，可使每桌都不空台，便可避免有的桌菜一股脑儿全上了，有的桌却干等菜的不均衡现象。这样，所有的客人都可以安心进餐。

### 服务名言

影响客人用餐感受的基本都是小事，少有大事，我们的工作就是做好无数的小事而已。

### 职业能力训练

准备好干湿抹布、味碟若干，需用餐具、托盘、写有调料名称的纸条若干，能做到备餐台清洁、卫生，调味配料齐全，常用的餐具码放整齐。传送菜点时，能做到动作准确、迅速、安全。

### 观念应用训练

阅读资料，回答问题。

上菜速度慢，客人就会有意见，有了意见酒店的生意就会越做越难。

建国餐馆是华东某市一家私营点菜餐馆，拥有300个餐位，坐落于市中心，主要吸引当地客人。该餐馆开业后，营业情况不佳，营业额呈持续下降趋势，餐馆经理为此进行了一次顾客调查，发现主要问题是顾客对餐馆的上菜速度极其不满。其中60%的客人感到上菜速度太慢，还有20%左右的顾客抱怨经常遇到上错菜的情况。为了解决这一问题扭转营业颓势，餐馆成立了以经理、厨师长为正副组长，以厨房各班组组长、餐厅主管及领班为组员的工作小组，并聘请了有关高校的专家担任顾问，共同研究对策。

问题：根据所学知识与建国餐馆实际情况，请分析建国餐馆提高上菜速度的办法有哪些？

### 情景模拟训练

**情景设定1：**
假设你所在的酒店要招聘传菜服务员，经理全权授予你去完成此项招聘工作。

**训练要求：**
写出招聘要求简章（包括应聘人情况以及传菜服务员岗位职责要求）。

**情景设定2：**
假设自己是餐厅上菜员，正式开始工作。

**训练要求：**

（1）上菜时要轻步向前，双手将菜送上转台，到桌边右脚朝前，侧身而进。

（2）上菜时应用右手操作，并用："对不起，打扰一下"提醒客人注意。

（3）将菜放到转台上（放菜时要轻）并顺时针转动转台，将所上的菜，转至主宾面前，退后一步，五指并拢与地面呈45°，以肘关节为轴，指向目标，大臂与小臂呈90°。

（4）同时目视主宾、主陪，面带微笑，声音适中，委婉动听报菜名："九转大肠，请品尝。"

（5）视情况作适当介绍；先上调味品，再将菜端上；每上一道新菜都要转向主宾前面，以示尊重。

**知识拓展**

## 素食文化

素食主义是一种饮食的文化，实践这种饮食文化的人称为素食主义者，这些人不食用来自动物身上各部分所制成的食物，包括动物油、动物胶。世界各国或不同文化下的素食主义有所不同，有些素食主义者可食用蜂蜜、奶类和蛋类，有些则不。素食，表现出了回归自然、回归健康和保护地球生态环境的返璞归真的文化理念。吃素，除了能获取天然纯净的均衡营养外，还能额外地体验到摆脱了都市的喧嚣和欲望的愉悦。悄然传播的素食文化，使得素食越来越成为一个全球时尚的标签。素食，已经成为一种全新的环保、健康的生活方式。

现代人吃腻了大鱼大肉、生猛海鲜之后，终于让素食登上了流行餐台。各大城市的素斋馆异军突起，犹如雨后的春笋。根据海内外医学研究结果显示：素食可以降低人体胆固醇含量。胆固醇在普通人血中含量越低越佳。素食者体内的胆固醇普遍比荤食者的含量低。另外素食不仅能够降低血压，减少眼底网膜硬化现象的可能；而且素食是最为有效、最为根本的内服"美容"圣品，它可使人体血液里的乳酸大为减少，将血液里有害的污物清掉。常用素食的人，全身充满生气，脏腑器官功能活泼，皮肤自然柔嫩光滑，颜色红润。普尔斯马特是一个会员制的零售大卖场，针对消费者注重时尚、健康的特点，引进了"有机食品"的概念和产品。这些"有机食品"在农业耕作上采取"有机"、"自然"、"生态"、"生物"的方法进行生产，因此是一类最具环保性的、在倡导绿色消费中处于首选地位的安全食品。在那里你能看到一排排台面丰满、状态新鲜的系列"有机食品"，这里提供的素食从不施用农药，真正达到无公害生长环境，所拥有"有机食品"的素食种类也涵盖了人们日常生活饮食的基本需求。古代、近代、现代都有著名人士提倡素食。科学尽管进步，社会尽管繁荣，但人类以素食为主的理想永不受时空的限制，更不会被社会淘汰，因为古圣先贤从历代生活经验中所获得的宝贵知识足以证明："素食才是永不褪色的时尚"；同时选择普尔斯马特"有机农庄"的素食更是一种时尚。

**基础知识训练**

**一、选择题**

1. 酒店传菜员的直接上级是（　　）。

A. 厨房主管或餐厅主管　　　　　　B. 大堂经理

C. 服务员领班　　　　　　　　　　D. 酒店老板

2. 不符合调味柜清洁方法的是（　　）。

A. 传菜员清理柜中存放的调料或罐头，把它们取出来，检查是否过期，有无膨胀

B. 用湿布擦洗柜内，如有污物用清洗剂擦净

C. 把罐头和固体调料分别放入，罐头类用湿布擦去尘土，固体调料（如盐、味精、胡椒等）放在不锈钢盘中并检查有无变质、生虫

D. 可以用灭害灵清洁调味柜

3. 上菜顺序中第一道通常为（　　）。

A. 冷盘（凉菜、熟食等）　　　　　B. 水果

C. 汤羹　　　　　　　　　　　　　D. 主菜

4. 服务人员将菜准备上桌前，必须先（　　），确认后方可上桌，上菜时有些菜上桌后方可开盖，上菜时要检查器皿有无破损、菜量是否符合标准。

A. 核对传菜服务员所传到的菜是否与菜单上所列相符

B. 整理着装、仪容仪表

C. 准备好茶水工作

D. 向客人介绍菜品菜色特点

二、填空题

1. 餐桌上有几个菜已经占满位置，而下一个菜又不能够放在转盘上，应征求客人的意见，将台上剩下最少的一些菜，换到小盘里，切忌_____。

2. 端菜的手法：双手端菜，要平、稳，手指不能_____。上菜时不推盘，撤盘时不拉盘，菜盘不能超出_____，转转盘时要稳，不能过快或过慢，不能倒转转盘，转好后将转盘稳住再后退报菜名。

3. 漂白粉消毒法：用 5g 漂白粉加 1000g 温水，充分搅拌成 1:200 的溶液，将洗净的餐具放入溶液中浸泡_____，即可达到消毒的目的。

4. 破损的餐具不能使用，要及时检查餐具。检查时，可将两个瓷器轻微碰撞一下，声音_____说明完好，声音_____则带有暗损。

5. 传送热菜时注意特殊菜肴佐料的搭配，以及菜肴传送的速度要求，避免因_____问题影响菜肴的最佳口感。

三、简答题

1. 简述传菜员岗位职责，分条列举。

2. 简述传菜员的重要性。

3. 简述餐厅上菜员上菜的操作要求。

## 任务2 酒水服务

### 任务目标

通过本次任务实训,让学生了解酒水的基础知识,包括酒水展示与准备工作、酒水的冰镇与温热工作。掌握最基本的与酒水相关知识的了解,为实际的斟酒服务工作打下坚实的基础。此外,通过对斟酒操作技能的训练,使学生正确掌握斟酒的操作要领与操作标准,具备斟酒的技能,掌握席间酒水服务的要求。

### 项目任务书

| 任务名称 | 酒水服务 | 任务编号 | | 时间要求 | |
|---|---|---|---|---|---|
| 训练要求 | 明确斟酒服务的方式、方法、斟酒的顺序和时机,以及斟酒前的准备工作。通过对斟酒操作技能的训练,使学生正确掌握斟酒的操作要领与操作标准,掌握斟酒服务的基本技能 | | | | |
| 培养能力 | 学习斟酒服务的方式、方法,培养学生在斟酒时做到姿态优美、动作轻快、准确、熟练,把握正确的顺序、时机和斟酒量的能力 | | | | |
| 涉及知识 | 酒水的准备、展示,酒水的冰镇与温热、斟酒注意事项与要点提示 | | | | |
| 教学地点 | 教室、机房、模拟餐厅 | 参考资料 | | | |
| 教学设备 | 投影设备、投影幕布、可联网的电脑、黑板、酒、酒杯 | | | | |
| 训练内容 | | | | | |
| 1. 听老师讲解相关酒水案例,以及酒店酒水准备工作的展示要求<br>2. 徒手斟倒白酒、红葡萄酒、啤酒的训练<br>3. 托盘斟倒白酒、红葡萄酒、啤酒的训练 | | | | | |
| 实训成果评价标准 | | | | | |
| 1. 要求学生能在规定时间内完成10人位酒水的斟倒,做到表情自然、放松,面带微笑,动作标准优美,不滴不洒、酒量适中<br>2. 斟酒的顺序和时机正确<br>3. 席间酒水服务能灵活操作,要领与操作娴熟、标准 | | | | | |

### 引导案例

某天晚上,老汪正在宴请远道而来的老朋友小李一行。在点菜时,服务员小陈热心地向老汪推荐应时的大闸蟹,老汪欣然接受。在客人们津津有味地品尝大闸蟹时,小陈走近小李说:"对不起,先生,给您换一下餐碟好吗?"此时的小李右手拿着半只螃蟹,见状后忙侧身让开,为避免碰到小陈,小李还把右手举过了肩膀,小陈发现餐碟中还有半只螃蟹时,便提醒小李:"先生,还有半只螃蟹呢。"小李又连忙用左手拿起另外半只螃蟹。双手各拿半只螃蟹的小李为不影响小陈更换餐碟而呈举手投降状，一旁的老汪看到后便打趣地说："小李，是不是喝不下酒而向我投降了？"小李一听，忙自嘲地说："我是向漂亮的服务员小姐投降。要说到喝酒，我哪会怕你。等小姐换好餐碟，我好好与你喝几杯。"等小陈换好餐碟，小李果真要与老汪喝酒，老汪也不甘示弱。当两人干完第一杯后正凑在一起说着话时，小陈过来说："对不起，先生，给您倒酒。"小李和老汪不约而同地向两边闪，小陈麻利地为两人斟满酒，两人又干了一杯，然后又凑在一起说话，小陈又不失时机地上前说："对不起，先生，给您倒酒。"此时的小李忽然对着小陈大声怒吼道："没看到我们正说着话吗？"小陈一脸茫然，不知该怎么办才好。

**思考**：服务员在为客人提供酒水服务时，哪些举动惊扰了客人呢？

## 知识点

### 一、酒水准备

1. 酒品种类的准备

一类：八大名酒。

中国八大名酒：茅台酒、汾酒、五粮液、泸州老窖特曲、剑南春、西凤酒、古井贡酒、董酒。

二类：市场畅销的品种。

红酒、白酒、啤酒。

2. 酒具的准备

（1）一般常备酒具：水杯、红酒杯、白酒杯、香槟杯、啤酒杯、黄酒碗、冰酒桶、温酒壶、酒篮、酒钻、开酒器等。

（2）酒具的认识。

3. 选酒的准备

（1）预订酒的准备。

（2）到达餐厅后选酒的准备。

（3）开餐前酒水的准备。

（4）酒水质量的检查。

（5）酒水的摆放位置。

4. 酒水温度的准备

（1）冰镇。

目的：提供酒水的最佳饮用温度。

啤酒最佳饮用温度为：4~8℃。

图 3-7

这些酒具你都了解吗?

图 3-8

白葡萄酒的最佳饮用温度：8~12℃。

香槟酒和有气葡萄酒：4~8℃。

冰镇方法：冰块冰镇法、冰箱冷藏法、溜杯。

（2）温烫（升温）。

目的：喝起来口感更好。

方法：水烫、烧煮、燃烧、注入。

## 二、示瓶

1. 正确选用开酒器

（1）专门开启木塞瓶的螺丝拔，也叫酒钻。

图 3-9

（2）专门开启瓶盖的扳手，也叫酒起子。

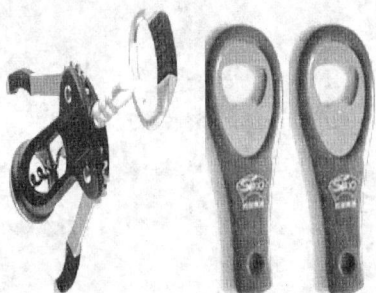

图 3-10

2. 开酒应具备的辅助用品

包括小钳子、小刀、盛装瓶塞瓶盖的盒子、垫酒瓶的巾布。

图 3-11

3. 开酒时间与开瓶后的清洁工作

（1）葡萄酒的开启。开启葡萄酒时一般要用专业的酒钻和酒刀，通常酒钻和酒刀是合二为一的。先用准备好的酒刀，切开酒瓶封口，揭去封口顶部的锡箔，并用干布将瓶口擦拭干净，然后将酒钻的螺丝锥对准瓶塞中心顺时针方向轻轻钻下去，直至将酒钻螺旋全部钻到斟入塞内，然后利用酒钻的起拔杠杆下压，使瓶塞升起直到拔出。瓶塞出瓶后，应放在骨碟上，呈送至客人面前，请检查瓶塞上的商标与贴纸内容是否一致。在整个开瓶过程中，动作要轻，以免因摇动酒瓶将瓶底的酒渣泛起，影响酒液的口味。

（2）香槟酒的开启。开启香槟时应注意瓶口朝上或稍加倾斜，切忌对准自己或客人。开瓶时，用右手削掉瓶封处的金属箔后，左手斜拿瓶颈处，大拇指压紧塞顶，呈45度角斜放，右手转动瓶封处的金属丝将其扭开，去掉金属丝后，拿一块干净的餐巾布紧压住瓶塞的上端，左手轻轻地转动酒瓶，在转动过程中，借助瓶内的压力将瓶塞慢慢顶出瓶口，当瓶塞离开瓶口时，会发出"嘭"的一声清脆的响声。瓶塞拔出后，要继续使酒瓶保持45度角，以防酒液从瓶内溢出。注意操作过程中应避免酒液喷射到自己或客人身上。

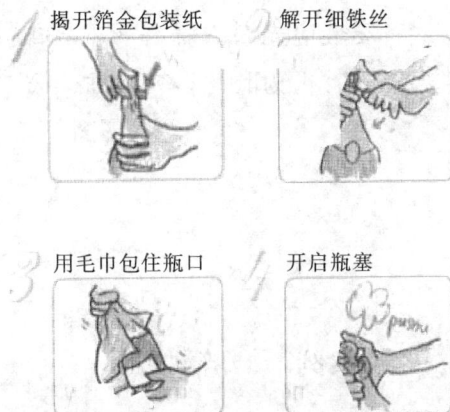

揭开箔金包装纸　解开细铁丝

用毛巾包住瓶口　开启瓶塞

**图 3-12**

### 三、斟酒

1. 斟酒的方法

（1）徒手斟酒：左手持布，右手握酒瓶，将酒水一次斟入客人的杯中，然后用左手布巾将瓶口擦拭干净。

（2）捧斟：位于客人的右后侧，右手握瓶，左手将客人酒杯握在手中，向杯中斟满酒后，再将装有酒水的酒杯放回原来位置。

（3）托盘斟酒：服务员将顾客选定的酒水、饮料放于托盘内，左手端托，右手根据顾客的需要选取酒水依次进行斟倒。

2. 斟酒的姿势与位置

（1）重心前移至右脚。

（2）右手持瓶靠近杯口，手臂自然弯曲。

（3）左手背于身后。

（4）快到位时旋转瓶口收酒，抬起小手臂。

3. 斟酒量的控制

（1）白酒 8 分满。

（2）红葡萄酒 1/2，白葡萄酒 2/3。

（3）香槟酒先斟 1/3，再斟 1/3。

（4）啤酒分两次倒，酒占 8 分，泡沫占 2 分。

4. 斟酒顺序

（1）中餐宴会斟酒时间及顺序。中餐宴会一般是从主宾位置开始、按顺时针方向进行斟酒服务，也可根据客人需要从年长者或女士开始斟倒。正式宴会一般提前五分钟，由服务员将烈性酒和葡萄酒斟倒好，当客人入座后再斟倒饮料。席间，客人喝到只剩 1/3 左右时，应及时斟酒。

（2）西餐宴会斟酒顺序。西餐用酒较多，较高级的宴会一般要用到7种酒左右。菜肴和酒水的搭配须按一定传统习惯。西餐宴会应先斟酒后上菜。斟酒顺序应从第一主宾开始，先斟女主宾，后斟男主宾然后为主人斟酒，再为其他客人斟酒，第一主宾一般位于主人的右首第一个座位。

## 案例分析

### 案例一　醉酒客人

万先生与几位老同学在餐厅就餐，大家都是同窗聊得起劲，万先生就不小心喝多了，向餐厅中另外一桌不认识的客人打招呼。为另外一桌的客人带来了困扰。

**案例分析：**

发现这种情况时，应装作故意上去撤食器、换烟缸和他说话，来打断喝酒的顾客的行为。如果有其他座位的话，可以让顾客移到其他座位去。然后向顾客道歉，并提供冰激凌、咖啡等作为免费服务请顾客接受。面对情节更为严重的醉酒客人，餐厅应为其上点儿清口、醒酒的食品，更加耐心细致地服务。通知主管、领班随时注意发生的问题，必要时通知保安。如有损坏酒店物品，应对其同桌的清醒者讲明要求赔偿。

### 案例二　服务员不小心碰倒了客人的酒具

王红是刚入职的新服务员，刚刚工作三天，对服务员工作还无法完全胜任。某日，在给客人上菜的过程中，不小心碰倒了客人的酒具。王红很是不好意思，一个劲儿向客人赔礼道歉，客人看在王红是新人并且道歉真诚，原谅了她。

**案例分析：**

当出现此类情况，服务员应向客人诚恳地道歉，立即把酒杯扶起，检查有无破损。如酒杯有破损，立即另换酒杯。如无破损，要迅速用一块干净餐巾铺在酒迹上，然后将酒杯放回原处，重新斟酒。

### 案例三　客人要向服务员敬酒

小李是某餐厅的服务员，工作两年，每个季度都被评为优秀服务员。在王先生给孙女举办的百日宴中，认真负责，服务工作做得非常到位。王先生对此很是感谢，要向小李敬酒。

**案例分析：**

首先，作为服务员，小李的服务得到了客人的认可，应该在第一时间向客人表示谢意。然后婉言向客人说明工作时间不允许喝酒，从而谢绝，同时主动地为其服务，如撤餐具、加茶水等，转移客人的注意力，不使其感到难堪。如确实难以推辞，应接过杯来，告知客人工作结束后再饮，然后换个酒杯斟满酒给客人，同时表示谢意。

# 案例四　客人要求以茶代酒

李明是一位新司机，刚刚拿到驾照，深知酒后驾车属于违法并伴随很大的危险性。因此，在与同事聚餐的酒桌上，李明一直主张以茶代酒，强调自己还要开车回家。但是同事们觉得他的行为很扫兴，很是不满。

**案例分析：**

对碍于情面，又酒量有限或不想喝酒的客人，在他们希望服务员提供以茶代酒的帮助时，应给予同情和支持，并不露痕迹地满足客人愿望。但若是以自己喝水来达到灌醉他人之目的者，则应婉拒并规劝。

# 案例五　对待饮酒呕吐的客人

客人心情不佳，在餐厅喝醉、呕吐的情况已经不再罕见。对此，服务员应该给予怎样的照顾呢？

**案例分析：**

面对此类客人，服务员应及时送上漱口水、湿毛巾。及时清理呕吐物，不可表示出厌恶的情绪。安抚客人并婉转地劝客人不要再继续饮酒。对待无法行走的客人要搀扶帮助。要态度温和、热情周到。尽量语言精练，服务快捷，最大限度地满足客人的需求。努力用自己的热情去影响客人的情绪。

# 案例六　开瓶费

今年六月，彭先生自广州到孝感考察投资事宜，受到有关方面和朋友的热情款待，在考察行将结束的时候，为答谢朋友，彭先生在某酒店设宴，饮用了自广州带来的广州名酒两瓶，结账时，小姐称本酒店有"谢绝自带酒水"的规定，并称对自带酒水用餐的消费者，酒店要收取30%的"开瓶费"。

**案例分析：**

在没有明示的情况下，餐厅经营者此举侵犯了消费者享有的自主选择商品或者服务的权利。《消费者权益保护法》第九条规定：消费者享有自主选择商品或者服务的权利，自主决定购买或者不购买任何一种商品，接受或者不接受任一项服务。酒店规定不能自带酒水，意思是消费者如要消费酒水，只能购买酒店里提供的酒水，而不能使用市场上购买的酒水，带有强制消费者购买该酒店商品的色彩，显然是与《消费者权益保护法》相违背的。经营者"谢绝消费者自带酒水"，主要是出于对食品卫生安全的考虑。因为在餐馆发生的一切食品卫生安全方面的问题，餐馆都应负全部责任。如果任由消费者自带酒水，餐馆将无法进行有效的卫生监督。一旦发生问题，责任难以界定。若餐饮企业将"谢绝自带酒水"的提示放在门口醒目位置，让消费者享有充分的知情权，在此前提下，消费者可以在两个方面体现自己的选择权：一是可以对餐饮企业自主选择，消费者可以选择允许自带酒水的餐馆，也可以选择不允许自带酒水的餐馆；二是可以对餐馆内提供的酒水等商品自主进行选择。当然，"谢绝"不等于"禁止"，在遇到特殊情况时，餐饮企业应该允许消费者与其协商（如遇婚丧喜事或有特殊意义的纪念日等），可以考虑允许消费者带上自己购买、保存或别人赠予的酒水前去就餐。餐饮企业同意消费者自带酒水、食品的，不得收取开瓶费等费用。也不能免除因自带酒水、食品引起的食品卫生责任。

## 案例七　免费的啤酒

小王和几个朋友到一家新开张的酒店吃饭，席间大家点好了菜，正要点酒水时，一旁的服务员告诉小王，酒店新开张吃饭点啤酒是免费的。小王和朋友一听感觉不错，也没多问直接叫服务员上了10瓶百威啤酒。酒足饭饱准备埋单时，他们发现自己点的百威啤酒也被归入饭钱里面。小王不解，叫来服务员询问，服务员说消费者点免费啤酒是应点酒店指定的一个牌子，而不是所有的啤酒，最终的解释权归酒店所有。

**案例分析：**

商家对消费者也有完全告知的义务。只要是商家没有尽到完全的告知义务，消费者没必要为自己不知情的消费埋单。此案件中，服务员并没有向客人解释清楚免费啤酒的种类导致客人的误会，餐厅应承担责任。

### 服务名言

做你所擅长的并且每天都要做得更好些。

### 职业能力训练

（1）实际动手体会以下三种酒水降温方法。一是将酒水放入冷藏箱内降温，以半小时左右为宜；二是用冰桶降温，即在冰桶内放入冰块，稍加些水，将需降温的酒水瓶插入冰桶；三是溜杯，服务员手持酒瓶的下部，杯中放入一块冰块，摇转杯子，以降低杯子的温度。

（2）到模拟餐厅，进行徒手斟酒和托盘斟酒练习。

### 观念应用训练

阅读资料，回答问题。

#### 别具一格的"五粮液"

1909 年，"利川永"烤酒作坊老板邓子均，采用高粱、大米、糯米、小麦、玉米五种粮食为原料，酿造出了香味醇浓的"杂粮酒"，送给当地团练局文书杨惠泉品尝，他认为此酒色、香、味均佳，又是用五种粮食酿造而成，使人闻名领味。从此，这种杂粮酒便以"五粮液"享誉世界，流芳至今。誉声中外、誉满神州的四川宜宾五粮液酒厂所产的交杯牌、五粮液牌五粮液（由"荔枝绿"——宜宾元曲而来），在中国浓香型酒中独树一帜，为四川省的"六朵金花"（泸州特曲、郎酒、剑南春、全兴大曲、五粮液、沱牌曲酒）之一。

五粮液酒的前身是"荔枝绿"，御用"杂粮酒"，它是由晚清举人杨惠泉所命名，而此前，它被老百姓叫作"杂粮酒"，在文人雅士中被称为"姚子雪曲"。

1909 年，宜宾众多社会名流、文人墨客会聚一堂。席间，"杂粮酒"一开，顿时满屋喷香，令人陶醉。这时晚清举人杨惠泉忽然间问道："这酒叫什么名字？""杂粮酒。"邓子均回答。"为何取此名？"杨惠泉又问。"因为它是由大米、糯米、小麦、玉米、高粱五种粮食之精华酿造的。"邓子均说。"如此佳酿，名为杂粮酒，似嫌似俗。此酒既然集五粮之精华而成玉液，何不更名为五粮液？"杨惠泉胸有成竹地说。"好，这个名字取得好。"众人纷纷拍案叫绝，"五粮液"就此诞生。

1929 年开始改名为"五粮液"。此酒沿用和发展了"荔枝绿"的特殊酿制工艺。因为使用原料品种之多，发酵窖池之老，更加形成了五粮液的喜人特色。它还兼备"荔枝绿"

"清而不薄"，"厚而不蚀，甘而不哕，辛而不螫"的优点。明末清初，宜宾共有4家槽坊，12个发酵地窖。到新中国成立前夕，已有德胜福、听月楼、利川永等14家酿酒糟坊，酿酒窖池增至125个。

1957年国营宜宾五粮液酒厂正式成立，厂房设在宜宾的翠屏山和真武山脚下。该厂在唐朝"重碧春"、宋朝"荔枝绿"和近代"杂粮酒"传统工艺的基础上，大胆创新，形成了酿造五粮液酒的一整套独特工艺。五粮液酒是选用优质大米、糯米、玉米、高粱、小麦五种粮食，巧妙配方酿制而成。它具有"香气悠久、滋味醇厚、入口甘美、落喉净爽、各味谐调、恰到好处"的独特风格，在大曲酒中以酒味全面著称。行业地位，五粮液在整个白酒行业中，名列第二。在2010年中国酒类流通协会、中华品牌战略研究院共同主办的"华樽杯"中国酒类品牌价值评定中，其品牌价值在200强中名列第二，仅次于茅台。

五粮液集团有限公司品牌五粮液在世界品牌价值实验室（World Brand Value Lab）编制的2012年度《中国品牌500强》排行榜中排名第19位，品牌价值685.92亿元。

问题：假如你是某酒店的酒水推销员，如何向客人推销五粮液？

## 👍 情景模拟训练

情景设定：

在模拟餐厅举办酒水知识大赛。

训练要求：

（1）所有同学必须参加。

（2）以答卷形式参加此次比赛。

（3）成绩最优者进行奖励。

## 🛴 知识拓展

### 世界十大顶级葡萄酒庄园

图3-13

1. 彼德鲁庄园(CHATEAU PETRUS)

位于法国波尔多的彼德鲁庄园由阿诺德（Arnaud）家族建立于19世纪。这里的葡萄享受着无微不至的呵护。所有的葡萄都在下午采摘，那时清晨的露珠才能全部蒸发，以保证不让葡萄汁的浓度有丝毫的稀释。这些非凡的古老葡萄树生长在肥沃的泥土里（相反，其他一些临近区域的土壤是沙砾或者泥沙的混合物），这是酿造Merlot（占彼德鲁庄园生产量的95%）的最理想土质。在葡萄树树龄达到70年之后才会被移植。在水泥的大桶里发酵后，上品的葡萄被换入新的橡木桶里存放22~28个月，而且每桶放入5个新鲜蛋白用于澄清酒水。彼德鲁庄园葡萄酒从不过滤，味道丰富而润口。

**图 3-14**

2. 罗曼尼·康帝（ROMANéE CONTI）

位于法国勃艮第Gevrey村庄和Vougeot村庄之间的这块土地，被称作罗曼尼·康帝庄园。初看时，这里没有任何特别之处。但早在15世纪，圣维维安（Saint-Viviant）修道士们就开始精心挑选他们的葡萄藤，建立了这座庄园。他们在葡萄树、土壤、天气、方位和水之间找到了一种微妙的平衡。传说一直到1945年，他们的种植方法依然是将优良的葡萄藤完全埋葬在土里，只在地表露出两个牙苗，让其完全生长。当葡萄园被翻修时，工人们发现了1米多深、错综复杂的根系，而正是这些让罗曼尼·康帝形成了它的别具一格。"我们是一些葡萄酒理念的守护者，关注每个细节的完美。"庄园的主人之一奥贝·德·维莱纳（Aubert de Vilaine）说道。

3. 奔富格兰奇（PENFOLDS GRANGE）

位于澳大利亚巴罗莎山谷（Barossa Valley）的格兰奇于20世纪50年代从简陋作坊起家，现在已是澳大利亚最具声望的红葡萄酒酒厂之一，它的国际知名度使每年的新酒出厂都成为全世界的期待。口感丰富、高浓缩、充满水果甜味的奔富格兰奇，不论产自哪一年度，都经过中长期的窖藏。这种口感丰富而令人陶醉的葡萄酒，永远诱惑着你的味觉。

图 3–15

图 3–16

**4. 贺兰酒庄（HARLAN ESTATE）**

贺兰酒庄位于美国加利福尼亚州纳帕谷（Napa Valley，California），创始人 H. 威廉·贺兰（H. William Harlan）有一点点野心，简单地说，他决心创造出加利福尼亚的"头品"（First Growth）。作为一位有着房地产和酒店经营丰富经验的企业家，贺兰深谙"位置"的重要性。他的那些地产就是 20 多年来对一流山地葡萄园的研究结果，它们位于著名的罗塞福—奥克维（Rutherford-Oakville）海滨之上，共陆续买进了 93 公顷。这块土地上布满了壮观的小橡树山和峡谷，现在只有 10% 的面积用来种植葡萄。

**5. 马尔卡森（MARCASSIN）**

1985 年，海伦·戴利（Helen Turley）和约翰·韦劳弗（John Wetlaufer）买下了位于美国加利福尼亚州索诺玛峡谷（Sonoma Valley，California）的这片 16 公顷的土地。1991 年的时候这里仅仅种植了 3.5 公顷的葡萄林。1996 年，他们产出第一批马尔卡森庄园葡萄酒：夏敦埃（Chardonnay）和黑皮诺（Pinot Noir）。它们都很出色，而后续品种的味道更加丰富。

图 3-17

从 1990 年开始，主人用这些索诺玛地区凉爽天气催生的葡萄，酿造出一系列的精美夏敦埃酒，它们的味道如此浓郁香醇。和植物打交道与管理一座葡萄园完全不同，你要掌控所有的种植和酿酒问题。

图 3-18

6. 戴利葡萄酒（TURLEY WINE CELLARS）

拉里·戴利（Larry Turley）一直追求着他的激情最爱：老藤金粉黛尔（Old-vine Zinfandel）和佩蒂·席拉（Petite Sirah），他称呼它们为"大红"，这个词语恰当地描绘了它醇厚的浓度。这种对于葡萄酒的热爱世代相传，他的姐妹海伦·戴利（Helen Turley）是一位葡萄酒师，经营着马尔卡森——加利福尼亚州夏敦埃酒最畅销的新品牌。49 岁的拉里·戴利长满胡子，是一位急诊室的内科医生，他一直钟爱加利福尼亚老藤金粉黛尔葡萄酒。

戴利的老藤葡萄园藏着一个惊人的数字，那就是这些老藤葡萄树很多都已百岁高龄。戴利相信越老的葡萄藤，味道越自然、和谐。相比之下，时间短的津芬德尔葡萄藤则可以获得较大的生产量。

图 3-19

### 7. 玛歌酒庄（CHATEAU MARGAUX）

法国波尔多的玛歌酒庄创建于 15 世纪。这里曾经是英格兰国王爱德华三世的豪宅，也是吉耶纳（Guyenne）地区最宏伟坚固的城堡之一。几个世纪以来，这里几易其主。1804年，La Colonilla 侯爵来到这里，将古老的哥特式住宅夷为平地，修建了今天我们看到的城堡。1977 年，Laura 和 André Mentzelopoulos 夫妇买下城堡，斥巨资兴建葡萄园并购买酿酒用具。Emile Peynaud 作为顾问留在这里监督酿酒过程。当时的评论认为，要等很长时间，这些改善的设施才能让这里的葡萄酒香飘万里。但 1978 年酿出的第一瓶葡萄酒就让人见识了玛歌酒庄的伟大之处。

图 3-20

### 8. 嘉莫斯—嘉本纳沙威浓（CAYMUS CABERNET SAUVIGNON）

嘉本纳沙威浓葡萄酒几乎一直是嘉莫斯酒庄的形象代表。在这个酿酒厂里，你随便打开一瓶 1974 年、1975 年或者 1976 年的葡萄酒，那里面仍会飘出新鲜水果的味道。

992 年的嘉本纳沙威浓葡萄酒，有着烤橡木和黑茶藨子的浓郁香味。它所具有的成熟、浓郁、醇厚和丰富的味道十分贴近人们的口感。"嘉莫斯特别精选"是加利福尼亚州嘉本纳沙威浓葡萄酒最负盛名的几个品种之一。

图 3-21

### 9. 马丁南尼（MARTINELLI）

在俄罗斯河谷（Russian River Valley）的所有庄园主里面，马丁南尼（Martinelli）家族一直声名显赫。他们拥有达 142 公顷的葡萄园，同时为其他顶级葡萄酒生产商提供上等原料。几年前，史蒂夫·马丁南尼（Steve Martinelli）开始自行灌装 4000 多桶不朽之作，虽然相对于马丁南尼葡萄园的总产量，这不过是很小的比例。但是他们却有着挑选最好葡萄原料的绝对权力。因为从 1993 年开始，在顾问和酿酒师海伦·戴利的帮助下，马丁南尼采用无过滤技术灌装了所有的马丁南尼葡萄酒，其结果是它们成为加利福尼亚州味道最丰富、最令人激动的葡萄酒品牌。

图 3-22

### 10. 狄康堡（CHATEAU D YQUEM）

法国波尔多的狄康堡属于 Grand Premier Cru 。它来自波尔多南部的苏特恩地区。在 1855 年的"波尔多葡萄酒官方等级"（Bordeaux Wine Official Classification）评定中，狄康堡是苏特恩地区唯一获此殊荣的葡萄酒，表明了人们对其优良品质的认可。狄康堡葡萄酒具备浓郁、醇厚带有甜味的特性。每一枝狄康堡葡萄藤仅仅生产一杯葡萄酒。

**基础知识训练**

**一、选择题**

1. 白葡萄酒饮用最佳温度为（　　），啤酒的饮用温度为（　　），香槟和有气葡萄酒饮用温度为（　　）。

A. 4~8℃；4~8℃；4~8℃

B. 8~12℃；4~8℃；4~8℃

C. 8~12℃；8~12℃；4~8℃

D. 4~8℃；4~8℃；8~12℃

2. 一般都需要升温的一组酒水是（　　）。

A. 啤酒、红酒、葡萄酒、鸡尾酒

B. 白酒、啤酒、葡萄酒

C. 白酒、米酒、黄酒

D. 鸡尾酒、黄酒、葡萄酒、啤酒

**二、填空题**

1. 西餐宴席用酒较多，斟酒时，则先斟_____，后斟_____。

2. 中餐常用酒水——白酒、红酒、啤酒均斟____分满，以示对宾客的尊重；西餐斟酒，一般红葡萄酒斟至杯的____，白葡萄酒斟至____，白兰地酒斟至酒杯容量的____。斟香槟时，分两次进行，先斟至杯的____，待泡沫平息后，再斟至杯的____。中西餐饮料均斟____满。

**三、简答题**

如何识别假酒？

# 任务 3 席间服务

## 任务目标

通过本次任务实训，让学生了解席间服务在整个餐厅服务中的地位，并了解处理突发事件的基本原则与标准，了解席间服务的操作技巧，懂得如何处理客人投诉等问题，如何撤换餐具，培养学生的观察力与沟通能力。

### 项目任务书

| 任务名称 | 席间服务 | 任务编号 | | 时间要求 | |
|---|---|---|---|---|---|
| 训练要求 | 了解骨碟的作用和使用方法；掌握撤换骨碟的技巧；了解小香巾的作用；学习为客上小香巾的服务 | | | | |
| 培养能力 | 掌握撤换骨碟的能力；掌握为客人上小香巾的技能 | | | | |
| 涉及知识 | 骨碟介绍、骨碟作用、小香巾的作用 | | | | |
| 教学地点 | 教室、机房、模拟餐厅 | 参考资料 | | | |
| 教学设备 | 投影设备、投影幕布、可联网的电脑 | | | | |
| 训练内容 | | | | | |
| 1. 观察老师的动作示范技巧<br>2. 观看席间服务相关视频<br>3. 撤换骨碟技能实训<br>4. 为客上小香巾的服务技能 | | | | | |
| 实训成果评价标准 | | | | | |
| 1. 撤盘服务等席间服务的动作娴熟、准确、规范<br>2. 小香巾的服务技能娴熟、准确<br>3. 能灵活为客人提供熟练而准确的就餐服务 | | | | | |

## 引导案例

一家五星级宾馆的中餐厅迎来了 12 位客人，服务员很快上前招待这些客人。客人入座后询问服务员菜品是怎么卖的，服务员礼貌地答道："我们的菜品是按例份来销售的，一般一个例份的菜品适合 4~6 人食用，你们是 12 人，可能要加一些菜了。"客人想了想说："那你认为我们要多少菜合适呢？"服务员答道："估计要三个例份的菜才够吧。"客人也没有再多问，就答应了。席间服务员的服务热情、规范，菜品的口味也不错，分量也足够，客人吃得比较满意，但是当他们结账时，问题出现了，客人问道："为什么价格多出了那么多？"服务员解释道："因为给你们上的是三个例份的菜品，所以价钱也要算三份的。"客人听后非常生气，认为服务员一开始就没有给他们说清楚，觉得这个钱花得有些不明不白，拒绝付那多出来的两倍的价钱。

这时，中餐部经理已听见客人的吵闹声，赶紧走了过来，了解了一下情况，然后面带微笑地与客人进行沟通。经理真诚地代表部门向客人道歉，表示这是员工一时大意，没有向客人说清楚情况，使得客人产生了误会。经理决定客人只付一份例份的价钱，其余部分由中餐部承担。客人听到经理的处理决定后解释道："既然我们选择到五星级酒店消费，也就不是承受不了价格，只是觉得服务员在服务之前没有把收费标准讲清楚，消费后才知道，就有一种受骗的感觉。"经理表示完全理解，并强调都是员工的错，并再次向客人道歉。最后，由于经理的诚恳打动了客人，客人还是把账全部结清了。

**思考：**以上案例体现了席间服务哪些注意事项？

### 知识点

### 一、中餐撤换餐用具的服务技能

**1. 撤换骨碟**

如果宴会规格、档次较高，应该是每上一道菜就撤换一次骨碟，以示宴会档次，一般宴会撤换骨碟的次数不少于 3 次，通常在以下七种情况下需撤换骨碟：

（1）吃完浓汁浓味的菜品时，需要撤换骨碟，以防与下一道菜串味，影响宾客食欲。

（2）吃完带骨、刺、壳的菜品后，如杂物太多需要及时更换骨碟。

（3）吃甜、咸交叉的菜品时，为了保持食品的原味，需要为宾客撤换骨碟。

（4）上翅、羹或汤之前，上一套小汤碗，待客人吃完后，送上毛巾，收回汤碗，换上干净的骨碟。

（5）上水果前，换上干净餐碟和水果刀叉。

（6）骨碟内洒落酒水、饮料或异物时要及时更换。

（7）客人失误，将餐具跌落到地上时，要立即更换。

**2. 撤换汤碗、汤勺**

盛过汤的汤碗，碗内难免留下一定的汤汁，为了避免两味混合，影响原汤的口味，故用完第一道汤菜后需换一套干净的汤碗、汤勺。

**3. 撤换菜盘**

客人就餐时，服务员要注意观察动态，当客人食用完一道菜品后，应先征求客人的意见，待得到肯定的答复后才能撤换。如有多道菜，当菜盘还有少量余菜时，可将大菜盘换成小菜盘。

**4. 撤换酒具**

宴席进行中，如客人提出更换酒水、饮料时，要及时更换酒具。客人酒杯中洒落汤汁、异物时要及时更换酒具。客人的酒具被打碎或掉在地上应及时更换。

5. 撤换烟灰缸

高档宴会中发现烟灰缸内有两支以上烟蒂或杂物，应立即撤换；在零餐和一般宴会中，烟灰缸内不超过 5 支烟蒂。

6. 送换香巾

中餐服务通常在以下几种情况下送换香巾：客人到时要递香巾；上汤后要更换香巾；上炒饭后要更换香巾；上虾蟹等需用手剥食的菜时要更换香巾；上水果前后要更换香巾；客人中途离席回来后要更换香巾；客人用餐结账后要更换香巾。

## 二、撤换餐用具准备工作

（1）准备好撤换餐具使用的托盘，撤换香巾时使用的香巾夹。

（2）将备餐台腾出一定的位置，以便放置撤出的餐具等席间用品。

（3）准备好撤换后将要使用的餐用具。

## 三、撤换餐用具操作流程（见表 3-3）

表 3-3

| | |
|---|---|
| 1. 撤换骨碟、汤碗、汤勺 | （1）撤换方法<br>①服务员要把干净的骨碟、汤碗、汤勺放在托盘的一侧，左手托盘，右手从宾客的右侧撤换餐具<br>②从主宾开始，先将用过的餐具撤下放在托盘的另一侧，然后为宾客摆上干净的餐具，按顺时针方向依次进行<br>（2）要点提示<br>在撤换时，注意将干净的和用过的餐具严格分开，以免交叉污染 |
| 2. 撤换菜盘 | （1）撤换方法<br>撤换菜盘时，服务员站在副主人的右侧，右脚在前，左脚在后，用右手撤下菜盘<br>（2）要点提示<br>撤换菜盘时注意不要将汤汁滴洒在宾客身上或台面上，动作要轻、要稳 |
| 3. 撤换酒具 | （1）撤换方法<br>①服务员先把干净的酒具放在托盘的一侧，左手托盘，右手从宾客的右侧撤换酒具<br>②从客人右侧开始，先将用过的酒具撤下放在托盘的另一侧，然后为宾客放上干净的酒具，按顺时针方向依次进行<br>（2）要点提示<br>撤换酒具时，注意将干净的和用过的酒具严格分开，以免交叉污染。操作时不得将酒杯相互碰撞，以免发出声响，打扰客人 |
| 4. 撤换烟灰缸 | （1）撤换方法<br>服务员把干净的烟灰缸叠放在用过的烟灰缸上，将两只烟灰缸一起拿到托盘内，再将干净的烟灰缸摆放到原位<br>（2）要点提示<br>撤换烟灰缸时，以不打扰宾客为宜，动作要轻快。同时要防止烟灰到处飞 |
| 5. 撤换香巾 | （1）撤换方法<br>①服务员将消毒后的香巾用香巾夹夹放在香巾架内，摆放在托盘里<br>②服务员左手端托盘，右手将香巾架放在宾客右侧，由宾客自取。也可将香巾夹放在垫碟内，服务员用香巾夹直接夹给客人<br>（2）要点提示<br>递送香巾时，应注意不要用手直接取送 |

| | |
|---|---|
| 6. 更换台布 | （1）更换方法<br>①将脏台布的半面卷起露出餐桌，再将台面上的用品移到露出的餐桌上<br>②将脏台布的另一半面卷起撤下，撤时注意不要将杂物撤在座位或地面上<br>③在未放用品的桌面上铺上干净的台布，铺时注意折缝与桌中线吻合，再将用品移到干净的台布上<br>④将未铺布的桌面全部铺上台布<br>（2）要点提示<br>①注意台布四周下垂均匀，符合规范<br>②将台面用品按规定摆放好 |

**案例分析**

### 案例一  吃不下饭菜的老先生

某晚，餐厅包间内一席普通的家宴正在进行，在祥和的用餐氛围中。服务员小李看到老先生不停地用小勺翻搅着碗中的稀饭，对着鸡鸭鱼肉直摇头。这是怎么回事呢？是我们饭菜做得不合口味？不对呀，其他人不正吃得津津有味吗？小李灵机一动，到后厨为老先生端上了一碟小菜——榨菜丝。当小李将榨菜丝端上桌后，老先生眼前一亮，对着小李不停地称赞："小姑娘，你可真细心，能够看出我对咸菜感兴趣，不简单。"老先生的老伴连忙说："这里的服务与其他地方就是不一样，我们没说到的小姑娘们都能想到、做到，以后有时间我们要经常到这里来。"

**案例分析：**

在对客人服务中，小李为客人提供了满意的服务，给他们无微不至的关心，让他们感到在酒店与在家一样方便。因此我们需要时时注意客人的用餐情况，把事情做到在客人开口之前，为客人提供"满意+惊喜"的服务，这是持续改进服务质量的根本。

### 案例二  打包给错了

圣诞节，在一家五星级酒店里，实习生小红受到8号台客人的投诉："打包给错了。"接到客人的投诉，小红回忆起当时的情景。8号台和10号台同时要求打包，一个打包的是锦绣师斑鱼和粽子；一个打包松鼠鲤鱼和虾饺。小红正在分别打包的时候，就听到12号台的客人叫服务员要求服务。小红暂且把正在打包的食品放下，去为12号客人服务，服务完后小红马上回来把这两份包打好，分别交给了8号和10号台的客人。结果打包给错了，因而被客人投诉。

**案例分析：**

第一，"打包"就是服务员为就餐客人把吃不完的菜点包装好，方便客人带回家的一项服务。这项服务既节约又方便周到。第二，本例中的小红由于粗心大意，将为 8 号台与 10 号台打错了包，结果使两桌客人都带走了别人吃剩下的食品。8 号台客人投诉了，10 号台客人自认倒霉。这给错的食品，都会被客人扔掉，造成很大的浪费，给客人带来损失，还破坏了客人的欢乐心情。小红的打包服务反而给客人带来了麻烦。这种事发生在五星级酒店是很严重的问题，势必影响酒店的声誉。第三，就餐客人多，工作繁忙，12 号台客人要求服务，小红立即前去服务，同时热情为客人打包都是服务意识较强的表现。如果小红在为其他客人服务完后，再仔细地查看一下为两个台打包给的是否正确，就不会在打包这件小事上出问题了。可见，认真细致的工作作风对服务员来说是多么重要。

## 案例三　醉汉

一个醉汉到餐厅来，坐在座位上，姿势不雅，把脚放在桌子上，还叫服务员把经理找来！你作为餐厅经理出面，他却说要找你借钱，没有原因，就是他这几天没钱用了，想找你借点！你怎么办？

**案例分析：**

这件事比较难处理，搞不好会使事件升级为暴力事件，先请其到角落僻静处安座，再晓之以理，不行则暂时稳住他，让保安监视，呼 110 处理。

## 案例四　"上帝"身边的"小皇帝"

某饭店零点餐厅正开午餐，一位老先生带着全家老小来到餐厅用餐。迎宾员热情迎接并把他们引到服务员小周负责的区域。上菜时，由于客人较多，坐得很稠密，小周看两个孩子之间空位较大，就选择这个位置上菜。当时女主人就有些不高兴，说了句："你不能从别的地方上菜啊？"小周忙说，对不起。过了一会，传菜员看小周正忙，就直接帮他上菜，无意中又选择了孩子之间的位置。这时女主人可就生气了：不是给你们说了，怎么还在孩子那上菜？烫着孩子你们负责啊？小周知道后马上道歉，说这是自己的过失，马上改为在其他空位上菜，并送给小朋友小礼物，小朋友很高兴，大人们也就不计较了。

**案例分析：**

孩子是现代家庭的重心，上了年纪的人只要看到儿孙的笑容，就会感到无比幸福，对小辈人更是加倍疼爱。服务员接待带孩子的宾客时，要掌握儿童就餐中的特性。儿童好动，看到他们喜爱的食物饮料往往会大喊大叫，手舞足蹈，不高兴又要乱动乱跑，这些都是随时会发生的。在儿童中间上菜，随时会碰翻菜肴汤水，导致烫伤孩子，后果不堪设想。因此，在服务中上菜时要避开儿童，不要忽视"上帝"身边的"小皇帝"。

## 案例五　鱼翅

梁先生是一家高档餐厅的经营者，他说："我几十年碰到的客人数不胜数，真正不友好，带有敌意的客人只是极少数的。其中有一类客人的挑剔，是为了刻意显示出他们富商大贾之气派和地位。"

之前一位阔商请几位男女宾客共进晚餐。服务员端上鱼翅羹，每人一份。主人吃了一口，大表不满："我吃过上百次鱼翅了，你们的鱼翅做得不好，僵硬，不爽。去问问你们厨师是怎么做的!"服务员二话没说，答应去问。出去后，悄悄告知经理。餐厅经理走了过来，笑容可掬，故意放大音量说："老板真不愧是吃鱼翅的行家。今天的鱼翅在泡发和火工上确实稍缺一点点时间，这点小差别，您一口就尝出来，不愧为美食行家。"餐饮经理招手把服务员叫了过来，站到了阔商旁边又接着说："鱼翅不满意，老板您看，是换，还是取消? 取消的话，损失当然我们承担，您不用支付分文。""算了，算了。这次就算了，以后要注意质量。你们蒙混别人可以，骗我是骗不过去的。"阔商还要借机炫耀一下自己。餐饮经理不愧经验丰富，进一步"欲擒故纵"。"老板，感谢您宽宏大量，我看就打八折吧。为了保证质量，我叫厨师也出来向你们道歉，并扣他当月工资"。这时阔商又开始显示他的大度和阔气了。阔商说："难道我就要省这20%的钱吗? 老实告诉你，再多10倍的钱我也不在乎! 厨师一个月赚不了多少钱，不能为这区区小事扣他的钱嘛!"

**案例分析：**

餐饮经理的一席话，句句扣住了阔商的心理。他抓住了两点。一方面经理不做任何调查研究先把阔商捧到天上，将责任全部归于店方，给阔商以足够的面子，既突出了对他主人地位的尊重，又烘托了他美食家的身份。客人心理得到了超期望的满足。另一方面，使用了"欲擒故纵"的手法，退还是换（"换"也是扔掉），鱼翅这类高档菜肴的损失价值是很大的。但既然心理得到了满足，这类阔商就不仅不会斤斤计较，反而要借机显示自己的大度。情形果然不出所料。至此，矛盾已有了很大的缓和。但在这种情形下，不要急于向客人结账，而应留给客人一段平静过渡的时间；或是让他有一个在赴宴客人面前吹嘘的机会。有条件的话，还可免费赠送一盘水果致歉。

**服务名言**

一个能从客人的观念来看事情，能了解客人心理活动的服务人员永远不必为自己的前途担忧。

**职业能力训练**

（1）观看撤换骨碟、撤换酒具服务规范相关视频，谈一谈操作技巧与注意事项。

（2）酒店现场实习，实地观看酒店服务员送换香巾、餐巾工作。

（3）完成10人席位的撤换骨碟服务，并注意服务时的面部表情与敬语使用。

（4）模拟中餐厅分菜服务。

**观念应用训练**

阅读资料，回答问题。

图3-23

四川海底捞餐饮股份有限公司成立于1994年，是一家以经营川味火锅为主，融汇各地火锅特色于一体的大型跨省直营餐饮民营企业。公司始终秉承"服务至上、顾客至上"的理念，以创新为核心，改变传统的标准化、单一化的服务，提倡个性化的特色服务，致力于为顾客提供愉悦的用餐服务；在管理上，倡导双手改变命运的价值观，为员工创建公平公正的工作环境，实施人性化和亲情化的管理模式，提升员工价值。

19年来，公司已在简阳、北京、上海、西安、郑州、天津、南京、杭州、深圳、厦门、广州等全国21个城市拥有91家直营餐厅，并在新加坡、美国拥有海外直营店，员工近2万人。现有四个大型现代化物流配送基地，分别设立在北京、上海、西安和郑州，以"采购规模化、生产机械化、仓储标准化、配送现代化"为宗旨，形成了集采购、加工、仓储、配送为一体的大型物流供应体系。位于成都的原料生产基地，其产品已通过 HACCP 认证、QS 认证和 ISO 国际质量管理体系认证。坚持"无公害，一次性"的选料和底料熬制原则，严把原料关、配料关。

公司发展至今，已成为海内外瞩目的品牌企业。中央电视台二套《财富故事会》和《商道》曾两次对"海底捞"进行专题报道；湖南卫视、北京卫视、上海东方卫视、深圳卫视等电视媒体多次进行报道；美国、英国、日本、韩国、德国、西班牙等多国主流媒体亦有相关报道。

19 年来历经市场和顾客的检验，成功地打造出信誉度高，颇具四川火锅特色，融会巴蜀餐饮文化"蜀地、蜀风"浓郁的优质火锅品牌。

海底捞虽然是一家火锅店，它的核心业务却不是餐饮，而是服务。在将员工的主观能动性发挥到极致的情况下，"海底捞特色"日益丰富。2004 年 7 月，海底捞进军北京，开始了一场对传统的标准化、单一化服务的颠覆革命。

在海底捞，顾客能真正找到"上帝的感觉"，甚至会觉得"不好意思"。甚至有食客点评，"现在都是平等社会了，让人很不习惯。"但他们不得不承认，海底捞的服务已经征服了绝大多数的火锅爱好者，顾客会乐此不疲地将在海底捞的就餐经历和心情发布在网上，越来越多的人被吸引到海底捞，一种类似于"病毒传播"的效应就此显现。

如果是在饭店，几乎每家海底捞都是一样的情形：等位区里人声鼎沸，等待的人数几乎与就餐的相同。这就是传说中的海底捞等位场景。

等待，原本是一个痛苦的过程，海底捞却把这变成了一种愉悦：手持号码等待就餐的顾客一边观望屏幕上打出的座位信息，一边接过免费的水果、饮料、零食；如果是一大帮朋友在等待，服务员还会主动送上扑克牌、跳棋之类的桌面游戏供大家打发时间；或者趁等位的时间到餐厅上网区浏览网页；还可以来个免费的美甲、擦皮鞋。

即使是提供的免费服务，海底捞一样不曾含糊。一名食客曾讲述她的经历：在大家等待美甲的时候，一个女孩不停地更换指甲颜色，反复地折腾了大概 5 次。一旁的其他顾客都看不下去了，为其服务的阿姨依旧耐心十足。

待客人坐定点餐时，围裙、热毛巾已经一一奉送到眼前了。服务员还会细心地为长发的女士递上皮筋和发夹，以免头发垂落到食物里；戴眼镜的客人则会得到擦镜布，以免热气模糊镜片；服务员看到你把手机放在台面上，会不声不响地拿来小塑料袋装好，以防油腻……

每隔 15 分钟，就会有服务员主动更换你面前的热毛巾；如果你带了小孩子，服务员还会帮你喂孩子吃饭，陪他们在儿童天地做游戏；抽烟的人，他们会给你一个烟嘴，并告知烟焦油有害健康；为了消除口味，海底捞在卫生间中准备了牙膏、牙刷，甚至护肤品；过生日的客人，还会意外得到一些小礼物……如果你点的菜太多，服务员会善意地提醒你已经够吃；随行的人数较少，他们还会建议你点半份。

餐后，服务员马上送上口香糖，往外走的路上所有服务员都会向你微笑道别。一个流传甚广的故事是，一位顾客结完账，临走时随口问了一句："怎么没有冰激凌？" 5分钟后，服务员拿着"可爱多"气喘吁吁地跑回来："让你们久等了，这是刚从超市买来的。"

"只打了一个喷嚏，服务员就吩咐厨房做了碗姜汤送来，把我们给感动坏了。"很多顾客都曾有过类似的经历。孕妇会得到海底捞的服务员特意赠送的泡菜，分量还不小；如果某位顾客特别喜欢店内的免费食物，服务员也会单独打包一份让其带走……这就是海底捞的粉丝们所享受的，"花便宜的钱买到星级服务"的全过程。毫无疑问，这样贴身又贴心的"超级服务"，经常会让人流连忘返，一次又一次不自觉地走向这家餐厅。

问题：请分析海底捞的服务原则以及打动顾客的原因。

## 情景模拟训练

**情景设定：**

根据你对海底捞服务的了解，假设自己现在是一名已经通过海底捞公司员工培训的正式上岗员工，你的工作是为客人提供湿巾（冷湿巾、热湿巾）。

**训练要求：**

模拟此项训练任务，注意提供湿巾的服务技巧，向客人询问技巧，服务过程中面带微笑。

## 知识拓展

# 名菜介绍

图3-24

## 一、佛跳墙

佛跳墙原名"福寿全"，光绪二十五年（1899年），福州官钱局一官员宴请福建布政使周莲，他为巴结周莲，令内眷亲自主厨，用绍兴酒坛装鸡、鸭、羊肉、猪肚、鸽蛋及海产品等10多种原、辅料，煨制而成，取名"福寿全"。周莲尝后，赞不绝口。问及菜名，该官员说该菜取"吉祥如意、福寿双全"之意，名"福寿全"。由于"佛跳墙"是把几十种原料煨于一坛，既有共同的荤味，又保持各自的特色。吃起来软嫩柔润，浓郁荤香，荤而不腻；各料互为渗透，味中有味。同时营养价值极高，具有补气养血、清肺润肠、防治虚寒等功效。上席时如配以蓑衣萝卜（白萝卜切成的丝）一碟、油芥辣一碟、火腿拌豆芽心一碟、冬菇炒豆苗一碟，再用银丝卷、芝麻烧饼佐食，更是妙不可言，其味无穷。

图 3-25

## 二、东坡肉

东坡肉是杭州名菜，用猪肉炖制而成。其色、香、味俱佳，深受人们喜爱。慢火、少水、多酒是制作这道菜的诀窍。一般是一块约二寸许的方正形猪肉，一半为肥肉，一半为瘦肉，入口香糯、肥而不腻，带有酒香，色泽红亮，味醇汁浓，酥烂而形不碎，十分美味。菜品中的主料为猪肉，含有丰富的优质蛋白质和必需的脂肪酸，并提供血红素（有机铁）和促进铁吸收的半胱氨酸，能改善缺铁性贫血；具有补肾养血，滋阴润燥的功效；但由于猪肉中胆固醇含量偏高，故肥胖人群及血脂较高者不宜多食。肥肉中的脑磷脂与不饱和脂肪酸，是一种重要的健脑补脑物质。肥肉能强身健体，没有脂肪食物，人体内必需的维生素A、维生素D等脂溶性维生素（维生素食品）就无法吸收和利用。

## 三、西湖醋鱼

"西湖醋鱼"是浙江杭州传统汉族风味名菜，属浙菜系。其年代可追溯到宋朝，可谓是历史悠久。此道菜选用西湖草鱼做原料，烹制前一般先要在鱼笼中饿养一两天，使其排泄肠内杂物，除去泥土味。烹制时火候要求非常严格，仅能用三四分钟烧得恰到好处。烧好后，再浇上一层平滑油亮的糖醋，胸鳍竖起，鱼肉嫩美，带有蟹味，味道鲜嫩酸甜，别具特色。草鱼含有丰富的不饱和脂肪酸，对血液循环有利，是心血管病人的良好食物；草鱼

图 3-26

含有丰富的硒元素，经常食用有抗衰老、养颜的功效，而且对肿瘤也有一定的防治作用；并具有暖胃和中、平肝祛风、治痹、截疟、益肠明眼目的功效，主治虚劳、风虚头痛、肝阳上亢、高血压、头痛、久疟。

图 3-27

## 四、麻婆豆腐

麻婆豆腐是四川省汉族名菜之一，中国八大菜系之一的川菜中的名品。主要原料由豆腐构成，材料主要有豆腐、牛肉碎（也可以用猪肉）、辣椒和花椒等。麻来自花椒，辣来自辣椒，这道菜突出了川菜"麻辣"的特色。此菜大约在清朝同治初年（1874年以后），由成都市北郊万福桥一家名为"陈兴盛饭铺"的小饭店老板娘陈刘氏所创。因为陈刘氏脸上有麻点，人称陈麻婆，她发明的烧豆腐就被称为"陈麻婆豆腐"。麻婆豆腐的特色在于麻、辣、烫、香、酥、嫩、鲜、活八字，陈家店铺称之为八字箴言。豆腐在起锅时，要撒上适量的花椒末。花椒要用汉源进贡朝廷的贡椒，麻味醇正，沁人心脾。如若别地花椒，麻味卡喉，令人气紧，谁还会有食欲，谁敢再夹豆腐？20世纪30年代初，军阀割据混战，汉源花椒告罄，店铺除向外县重价购买汉椒外，还在铺门贴出告示声明无上好花椒，麻婆豆腐宁停不卖。这一坦白经营做法，在同业中传为美谈。

图 3-28

## 五、水煮鱼

"水煮鱼"（Fish Filets in Hot Chili Oil），又称"江水煮江鱼"，系重庆渝北风味。看似原始的做法，实际做工考究，选新鲜生猛活鱼，又充分发挥辣椒御寒、益气养血功效，烹调出来的肉质一点也不会变韧，口感滑嫩，油而不腻。既去除了鱼的腥味，又保持了鱼的鲜嫩。满目的辣椒红亮养眼，辣而不燥，麻而不苦。"麻上头，辣过瘾"，让水煮鱼在全国流行得一塌糊涂。水煮鱼是麻辣诱惑的看家菜，肉鲜味美，备受青睐。而水煮鱼味道的好坏关键正是取决于麻椒、辣椒等原料的质量。麻辣诱惑水煮鱼用的是一种俗称为"子弹头"的干红辣椒。它产于山城重庆，是立秋前后采集的鲜品干制而成的，此时的辣椒身长、肉厚、色鲜、籽少，辣味正并带甜，质量佳，煮在高温的红油之中不会变黑发焦。而与之搭配的麻椒则更为讲究，只有贵州出产的麻椒才能熬出那种特殊的麻味。此种麻椒的果皮具有特殊的香气和强烈持久的麻味。

**基础知识训练**

**一、填空题**

1. 如果宴会规格、档次较高，应该是每上一道菜就撤换一次骨碟，以示宴会档次，一般宴会撤换骨碟的次数不少于_____。

2. 撤换骨碟：从主宾开始，先将用过的餐具撤下放在托盘的另一侧，然后为宾客摆上干净的餐具，按_____方向依次进行。

3. 撤换香巾：服务员_____端托盘，_____将香巾架放在宾客_____，由宾客自取。也可将香巾夹放在垫碟内，服务员用香巾夹直接夹给客人。

**二、简答题**

1. 分菜有哪些基本要求和办法？

2. 更换台布的方法是什么？

3. 如何正确撤换酒具？

# 项目四

# 餐后服务技能实训

餐厅餐中服务时的餐具收撤及餐后收台工作是餐厅服务工作的重要组成部分，也是餐厅服务水平高低、餐厅服务素质好坏的重要表现。餐厅服务员在餐中巡台服务时不失时机地对顾客餐桌上的空盘等餐具进行收撤，不仅能够"分摊"餐后收台工作的压力，还可以利用餐中餐具收撤的时机，了解和收集顾客的消费意见等信息，拉近与餐厅顾客之间的距离，增进与顾客的感情交流。

餐厅餐后收台工作的效率关系到餐厅顾客等位时间的长短，会对餐厅翻台率的高低产生直接的影响；而餐厅服务员对餐后收台工作的技巧细节的把握，则会对餐厅各部门的工作开展产生连锁反应；最后餐后收台工作的视觉美感则会对顾客的感受和满意度产生一定的影响。如何把握好餐后收台工作的这三个要点，对餐厅服务员来说的确是一种挑战。

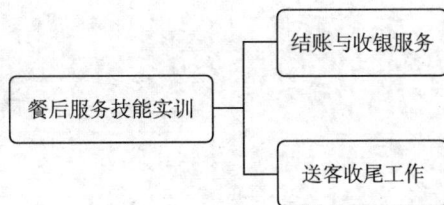

**项目导图**

```
                              ┌─── 结账与收银服务
餐后服务技能实训 ──────┤
                              └─── 送客收尾工作
```

**图 4-1 餐后服务技能实训**

**学习目标**

知识目标
1. 了解结账的种类、结账的程序及要求
2. 熟悉做到文明收尾、速度第一的准则

3. 熟悉餐厅突发事件的处理方法

4. 了解客人投诉的原因及投诉的类型，掌握处理投诉的原则

## 技能目标

1. 熟练地为客人提供结账服务

2. 掌握几种结账方式，在送客服务中做到礼貌、耐心周全

3. 能够在不影响其他就餐客人的前提下收拾餐具、整理餐桌并重新摆台

4. 注意观察客人，了解顾客投诉的动机，掌握处理投诉的主要程序

# 任务1 结账与收银服务

## 任务目标

通过对收银服务基础知识的讲解和操作技能的训练，使学生了解收银服务的基本要求，掌握收银技能的操作程序与标准和服务技巧，达到操作规范、熟练要求，能在实际工作中应用自如。

### 项目任务书

| 任务名称 | 结账与收银服务 | 任务编号 | | 时间要求 | |
|---|---|---|---|---|---|
| 训练要求 | 明确收银员的岗位职责；了解并掌握收银工作的操作规范与详细过程；在实际操作中运用自如 | | | | |
| 培养能力 | 掌握收银员的岗位职责；工作中遵守收银人员的工作规范 | | | | |
| 涉及知识 | 收银员的岗位职责；收银人员的工作规范；餐厅收银员工作流程：班前准备工作、餐厅收银、当班结束工作 | | | | |
| 教学地点 | 教室、机房、模拟餐厅 | 参考资料 | | | |
| 教学设备 | 投影设备、投影幕布、可联网电脑、板书工具、收音机 | | | | |
| 训练内容 | | | | | |

1. 收银工作步骤
2. 模拟餐厅收银员的工作流程
3. 了解现金结账、信用卡结账、支票结账三种主要结账方式

实训成果评价标准

1. 了解结账与收银的程序及操作规范
2. 掌握各种类型结账的服务流程及标准
3. 能够为客人提供熟练、准确的餐后服务的能力

## 引导案例

某日，一位客人就餐后来到收银台结账，当他看到账单上的总金额时火冒三丈，他说："你们真是乱收费，我不可能有这么多的消费！"收银员面带微笑地回答说："对不起，先生，我们一起核对账单好吗？"客人没有表示异议，于是客人与收银员一起就账单上的项目——核对，其间，那位收银员对几笔大的金额，如五粮液、海天大鲍翅等作了口头提醒。等账单核对完毕，收银员很有礼貌地说："先生，还有不清楚的地方吗？"此时，客人知道自己错了，便一边掏钱一边笑着说道："小姐，埋单！"

收银点是个非常"敏感"的地方，最容易引起客人发火，由于客人用餐时容易忽视所点菜肴和酒水价格，当他看到账单上的金额时往往会大吃一惊，觉得自己并没有消费那么多，就会责怪收银员算错账了，结果把火气发泄到收银员身上，这时收银员就必须耐心与客人核对账

单，做好解释工作，千万避免用生硬的语言："你自己看账单呀！账单肯定不会错……"之类的话，使客人不至于因下不了台而恼羞成怒。这位收银员在处理矛盾时，先向客人道歉，耐心礼貌地与客人一起核对账单，让客人心服口服。

**思考：** 上述案例体现了收银结账工作的哪几个注意事项？

## 知识点一　收银员的职责

### 一、收银员的岗位职责

餐厅收银员负责收结账款，管理香烟和酒水。作为餐厅收银员要以身作则，严格执行财务制度及其他各项规章制度，要熟知自己的岗位职责。

餐厅收银员的具体职责：

（1）自觉遵守财经纪律和财务制度及餐厅收费、优惠政策，认真做好餐厅收款结算工作。

（2）确保账单在回到客人手上之前，金额正确；在收款中做到快、准、不错收、不漏收，杜绝收假币、破币入库；因玩忽职守而造成的现金损失，由收银员负责。

（3）每班营业结束后，清点营业款和备用金，每日收入的现金必须与账单核对相符，必须切实执行"长缴短补"的规定，发现长短款项及时向领导反映。

（4）负责备用金的清点领用工作，兑换好当天所需零钱。备用金必须天天核对，不得以白条抵现。

（5）做好交接班工作，盘存各种香烟、酒水，做到物账准确无误。

（6）按规定使用收银机、计算器、验钞机等设备，做好本岗位设施设备的安全检查和维护保养工作，搞好收银员岗内外卫生，确保岗内外无私人物品（包、袋等）。

（7）不得挪用公款，管理好各种收据票证，不得涂改和伪造凭证。

（8）正确编制营业点收银员明细表和收银员收入H报表，数字准确、工整、无涂改，做到账款、账表相符。

（9）对客人签字挂账或信用卡结账，应认真核对有关资料和有效证件。信用卡结账时，按信用卡的操作规程刷卡结算。

（10）将改单、减免业务报送所在营业点主管以上管理人员签字认可。

（11）经常向上级反馈宾客对餐厅收费优惠的意见，提出合理化建议，改善收费和营销工作。

（12）积极学习财务会计知识，提高业务水平和业务技能。

### 二、收银人员的工作规范

（1）各种消费项目应及时、准确地按开单顺序记入报表。

（2）如有应找给顾客而顾客不要的零钞等形成的长款，收银人员应及时填入报表，并在报表上注明长款产生的详细原因及原顾客的账单号码等。

（3）收银人员在给顾客结账时，必须如实将顾客的消费金额告知顾客，准确收取款项，并将发票或结账单白联（发票、结账单白联顾客只能任选一项）呈交给顾客；如顾客既不要结账单，也不要发票，应把结账单白联及时交给餐厅主管保管。严禁多开（或出售）发票，一旦发现将予以严惩。

（4）各种赔款均需开列清单，并在单据中注明赔偿的具体内容。收款后，收银人员应在赔偿单上签字和盖章。

（5）不准多收、重收顾客消费款，也不准超越权限给顾客打折。

（6）持会员卡、贵宾卡消费的顾客，需要顾客签名并压印卡号在相应单据上。其中，持会员卡消费的顾客，必须使用会员卡上的余额结账时，才可享受会员卡折扣。

（7）桌与桌之间的转台应在账单上注明"转台"字样，并由餐厅主管签字确认。

（8）协议单位顾客消费现金的，需由餐饮部经理或主管签字确认后，方可按协议打折。

（9）当日登记状态账务和重结状态账务（送餐服务除外），因特殊情况不能及时结账，应写出书面原因请餐厅主管签字确认，再交财务核实。

（10）收银人员将当班款项汇总后，准确填写交款报告，与部门负责人一起将所有现金、支票等装入信封封存签字，交到总台并办理投递交款签字手续后，方可下班。

（11）收银人员当日营业款必须当日交完。因手续不全而由财务退回的单据，收银人员应在五天内补齐相应手续后，再将票据传到财务部注销。

（12）酒水单、点菜单封单后禁止修改，如有错误，应作废另开。

（13）酒水单、点菜单的退单必须单独开单，不允许在消费单上开列退单项目。

（14）酒水单、点菜单封单后不允许再填开其他消费项目。

（15）每班必须于下班前在收入报表上注明发票号码。

（16）所有作废的各种单据应注明作废原因、新单号及菜单号等，并由餐饮部经理和主管签字确认。

（17）审核后的各种单据留底联要交还收银人员保管，待整本单据开具完，整理清齐后再交到财务部注销。

（18）每班单据附件必须齐全，各种票据应按编号顺序使用，不准遗失及缺号。未经批准，禁止收银人员之间相互借用各种票据。特殊情况下确需借用时，必须事先打电话请示主管同意（并于事后两日内办妥书面审批手续）后，方可借用。

### 三、餐厅收银员工作流程

餐厅收银工作内容主要包括：班前准备工作、餐厅收银、当班结束工作。以下主要介绍班前准备工作。

（1）餐厅收银员依照排班表的班次在上岗前需签到，由餐厅收银领班监督执行，并编排报表。

（2）收银员与领班或主管一起清点备用金，无误后在登记簿上签收。班次之间必须办理备用金交接手续，并在餐厅收银员备用金交接登记簿上签字。

领取备用金的流程：本人领取→现场清点→核对签收。

收银员领取备用金时必须本人亲自去领，不得代领，以防出现问题时分不清责任。如果收银员本人确实有事暂时不能领取，收银主管可以帮助保存，等该收银员办完事情后，到收银主管处领取。收银员在领取备用金后应该当场清点，如发现不对，当场解决，以免出现问题难以解决。如果确认无误后，应该在备用金领取单上签字。

（3）领取该班次所需使用的账单及收据，检查账单及收据是否顺号，如有缺号、短联应立即退回。下班时对未使用的账单及收据应办理退回手续，并在账单领用登记簿上签字，餐厅账单由主管管理，并由主管监督执行。

（4）检查电脑系统的日期、时间是否正确，如有日期不对或时间不准时，应及时通知领班调整，同时检查色带、纸带是否足够。

（5）查阅餐厅收银员交接记事本，了解上班遗留问题，以便及时处理。

## 四、结账

结账服务是餐厅宾客服务技能中不可缺少的一项，结账服务是餐厅服务成功与否的最后环节，餐厅服务员必须熟练掌握常见结账服务的方式和程序。餐厅结账最为常见的方式有现金结账、信用卡结账、支票结账和签单结账等。

1. 现金结账

（1）服务员用收银夹（收银盘）将账单送给顾客，并说："这是您的账单！"

（2）双手将收银夹递给顾客，打开收银夹。

（3）不要主动、大声报出账单的金额。

（4）收受的现金要当面点清，并向顾客表示感谢。

（5）将现金放在收银夹或者收银盘内送交账台，然后将应找的零钱和发票一同用收银夹交给顾客，并让顾客当面点清，并再次表示感谢。

2. 信用卡结账

（1）当顾客示意结账时，将账单以最快速度递送给顾客。

（2）检查持卡人性别、信用卡有效期并向顾客致谢。

（3）将信用卡和账单交到收银台。

（4）刷卡办理结账手续。

（5）请顾客确认账单金额，并在信用卡签购单上签名。

（6）核对顾客签名是否与信用卡背后签名相同。

（7）将"顾客副本"存根、信用卡交还顾客，正本由收银员保管。

（8）再次向顾客礼貌致谢。

3. 支票结账

（1）服务员用收银夹（收银盘）将账单送给顾客，并说："这是您的账单！"

（2）当顾客递过支票结账时，服务员应请顾客出示有效证件，并将支票放在支票夹或与发票一起放在收银夹内交给账台。

（3）检查支票有关印章，计算机密码，核对有效期。

（4）由收银员填写支票，抄下顾客的证件号码，写在支票的背面。

（5）将支票的存根、有关证件和发票送还顾客，表示感谢。

## 知识点二  餐饮发票

### 一、概念

餐饮发票是餐饮业专用发票。发票是指一切单位和个人在购销商品、提供劳务或接受劳务、服务以及从事其他经营活动时所提供给对方的收付款的书面证明，是财务收支的法定凭证，是会计核算的原始依据，也是审计机关、税务机关执法检查的重要依据。

### 二、如何兑奖

餐饮发票中奖奖金在 500 元以下的，可以直接在领发票处兑奖，500 元以上的则需要到当地税务主管部门去兑奖，通常发票背面都有说明。

### 三、营业税

1. 兼营不同税目的应税行为

根据税法规定，酒店餐饮企业兼营不同税目应税行为的，应当分别核算不同税目的营业额，然后按各自的适用税率计算应纳税额；未分别核算的，将从高适用税率计算应纳税额。

2. 混合销售行为

一项销售行为如果既涉及应税劳务又涉及货物的，为混合销售行为。从事货物的生产、批发或零售的企业、企业性单位及个体经营者的混合销售行为，视为销售货物，不征收营业税；其他单位和个人的混合销售行为，视为提供应税劳务，应当征收营业税。

以上所述的货物是指有形动产，包括电力、热力、气体在内。上述从事货物的生产、批发或零售的企业、企业性单位及个体经营者，包括以从事货物的生产、批发或零售为主，并兼营应税劳务的企业、企业性单位及个体经营者在内。

纳税人的销售行为是否属于混合销售行为，由国家税务总局所属征收机关确定。

3. 兼营应税劳务与货物或非应税劳务行为

纳税人兼营应税劳务与货物或非应税劳务行为的，应分别核算应税劳务的营业额与货物或非应税劳务的销售额。不分别核算或者不能准确核算的，其应税劳务与货物或非应税劳务一并征收增值税，不征收营业税。

纳税人兼营的应税劳务是否应当一并征收增值税，由国家税务总局所属征收机关确定。纳税人兼营免税、减税项目的，应当单独核算免税、减税项目的营业额；未单独核算营业额的，不得免税、减税。

4. 营业税与增值税征税范围的划分

营业税与增值税都是流转税，营业税主要对各种劳务征收，同时对销售不动产和转让无形资产也征收营业税。增值税主要对各种货物征收，同时对加工、修理修配业务也征收增值税。两个税种性质相同，各自征收领域不同，理论上是可以划分清楚的。但在实际操作中存在一些具体区别的问题，对此，国家做了一些具体规定。其中，涉及旅店、饮食、旅游等业务，根据混合销售规定的处理原则，比较容易确定征税范围。如饮食行业，在提供饮食的同时，附带也提供香烟等货物，就应按饮食业征收营业税。另外一种经营形式是饮食业自制食品，即可对内又可对外销售货物的兼营情况。如某饭店在大门口设一独立核算的柜台，既对店内的顾客提供自制食品（如月饼、生日蛋糕、快餐等），又对外销售，这种情况属于兼营行为。在划分混合销售或是兼营行为时都要严格区分两者的概念，才能正确划分营业税与增值税的征税范围。

在其他服务业中，情况也比较复杂。例如某酒店开设的照相馆在照结婚纪念照的同时，附带也提供镜框、相册等货物，此种混合销售行为就应按其他服务业征收营业税。这是因为这项销售业务是以提供劳务为主，同时附带销售货物，这种情况下的混合销售行为应当征收营业税。

营业税改征增值税的试点地区提供的服务业发票。营业税改征增值税的试点地区在提供交通运输业服务（不包括铁路运输）、研发和技术服务、信息技术服务、文化创意服务、物流辅助服务、有形动产租赁服务、鉴证咨询服务的，从试点日期开始提供相应的增值税专用发票。

## 案例分析

### 案例一　算错的餐费

前些日，武汉某酒店餐厅在给用完餐的客人结账时，账单上凭空多出 4 包中华烟（152元）。双方相持 50 多分钟后，店方才承认是自己工作失误，对耽误了时间的顾客表示歉意，并将餐费打折为 500 元，少收 400 多元，让客人满意离去。初闻此事，我为酒店的慷慨叫好，但仔细一想，这件事实际上暴露了酒店服务工作存在漏洞，才会发生如此"低级"的错误，既延误了客人将近 1 小时的时间，又减少了酒店的收入。幸而酒店采取的补救措施最终让客人满意，否则客人投诉、双方交涉、不利的口头宣传等都会给酒店带来更大的损失。

**案例分析：**

酒店应明确各项服务工作的顺序衔接，做好服务过程的检查工作，如现场服务时提供的菜肴、烟酒等与点菜单的核对，客人用完餐结账时点菜单与账单的核对，这样环环相扣，才会尽量减少差错的发生。当然操作程序再明晰，服务人员马虎大意，同样会出纰漏。在上述的事例中，客人为讨个说法而耽误了50多分钟时间，最后酒店经理出面才弄清原委，作出赔偿，补救工作的效率也未免太低了！其间所发生的不愉快在客人心中留下的印象也会是深刻的。服务工作出现意外时，客人往往对补救性服务的过程即解决问题的过程更加重视。服务人员应设身处地为客人着想，平息客人的怒火，首先从自己这方面查找原因，而不应该固执己见，与客人争执僵持。当服务人员在自己的权限范围内解决不了问题时，就必须及时请示上级。另外，如果管理者做好现场服务实绩管理工作，则不必等员工来反映问题就能及时发现并解决问题了。可见，管理者和服务人员双管齐下才会有出色的补救性服务。为客人提供完美的服务是各酒店的追求，而当由于种种原因发生了服务差错时，酒店就应该根据客人重视的损失（如金钱、时间、心理、名誉等）及时采取有效的补救性措施，防止酒店与客人之间关系的破裂，并将不满意的客人转化为满意的客人，甚至成为酒店的忠实顾客。如此说来，服务补救"为时不晚"！

## 案例二　误收假钞

夏季的某一天，10点半左右，天气非常炎热，人们都懒得出来吃饭，所以在新世界大酒店的西餐厅里一个客人都没有，只有餐厅老板坐在那里喝茶，餐厅经理和其他服务人员做好开市工作后，都闲散得没有什么工作可做，大家便站在一边听经理讲一些有关餐饮的趣事。稍候，经理刚想叫服务员去用餐，这个时候，电话响了，原来是901号客房的一位台湾商人要送餐服务。于是经理就叫男实习生阿昌去开单，大概10分钟以后，客人所点的食物做出来了，阿昌就送餐去901号房。送餐回来后，实习生阿昌交给收银员一张100元的人民币，说是客人给的餐费，收银员接过钞票想放到验钞机上验一下真伪，可巧收银台的验钞机坏了，于是收银员只得用手摸了一下感觉钞票没问题，就把钞票放进抽屉里并把应找给客人的零钱交给男服务员送还给客人。之后服务员都去用工作餐了。然而，当阿昌用餐回来以后，收银员告诉他刚才收的钞票经验证是假币，要阿昌退还给刚才的客人，可是当阿昌到901号房与客人交涉的时候，客人断然否认自己持假币消费，并反唇相讥："你在时隔一个多小时后才告诉我这张是假币，肯定是你在这段时间里将我的真币换成你以前收到的假币了，这张钞票不是我的。如果你再这样纠缠下去，我将到你们总经理那儿去投诉。"一听这话，阿昌顿觉得语塞口短，讲不清道不明，想想也是自己的失误，当时没有认真地检查一下钞票的真假。无奈中阿昌只能拿着原来那张钞票回到餐厅，问经理如何处理，经过餐厅经理与收银主管共同协商，最终由实习生阿昌与收款员两个人各赔偿一半。

**案例分析：**

本案例中酒店收银的验钞机坏了而没有及时修复或更换，使收银员不能当场识别假币，而本案的收银员也没有及时去其他地方验证一下钞票的真假，她的处理方法是不正确的。她应该第一时间去其他部门验证一下钞票的真假，这样可以省去不必要的麻烦，同时这也说明该酒店在设施配备和服务员培训上都有不够完善之处。从本案例的情况看，该收款处的验钞机既然坏了，收银员在收到钞票时，就应该第一时间到其他地方验证一下，而不应在时隔一个多小时后才告诉服务员钱币是假的。这样的话，客人可以随时不认账。如若收银员能够第一时间告诉服务员钞票是假的，那么可以争取最短的时间对客人解释，使自己和酒店减少麻烦和损失。

## 案例三　迟迟不肯离去的客人

一个夏天的晚上，三位客人在青岛市一家饭店的中餐厅用餐。他们在此已坐了两个多小时，仍没有去意。服务员心里很着急，到他们身边站了好几次，想催他们赶快结账，但一直没有说出口。最后，她终于忍不住对客人说："先生，能不能赶快结账，如想继续聊天请到酒吧或咖啡厅。""什么！你想赶我们走，我们现在还不想结账呢。"一位客人听了她的话非常生气，表示不愿离开。另一位客人看了看表，连忙劝同伴马上结账。那位生气的客人没好气地让服务员把账单拿过来。看过账单，他指出有一道菜没点过，但却算进了账单，请服务员去更正。这位服务员忙回答客人，账单肯定没错，菜已经上过了。几位客人却辩解说，没有要这道菜。服务员又仔细回忆了一下，觉得可能是自己错了，忙到收银员那里去改账。当她把改过的账单交给客人时，客人对她讲："餐费我可以付，但你服务的态度却让我们不能接受。请你马上把餐厅经理叫过来。"这位服务员听了客人的话感到非常委屈。其实，她在客人点菜和进餐的服务过程中并没有什么过错，只是想催客人早一些结账。"先生，我在服务中有什么过错的话，我向你们道歉了，还是不要找我们经理了。"服务员用恳求的口气说道。"不行，我们就是要找你们经理。"客人并不妥协。服务员见事情无可挽回，只好将餐厅经理找来。客人告诉经理他们对服务员催促他们结账的做法很生气。另外，服务员把账多算了，这些都说明服务员的态度有问题。"这些确实是我们工作上的失误，我向大家表示歉意。几位先生愿意什么时候结账都行，结完账也欢迎你继续在这里休息。"经理边说边让那位服务员赶快给客人倒茶。在经理和服务员的一再道歉下，客人们终于不再说什么了，他们付了钱，仍面含余怒地离去了。

**案例分析：**

送客是礼貌服务的具体体现，表示餐饮部门对宾客的尊重、关心、欢迎和爱护，在餐饮服务中是不可或缺的项目。在送客过程中，服务人员应做到礼貌、耐心、细致、周全，使客人满意。其要点为：宾客不想离开时绝不能催促，也不要作出催促宾客离开的错误举动；客人离开前，如愿意将剩余食品打包带走，应积极为之服务，绝不要轻视他们，不要给宾客留下遗憾；宾客结账后起身离开时，应主动为其拉开座椅，礼貌地询问他们是否满意；要帮助客人穿戴外衣、提携东西，提醒他们不要遗忘物品；要礼貌地向客人道谢，欢迎他们再来；要面带微笑地注视客人离开，或亲自陪送宾客到餐厅门口；领位员应礼貌地欢送宾客，并欢迎他们再来；遇特殊天气，处于饭店之外的餐厅应有专人安排客人离店，如亲自将宾客送到饭店门口、下雨时为没带雨具的宾客打伞、扶老携幼、帮助客人叫出租车等，直至宾客安全离开；对大餐饮活动的欢送要隆重、热烈，服务员应穿戴规范，列队欢送，使宾客真正感受到服务的真诚和温暖。

# 案例四　可以结账吗

一天早上，南方某大酒店的一位香港客人下电梯来到大堂总台服务处结账。他操着一口粤语对服务员说："小姐，916房结账。""好的，先生，请把您的钥匙牌或房卡证给我看一下。"服务员礼貌地回答。"哦，我没有带来，可以结账吗？"客人显得有点不耐烦。"请问先生，您的姓名叫……"服务员接着又问。客人不悦道："结账还用问姓名？"服务员耐心地解释说："因为我们需要核对一下姓名，以防万一搞错会带来麻烦。"客人很不情愿地报出了自己的姓名。服务员迅速地打出账单，客人掏出皮夹子拿钱。同时，服务员又对客人叮嘱了一句："顺便说一下，您的916房钥匙牌用完后请送到收银台。"谁知客人一听，勃然大怒，收起钱来，大声嚷嚷："你们酒店这么麻烦，给钱不要，还唠叨个没完，我不付款了。"嘴里还冒出几句骂人的话语，一面收起钱来，扭头就往电梯处去。正在值班的大堂经理闻声跑来，立即赶到电梯口，把客人请回来，对他说："先生，您息怒，有什么意见尽管提，我们立即解决，但钱还是要付的。"这位客人却指着服务员的鼻子说："她不道歉，我就不付款。"此时，服务员已是满腹委屈，实在难以启齿道歉，双方僵持不下，引起了服务台客人们的注意。怎么办？大堂经理紧张地思考一下，便对服务员轻声说了几句，服务员听到了点点头，强忍着几乎快要掉下来的眼泪，对客人说了声："对不起。"客人这才付了钱，扬长而去。

## 案例分析：

第一，案例中服务员出于对客人的负责，按饭店服务规程查询客人的钥匙牌或住房卡，核对客人的姓名，以及交代客人归还钥匙牌，都是无可非议的，这件事显然是客人无理。饭店服务员既然遇到了不讲情理的客人，还是要奉行"客人永远是对的"原则，把正确让给客人，把错误留给自己。服务员正是努力这样去做的。忍受个人的委屈换取了满足"上帝"的要求，使一场风波得以平息，这种顾大局、识大体的精神值得发扬。第二，大堂经理对这一突发事件的处理比较积极稳妥。首先，当客人从收款台愤然离去不愿付款时，他及时赶到，把客人请回去解决问题。他首先想到饭店的利益不能受损失，尽管客人情绪过激，行为过分，也要在事发的萌芽状态想方设法让客人掏出钱来。其次，大堂是饭店的门户和窗口，当客人不近情理地要求服务员先道歉再付款而形成僵局时，大堂经理当机立断，做工作，请服务员赔不是，从而打破僵局，恢复了总台工作秩序，维护了大堂正常运转的形象，这一做法无疑也是正确的。

## 案例五  退押金

在餐厅举办寿宴的客人反映，客人经常在餐饮部预订酒席，每次结账时，服务员都忘记提醒客人退押金，昨天又如此，使得客人又跑了一趟。

**案例分析：**

经理就此事向客人致歉，并表示在今后的工作中一定注意。此事已知会餐饮部主管。客人消费完结账时，收银员应该仔细核对账单，并将押金一项考虑进去；餐饮部相关接待跟办人应该进行核查，核查我们起初承诺给客人的服务实现了没有，客人对服务接待有何意见，押金是否已退等，不能接待完成就万事大吉。工作流程问题，餐饮部和财务部收银都应该制定比较规范完善的操作流程，押金的收取和退还都应该纳入到两个部门的有关操作当中去，使之成为标准、规范。

## 案例六  英镑不等同于人民币

春季的某一天，在珠海君悦西餐厅，由于受台风天气的影响，西餐厅没有一个客人，冷清清的，部长愈小姐叫服务员准备打烊。突然，电话响了，愈部长接听电话，她听了半天，却不知对方在说什么。原来对方是外宾，她听不懂客人在说什么，她只知道该电话是从酒店的客房里打过来的，是要求送餐的，但愈部长听不懂客人需要点什么菜，只听得懂客人是在 706 房间，随后，愈部长拿着中英文菜牌到 706 房间，给客人点菜，客人点完菜后，愈部长就落单。厨房菜做好后，愈部长要收银员小韩把余数的钱找出，以方便客人找零。这样愈部长就把客人所点的菜肴和账单及 3 元余款给了客人，客人结账给的是英镑，可是愈部长从来没有看到过这种钱，钱表面写的全部是英语，她看不懂，只是看到"100"这个阿拉伯数字，于是就把刚才拿的余钱 3 元给客人，客人摇头，说了一些她听不懂的话，她以为客人给她小费，连声说了几句不标准的英语"Thank You"后就出来了。当她拿着钱到西餐部的收银处结账时，收银员小韩也不知是哪个国家的钱，就把钱拿到前台去问，才得知那是英镑，愈部长把钱给收银员小韩后就下班了，而收银员小韩也是一样，也不问清楚，也不当回事，就入账到计算机里（后来得知，她入账的时候不是入英镑，而是入人民币）下班回家了。到了第二天，客人跑到总经理办公室投诉西餐厅。总经理经过调查后得知收银员小韩将 100 英镑兑换成 100 元人民币入账，私自拿走英镑，严重违反酒店的规章制度，损害了酒店的形象，经总经理办决定：把收银员小韩炒掉，并且把她的奖金和工资全部扣掉，给部长愈小姐签红单（处罚 150 元）。

案例分析：

一是要加强员工专业知识的培训，使员工对自己工作范围内的专业知识有所了解，使基层管理人员具有系统的旅游知识，并掌握酒店管理知识，掌握熟练的服务技巧；二是要求酒店基层管理人员能坚持原则，敢于负责，作风正派，办事公道，具有一定的组织指挥能力，能够充分利用基层的人财物等资源，带领全体员工共同完成各项任务，实现目标，取得最佳效益；三是要加强对基层管理人员的专业英语培训，"入世"后中国酒店员工若不懂基础英语，则服务质量将大打折扣。

**服务名言**

一个人只要肯深入到事物表面以下去探索，哪怕他自己也许看得不对，却为旁人扫清了道路，甚至能使他的错误也终于为真理的事业服务。

**职业能力训练**

（1）将学生分成两人一组，角色互换进行现金结账的模拟训练。要求学生做到细心核对账单，能分辨出真伪币，准确、快捷地找零。

（2）主动迎宾：敬语问候客人；核对账目：确认客人姓名，并称呼客人的姓；主动收回房间钥匙，并询问是否发生其他消费；查清客人房间酒水使用情况；打印账单交客人核查并签字，并确认付款方式。付款结账：客人结账时，要查看"结账注意事项"；微笑、有礼貌、快速完成离店手续；现金点钞、验钞、唱收；信用卡注意对照卡号、有效期、签字。道别：敬语道别。

## 观念应用训练

阅读资料，回答问题。

### 厦门梅园酒店

近几个月来，厦门梅园酒店以其美味的菜肴、实惠的价格，吸引了许多食客。据梅园酒店餐厅部的张经理透露，他们之所以能让客人成为回头客，还在于他们提供别具一格的点餐服务。张经理介绍，到酒店用餐主要为家庭用餐、朋友聚会、商务宴请三种。因此在推荐菜品时，"我们注意对不同的消费群体进行有针对性的推荐，根据宴请的性质，充分考虑客人需求，站在客人的角度进行菜品、酒水的搭配，使客人有宾至如归的切身感受。"

张经理说，家庭用餐时，他们把经济实惠、上菜快的菜品作为主要的推荐菜，如油焖黑笋干、梅园酱鸭、南卤肉等。朋友聚会，大家"酒逢知己千杯少"，当然是以配酒的菜作为主要的推荐菜式，讲求的菜品是经济实惠又不失档次，如冰镇爽鱼皮、烧汁鱿鱼圈等。而在商务宴请的时候，他们主要是通过1~2个主菜来衬托整张菜单的档次，如龙虾、野生甲鱼、野生鲈鳗。同时会搭配两个左右的即位菜，由于现代人肉类为主的饮食结构的不合理性，从健康饮食的角度来考虑，还会相应地推荐搭配两个素菜。同时，他们还制定了在推荐时坚持"适量点菜、够吃就好、科学膳食、理性消费"的原则，有的客人觉得菜很便宜，就一次性点很多菜，"这时我们的服务员会根据用餐的人数适当提醒，建议客人先吃，不够再点。"

100元以上的酒水，他们的服务员也会提示价位，做到让客人明白消费酒水。他们根据客人的实际要求来推销，一般以中档为主，既不让客人失面子，又不让客人为难。除了提供特色的点餐服务，梅园酒店的每个包厢基本都有厦门晚报。张经理说："之所以会选择晚报，因为大部分人请客吃饭还是在晚上，客人在等其他人的时候，看看报纸，可以很快地度过等待的时间，而且晚报可以提供当天最新的资讯，又贴近民生，很受客人欢迎。"

**问题**：梅园的点餐特色之处吸引了客人，请问这种特色点餐服务会对餐厅的收银工作带来哪些便利呢？

## 情景模拟训练

**情景设定：**

假设客人提出用餐后不要发票，将其换成饮料，面对客人如此要求，服务员应该怎样处理？

**训练要求：**

上网查阅相关案例，根据所学知识，模仿情景状况并作出适当回应。

知识拓展

# 世界上著名的餐厅

图 4-2

1. 墨尔本：花鼓餐厅（The Flower Drum）

这家餐厅的外表并不起眼。不过，在你坐下来品味餐厅的中国美食时，也许能碰上英国安德鲁王子和他的随从在此用餐。许多人可能会质疑餐厅的虾饺——李子般大小的虾饺并不符合中国地道点心的做法。不过，凡是品尝过的人都会喜欢餐厅的创新口味。美食评论家一致认为，这是餐厅最出彩的一道点心。无论是餐厅的装饰、服务或是菜单，花鼓都采用了一种纯粹的中式风格。餐厅的创立者兼现任餐厅顾问古尔伯特·罗（Gilbert Lau）一直密切关注着花鼓的运营。餐厅以经营粤菜为主，不过，顾客还可以在此品尝到美味的北京烤鸭。富丽堂皇的装饰风格彰显出顾客的尊贵身份，而菜式则坚持选用澳大利亚最上乘的原料。裹着辣酱的四川对虾个头饱满，肉质鲜美；澳大利亚最好的牛肉让人回味无穷；国王岛的软壳蟹则是餐厅最受顾客喜爱的一道菜。而花鼓的经典粤菜，如烤扇贝、椒盐墨鱼、鱼翅等则完全秉承了广东地方特色，餐厅低调而周到的服务方式更是无可挑剔。相比之下，花鼓的甜品比较内敛：简单的薄饼浇上香甜可口的芒果汁，配以新鲜芒果，简单而清爽。

2. 悉尼：本纳隆角纪尧姆餐厅（Buil laume at Bennelong）

著名厨师纪尧姆·布拉希米（Buillaume Brahimi）所建立的本纳隆角纪尧姆餐厅位于悉尼歌剧院旁边。这家荣获过多个奖项的餐厅不仅是纪尧姆的家，也是悉尼城内最热门的餐厅。如果你仅把这座新月形的现代建筑视为后现代主义的杰作，或是进入歌剧院前的中转站，那你就错了——一些用餐者甚至放弃了芭蕾舞首演的贵宾票，只是为了在餐厅里多坐一会儿。对于喜欢澳大利亚海鲜的饕餮之士来说，纪尧姆餐厅无疑是一个美食的天堂：新

图 4-3

鲜的意大利宽面配上昆士兰扇贝，再加上摩顿海湾烤昆虫和蓝海蟹柳清汤，简直无可挑剔。餐厅的甜品也非常有特色：香辣生梨奶油千层酥带给人美妙的口感；牛乳中加入榛子、杏仁和草莓，香浓甜美。纪尧姆餐厅的菜式属于典型的新澳大利亚风味，融合了地中海和南太平洋的特色。难怪澳大利亚的一线明星、政治家和名模都纷至沓来。

图 4-4

### 3. 牛津郡：四季农庄餐厅（LeManoir AuxQuat'Saisons）

世界顶级名厨雷蒙德·布兰克（Raymond Blanc）并不能算是烹饪界的新星。20 年来，这位魅力非凡的法国人始终在牛津郡那座建于 15 世纪的四季农庄餐厅的厨房里忙碌工作。如今，四季农庄餐厅已被纳入东方快车特色酒店的行列。四季农庄餐厅坐落于鲜花盛开的大花园内，餐厅所选用的部分原料来自于庄园占地超过 80 亩的蔬菜园内。布兰克将英国传统的自产自销和当代法国的烹饪艺术完美结合，形成了餐厅的独特风格。与新生代的厨师不同，布兰克坚持烹饪最醇正的法国美食。这也是餐厅最大的特色之一。维多利亚·贝克汉姆（Victoria Beck ham）、理查德·布兰森（Richard Branson）和克里夫·理查德（Cliff Richard）等名人都是这里的常客，而已故的戴安娜王妃更是餐厅的忠实顾客。菜单由 7 道菜组成，包括鹅肝、辣味鸭和腌樱桃等。餐厅的馄饨非常特别：用鹌鹑蛋、菠菜、鲜香的菌类和奶油鸡做成馅料，美味可口。上乘鳎沙和蟹肉的鲜美相互交融，配上格乌兹塔明那的特制酱料，让人欲罢不能。而布兰克独创的薄荷芒果汤和巧克力软糖配开心果冰激凌则是餐厅最具特色的甜品代表。新鲜的美食加上新鲜的空气，营造出宛如置身梦境的浪漫氛围。

图 4-5

4. 圣塞瓦斯蒂安：阿萨克餐厅（Arzak）

阿萨克餐厅位于西班牙比斯克的沿海小镇圣塞瓦斯蒂安，家族庄园的外表非常普通，常常被人忽略。不过，对于这家著名的现代西班牙餐厅来说，那不过是一种巧妙的掩饰而已。30 年来，餐厅的主人朱安·马里·阿萨克（Juan Mari Arzak）和他的黑发女儿埃莉娜（Elena）带领着餐厅的整个团队获得了许多荣誉，不断给全球的饕餮之士带来惊喜。餐厅位于一座 19 世纪 90 年代的乡村建筑内，内敛低调的欧洲装饰风格彰显传统的优雅气质，不过，阿萨克为顾客提供的则是最现代的美食。翻开阿萨克的菜单，一定会让你惊喜不断。鲜嫩的羊排上盖着金色的咖啡沫，宛如裹着一层薄纱，并以爽口的酱汁相配。而巴斯克特产的凤尾鱼就像大颗的银色泪滴，外面包裹着透明的神秘"外衣"，口感独特。阿萨克餐厅的甜品也常常出人意料：索马里特产坚果压榨而成的冰冻汁，配上冰镇的乳类饮品，是夏季最受欢迎的甜品。而乡村奶酪冰激凌或者巧克力汉堡也绝对不会让你失望。在西班牙，EI Bulli 餐厅的名厨艾达里安·费利亚（Adrian Frerria）被誉为西班牙当代美食的王子，而阿萨克则堪称西班牙当代美食的国王。

5. 摩纳哥：路易十五餐厅（LouisXV）

亚兰·杜卡斯（Alain Ducasse）所建立的路易十五餐厅具备了全球顶级餐厅所需的一切元素：非凡魅力、高贵气质和醇正的高卢装饰风格。欧洲贵族、社交名流和法国影星都是餐厅的常客，他们似乎对路易十五的摩纳哥美食情有独钟。去餐厅就餐时，一定要盛装出席。否则，你的光芒会被华美的餐厅装饰掩盖：高雅的壁画、奢华的水晶吊灯，每一处细节的设计都体现着餐厅主人的心思。路易十五的餐单尊贵但不浮夸。普罗旺斯美味与独特的乡村风味完美融合于其中，配上杜卡斯家乡特产的蔬菜，芳香四溢，让人垂涎。餐厅坚

图 4-6

持选用北部大草原的利穆赞小牛肉，或者比利牛斯山的小羊羔，醇正的法国风味让许多顾客难以忘怀。杜卡斯还将自己的创新拓展到了面包上。不过，6 道菜下肚之后，也许你的胃部已经没有空间了。虽然每餐的价格高达 335 美元，不过，结束的时候，你会发现物有所值。

图 4-7

6. 伦敦：高登·拉姆西餐厅（Golden Ramsey）

在烹饪界，坏男孩拉姆西（Ramsey）的精湛厨艺与他的暴躁脾气一样出名。最近，拉姆西举行了一次厨艺展示会，而他在会上再次发狂，使得平日里不苟言笑的英国前议会成员当众落泪。高登·拉姆西是他开设的第一家餐厅，餐厅就隐匿在皇家医院大街的居民区内。对于喜欢温馨气氛的食客来说，这里无疑是个好地方。餐厅面积不大，但却是同类餐厅中最出色的一家。高登·拉姆西餐厅的招牌菜包括外形古怪的奶油卷心菜配苦可可酱和海蜇虾饺。由 7 道菜组成的重量级菜单中还有一道独特的鱼——柔软鲜美的鱼肉放在切碎的蔬菜上，拌以香浓的酱料。另外，餐厅还专门为注意体重的顾客准备了一份 5 道菜组成的菜单。餐厅的价格自然不会便宜，这里毕竟是伦敦。不过如果能有机会和戏剧界、时尚界和媒体的明星一起用餐，谁又能抵御如此诱惑？高登·拉姆西的甜品也相当不错，不过餐厅的奶酪不得不提——餐厅陈列着 40 种不同的奶酪，每一种奶酪旁还有专家的详细解释。

图 4-8

7. 伦敦：Nobu 餐厅（Nobu London）

10 年前，松久信幸（Nobu Matsuhisa）凭借其独创的日本料理在烹饪界一举成名。在此期间，餐厅已经从伦敦扩张到了洛杉矶。著名影星罗伯特·德·尼罗（Robert De Niro）在洛杉矶 Nobu 餐厅用餐时对餐厅的菜式赞不绝口，而这也成了餐厅发展的首次重要突破。如今，德·尼罗和纽约的餐饮业主德鲁·尼波特（Dew Neporent）都成了松久信幸的商业伙伴。松久信幸汲取了传统日本料理的精华，并在其中融入了 21 世纪美食的精致艺术，形成了 Nobu 餐厅的完美风格。从餐厅创立至今，黑色鳕鱼配日本大豆面酱的做法一直让许多美食评论家疯狂不已。当然，经典的日本料理是菜单的主角：大虾天妇罗卷、季节性牛肉，以及中午供应的午餐，都是餐厅的招牌菜。而黄尾生鱼片加墨西哥胡椒则是厨师的创新之作。Nobu 餐厅的甜品打破了传统的制作工艺，让人欲罢不能。甜甜的热巧克力酥饼里裹着清香爽滑的绿茶冰激凌；高尔夫球大小的甜甜圈外面裹着巧克力和开心果，配以杏仁冰激凌，品尝一口，唇齿留香。Nobu 餐厅采用艺术手法，将东西方不同的口味完美融合，给顾客带来了耳目一新的美食新体验。

8. 巴黎：乔·卢布松（L'ate Lier De Joel Robuchon）

1996 年，名厨乔·卢布松（Joel Robu chon）宣布退休，不过没有人相信他的决定。果然，2003 年，卢布松在巴黎新开了一家餐厅。他的复出并没有让人们感到惊讶。这家餐厅打破了高档餐厅正式的用餐模式，完全摒弃了矜持做作的传统用餐方式，营造出一种轻松舒适的就餐氛围。和善的服务生会主动与顾客交流，乔·卢布松也会在餐厅与不同的用餐者交谈，以了解菜肴是否符合顾客的要求。餐厅的特色菜是煎银鳕鱼，而在灼热的烤架上烤制的菜肴则是大师独创的特色之作——他经常去西班牙旅游度假，并从当地美食中汲取了创新的灵感。

图4-9

图4-10

9. 洛萨斯：EIBuⅢ餐厅（EIBuⅢRose）

阿萨克将西班牙美食带入了21世纪，而同为西班牙名厨的艾达里安·费利亚（Atrian Frerria）则成了全球美食的英雄人物。费利亚非常具有独创精神。他并不是专业的厨师，而是半路出家的实验室研究人员。由他独创的西班牙现代美食几乎无法用语言来形容，餐厅特色的玉米饼、小馅饼和洋芋团都是享誉全球的西班牙美味。EIBuⅢ餐厅位于"陡峭岸"（Cbsta Brava）。餐厅主人费利亚就是在那里创作出了"泡沫"食品——将各种美味打成香浓可口的泡沫。餐厅的菜式带给顾客一种难以置信的美味体验：鹅肝清汤加上鲜美芬芳的罗望子，再配上西班牙煎蛋——以马丁尼酒杯为容器，上面盖着一层土豆泡沫。除了创新的西班牙美食外，顾客还可以在这里品尝到经典的西班牙菜肴。而餐厅的甜品更是让人惊喜不断。各种各样的甜品，包括黑美圆筒冰激凌、藏红球、玫瑰球和薄荷果冻等组成了让人垂涎欲滴的大拼盘。2013年5月，费利亚和朱安·马里·阿萨克都在马德里为西班牙王室婚礼掌勺，并获得了一致好评。

10. 加利福尼亚："法国洗衣房"餐厅（French Laundry Yountville）

餐厅位于著名的葡萄酒之乡纳帕谷，是全球最顶尖的餐厅之一。餐厅的主人托马斯·科勒（Tomas Keller）非常和善，而他的独门法国菜吸引着大量的顾客。不管是在好莱坞或是

**图 4-11**

中国香港都有着餐厅的忠实顾客，所以，仅有的 17 张餐桌始终座无虚席。很少有人能够抵御餐厅 9 道菜菜单的诱惑，这份独一无二的菜单中包括入口即溶的水煮龙虾和多汁美味的小块羊肉等。如果你觉得这份菜单太多了，还可以选择 5 道菜组成的套餐。清淡可口的吞拿鱼尼斯色拉、香味浓郁的龙虾，表现出托马斯·科勒在经典法国菜中极简主义的风格——这也是该餐厅最大的特色。当然，素食主义者同样可以在这里找到适合自己的美食——套餐的 9 道菜中都没有肉类，可以放心品尝。

**基础知识训练**

**一、选择题**

下列说法错误的是（　　）。

A. 酒水单、点菜单封单后禁止修改，如有错误，应作废另开

B. 酒水单、点菜单的退单必须单独开单，不允许在消费单上开列退单项目

C. 酒水单、点菜单封单后不允许再填开其他消费项目

D. 酒水单、点菜单封单后允许再次填开其他消费项目

**二、简答题**

客人核对账单时发现有多收的错误时，怎么办？

# 任务 2　送客收尾工作

## 任务目标

了解撤台服务的程序要领，掌握餐后收尾、整理工作的详细步骤，能够在不影响其他就餐客人的前提下收拾餐具、整理餐桌，并重新摆台。做到文明收尾，速度第一的标准。

### 项目任务书

| 任务名称 | 送客收尾工作 | 任务编号 | | 时间要求 | |
|---|---|---|---|---|---|
| 训练要求 | 掌握收尾服务基础知识；了解收尾服务操作技能的基本注意事项；独立、准确、快速完成送客收尾工作 | | | | |
| 培养能力 | 了解送客与收尾服务要求；掌握送客与收尾服务程序与标准；达到能熟练而准确地为宾客提供送客与收尾服务的能力 | | | | |
| 涉及知识 | 送客与收尾服务要求、送客与收尾服务程序与标准 | | | | |
| 教学地点 | 教室、机房、模拟餐厅 | 参考资料 | | | |
| 教学设备 | 投影设备、投影幕布、可联网电脑、餐桌、台布 | | | | |
| 训练内容 | | | | | |
| 1. 送客收尾工作注意事项以及服务程序总结<br>2. 实际操作训练 | | | | | |
| 实训成果评价标准 | | | | | |
| 1. 要求学生能很好地应用所学的知识并根据实际情况完成实训报告，格式规范，文字表达准确，逻辑思维清晰<br>2. 实际操作训练要求步骤正确、快速、熟练 | | | | | |

## 引导案例

王先生多年在美国深造，如今年过 40 已是一家商业巨头的老总。回国后，与亲朋好友相聚总是选择同一家餐厅，因为王先生觉得这家餐厅不仅餐中服务完善，收尾送客工作更是贴心。一次，王先生与亲戚叙旧忘记了时间，吃吃喝喝一边闲谈，足足有三个多小时，可服务员从未催促，过程中还为王先生与亲戚们多次续杯茶水。更有一次，王先生带八旬的老母亲前来用餐，还未到餐厅门口，经理便主动帮忙，在征得王先生同意后进行搀扶。久而久之，王先生与餐厅老板也熟识了，成为了朋友，王先生更为餐厅老板介绍了不少客人。

**思考**：送客收尾工作做得细致、周到也可以深得客人青睐。那么具体流程与服务标准是怎样的呢？

### 知识点

## 一、送客服务

送客是礼貌服务的具体体现，表示餐饮部门对宾客的尊重、关心、欢迎和爱护。

1. 送客要领

客人用餐完毕起身时，应为其拉椅。客人离座后应送至餐厅门口，提醒客人带好随身物品；发现行动不便的客人，在征得其同意后应主动向前搀扶，礼貌地向客人道谢，欢迎客人再次光临。

2. 送客的注意事项

客人不想离开时绝不能催促，注意观察出入餐厅的客人，不要对没用完餐离开座位的客人道别，以免引起客人的误会。送客服务的语言要规范、简洁。

## 二、收尾工作

1. 撤台

客人离去后，应及时对就餐区域进行收台清扫。检查是否有客人遗留物品，如有，遵照餐厅有关规定处理。

撤台按布件类（餐巾、香巾）、玻璃器皿类、瓷器类及其他类的顺序分类收拾。按照规范撤去台布，重新布置台面、摆齐桌椅，整理工作柜，补充物品。

2. 总结

经理检查收尾工作，召开餐后会，做简短总结和接班者进行交接手续交代遗留问题。同时填写工作记录，整理客人意见并提出下一步工作要点。如是当日结束营业时间，则应关闭各种电器设备，关好门窗。

## 三、送客与收尾工作服务程序与标准

1. 送客服务程序与标准（见表 4-1）

表 4-1

| 服务程序 | 服务标准 |
| --- | --- |
| 协助客人离开座位 | 1. 客人起身准备离开时，上前为客人拉椅<br>2. 客人起身后，向客人致谢并提醒客人勿遗漏物品 |
| 向客人致谢 | 礼貌与客人道别，向客人表示感谢，诚恳欢迎客人再次光临 |
| 送客人离开餐厅 | 1. 走在客人前方将客人送至餐厅门口<br>2. 当客人走出餐厅门口时，引位员或餐厅经理再次向客人致谢、道别<br>3. 引位员应帮助客人叫电梯，并在电梯来后，送客人进入电梯，目送客人离开<br>4. 正门直接有车道的餐厅，引位员要帮助客人叫出租车，雨天要为客人打伞，为客人开车门，目送客人坐车离开 |

| 服务程序 | 服务标准 |
|---|---|
| 餐厅检查 | 1. 服务员立即回到服务区域再次检查是否有客人遗留物品<br>2. 如有遗留物品尽快交还客人，如客人已经离开，要向餐厅经理汇报，将物品交给大堂副理处 |

## 2. 撤台服务程序与标准（见表 4-2）

**表 4-2**

| 服务程序 | 服务标准 |
|---|---|
| 撤台要求 | 1. 零点撤台需在该桌客人离开餐厅后进行，宴会撤台必须在所有客人均离开餐厅后才能进行<br>2. 收撤餐具要轻拿轻放，尽量不要发生碰撞声响<br>3. 收撤餐具要为下道工序创造条件，叠碗时大碗在下，小碗在上<br>4. 收撤时，要把剩有汤或菜的餐具单独放置 |
| 撤台 | 1. 按摆台规范对齐餐椅<br>2. 将桌面上的花瓶、调味瓶和台号牌收到托盘上，暂放于服务桌<br>3. 用托盘开始收撤桌面上的餐具，并送至洗碟机房清洗，收撤的顺序为：银器、餐巾、瓷器、餐具、玻璃酒杯<br>4. 桌面清理完后，立即更换台布<br>5. 用干净布巾把花瓶、调味瓶和台号牌擦干净后，按摆台规范摆上桌面<br>6. 使用转盘的餐桌，需先取下已用过的转盘罩及转盘，然后更换台布，再摆好转盘，套上干净的转盘罩 |

## 3. 收尾服务程序与标准（见表 4-3）

**表 4-3**

| 服务程序 | 服务标准 |
|---|---|
| 减少灯光 | 1. 当营业结束，客人离开后，服务员开始着手餐厅的清理工作<br>2. 关掉大部分的照明灯，只留适当的灯光供清场用 |
| 撤器具收布草 | 1. 先清理桌面，再撤走服务桌上所有的器皿，送至洗碟机房清洗<br>2. 把布草分类送往备餐间（干净与脏的要分开） |
| 清洁 | 清洁四周护墙及地面，吸地毯，如有污迹，通知绿化部清洗 |
| 落实安全措施 | 1. 关闭水、电开关<br>2. 除员工出入口以外，锁好所有门窗<br>3. 由当值负责人做完最后的安全防患复查后，填写管理日志<br>4. 落实厅面各项安全防患工作，最后锁好员工出入口门，方可离岗 |

## 四、中餐餐具、酒具、用具的撤台顺序

较高级的酒席、宴会，往往需要两种以上酒水饮料品种，并配有冷、热、海鲜、汤、羹、甜、咸、炒、烩、扒、煎等不同的菜品。因此，在以下几种情况下，需要及时地更换小件餐具、用具。宴会前的准备工作应将所需物品备齐待用。

### 1. 用餐中换骨碟

骨碟在西餐中叫餐碟，宾客在用餐过程中，遇有以下情况需要更换骨碟：凡是吃过冷菜换吃热菜时；凡装过鱼腥味食物的骨碟，再吃其他类型菜肴时；用汁芡各异、味道有别的菜肴时；出现骨碟洒落酒水、饮料时。从客人的左侧将用过的骨碟撤下，撤碟时不可交叉叠撤。

2. 用餐中换烟灰缸

客人用餐时，餐台上的烟灰缸内应始终保持清洁，顾客使用过的烟灰缸应及时撤换。撤换烟灰缸的方法是：用干净的烟灰缸压放在用过的烟灰缸上，并将两个烟灰缸同时撤下，然后再将干净的烟灰缸放回原处，这样可防止在取拿用过的烟灰缸时，飘落烟灰。

3. 撤小毛巾与餐巾

客人用水果前，应将擦手毛巾递与宾客，客人用过后应及时用毛巾夹取下餐台。如用毛巾碟应一同取走撤下。客人用餐完毕离席后，应在撤餐具前先将餐巾撤离餐台。

4. 撤骨碟、小汤碗

宴会进行到最后时，应是上水果及茶的阶段，在上水果碟前，应将餐台上的小件餐具进行清理，在清理过程中，将吃菜点用的骨碟、小汤碗撤掉，换摆水果吃碟及果刀、果叉。

5. 撤菜盘

撤菜盘是在上水果前进行。上水果前，可将餐台上的残菜盘撤净，有必要时，可做简单的餐台清理，而后将水果摆放于餐台当中。

6. 撤烟灰缸

收台时撤烟灰缸，应先做防火安全检查，看是否有未熄灭的烟蒂，如有，应进行灭火处理。撤烟灰缸应为一项单独的撤台程序。

7. 收拾台布

收拾台布是撤台工作的最后一道程序。餐台的各种餐饮用具撤清后，首先应注意一下台布上是否有烟蒂、残菜等，如有，先清理再撤台布。如台布上洒有大量的液体时，应采取晾台的方法，待台布干后再卷叠，以免造成台布发霉。

## 五、撤台工作细则

1. 客人用餐过程中桌面的清洁

客人用餐过程中，餐桌上不能出现空盘、空碗和空酒杯。当发现客人餐桌上有空盘、空碗和空杯时，征得客人同意后及时撤掉。

2. 客人用完正餐后，桌面的清洁

当客人用完正餐后，征得客人同意清洁客人餐桌。清洁餐桌时，站在客人的右侧，身体侧站，左手中的托盘应在客人的背后，不得拿到客人的面前，注意不能影响客人的交谈；撤餐具时，托盘内物品应分类摆放且整齐有序；撤完餐具后，如客人餐桌上有菜汁、酱油迹或其他污迹，应在上面铺放一块干净口布。

3. 客人用完甜食后的清洁

客人用完甜食后，撤掉甜食餐具。

4. 清洁脏台面

撤完餐具后，服务员应清洁脏台面；左手托托盘，右手用两把勺，将餐桌上用过的牙签及食物残渣夹到托盘上；将客人用过的口布放在托盘上，送到服务边柜上。

5. 擦玻璃转盘

将玻璃清洁剂均匀地喷在玻璃转盘上，用擦布擦净，至光亮洁净无污；将擦净的玻璃转盘拿下，放在圆桌里侧的墙壁边上，注意小心轻放，并放稳。

6. 换台布

从边柜中取出干净、熨烫平整、无破损且尺寸适当的圆台布。服务员站立于圆桌第二主宾位置，将干净台布放于椅背上；迅速将原脏台布脏面向里折好，放在座椅上；将准备好的干净台布中股缝向上，横向打开，两手拿住台布一侧的两端，然后轻轻将台布抖开，覆盖在圆桌面上。并使台布四周下垂部分匀称相等。

7. 检查台布

检查铺好的台布有无破损或污迹，如不符合标准，应重新更换；检查铺好的台布，保证四周下垂部分相等；检查台布是否中股缝向上，并朝向主位；对齐座椅，即主位和副主位在同一条线上，其他座椅间距离均等，且座椅边刚好触及下垂的台布。

8. 放回玻璃转盘

将擦干净的玻璃转盘轻轻放于圆桌的正中间；转动并调整转盘，使转盘中轴转动灵活且无倾斜不平现象。

9. 送出脏台布

将脏台布和服务边柜上的脏口布同时送到备餐间，放在布草车内。

## 案例分析

### 案例一　客人拿取餐厅的东西

某饭店，餐厅服务员正在为一批香港客人服务。酒至半酣，客人吴先生见餐桌上的银质餐具非常精美，顺手拿起一把银匙塞进自己西装内侧衣兜里。服务员看到后没有揭露客人，而是在宴请快结束时，手拿一套精致的带有饭店店徽的餐具递给吴先生："先生，您好。听说您非常喜欢我店的银餐具，我们经理很高兴，送给您一套，已经在你的账单上记下了。"客人一愣，马上反应过来，就着台阶下来："谢谢你们的关照，今天喝酒较多，有失礼的地方请多包涵。"就这样，服务员巧妙地让客人买了一套小件银餐具，而且将客人装入衣袋的那件相同的抽出来了，以自己高超的服务技巧，在不伤客人情面的情况下，巧妙地保护了饭店利益。

**案例分析：**

在饭店常会发生客人拿取饭店物品的情况，作为服务员应正确区分客人所取物品的性质。饭店物品分三类：一是餐厅或客房的免费用品；二类是客房或餐厅的补给品，客人可以使用但不可以带走；三是计费用品。服务员应根据客人所拿物品的类别采取相应措施。

如果客人确实偷拿饭店物品，服务人员必须追回。但要注意方式和分寸。注意尽量不在大庭广众之下索回，在语言上不采用过激言辞，当然，对于情节恶劣的、所偷拿物品比较贵重的应处以罚款。本案例中服务员处理方法得当，用词婉转，讲究服务语言艺术。但让客人买下餐具的办法要慎用，防止发生冲突。

## 案例二 顾客消费的停车问题

某公司老总叶某去温州出差，临近傍晚选择了当地一家颇有知名度的餐厅吃饭，并将自己的奔驰轿车停放在酒店所属的收费停车场。当用餐完毕准备离开时，发现自己的奔驰车前大灯被人为撞坏。叶某当即找到酒店保安理论，被告知这是另一名顾客在倒车时撞坏的，与酒店没关系，要叶某找肇事车主索赔。

**案例分析：**

对于顾客消费停车问题，我们首先应分清作为消费场所的餐厅，对于顾客的车辆是起一种保管作用的，可以理解为是对顾客贵重物品的保管，是消费的延伸。在这里，主要是要分清这样的保管到底是有偿的还是免费的。如果是收费的，那么酒店就有义务妥善保管好顾客在消费过程中所交保管财物的安全，如果因为在保管过程中因自己或第三人的原因导致顾客财物受到损害的，就应当承担相应的赔偿责任。如果是免费保管的，作为消费场所它只承担因自己的故意或过失给顾客财物造成损失的赔偿责任，而对第三者的因素导致损害发生可以不承担或者承担较次要的责任。当然，作为消费者本身在餐饮酒店消费过程中也应当对所携带的物品有充分注意保管的义务，作为公共场所的餐饮服务场所是没有义务对顾客随身携带的财物负完全的保管责任的，此时，顾客财物的安全很大程度上要靠自己来保管。

## 案例三 道歉的水果

一天，有10位客人来到餐厅就餐，他们点了菜之后边吃边谈，在这顿餐即将进入尾声时，客人点了主食，每人一碗豆面。在服务员将豆面送到每一位客人面前后，客人们并未立即食用，而是继续交谈着。大约10分钟后，有的客人开始吃面，其中一位客人刚吃了一口，便放下筷子，面带不悦地对服务员说"这豆面怎么这么难吃，而且还粘到一起，不会是早做出来的吧？你知道吗？这顿饭对我来说是很重要的。"服务员连忙解释说："先生，我们对客人点的饭菜都是现点现做，一般的面条在做出来几分钟后就会粘到一起，而豆面的黏性比其他面的黏性大。如果做出来不马上吃的话，必然会影响到面条的口味和口感。

我们通知厨房再给每位客人做一碗面好吗?"客人说:"不用了,再做一碗豆面也不能挽回我的损失。"此时恰逢餐厅经理走了过来,服务员当即向她汇报了情况。餐厅经理让领班为客人送上水果并对客人说:"对不起,先生。由于我们未能及时向您及您的客人介绍豆面的特性,让您没有很圆满地结束用餐。您如果对于今天的服务感到不满意的话,我将代表宾馆向您赔礼道歉。"客人说:"服务态度没问题,不过我希望服务员在上菜时能给我们介绍一下。"于是客人结账离去。

**案例分析:**

经了解,这位客人是请生意伙伴在饭桌上谈生意的,因生意未谈成,所以心情不好。再加之豆面的"不可口",更增添了客人的不快。服务员在上"豆面"时,如果能够向客人介绍豆面黏性大的特性,并提醒客人要立即吃才会有好口味,那么客人的不快是能够避免的。服务员在对客人服务过程中,应把工作做得细致些,不可有半点马虎,力求达到"尽善尽美"。

## 案例四 微笑服务哪里去了

客人投诉食街服务员在服务过程中缺乏微笑服务,且不能及时地解决客人的多种需求,令客人在用餐过程中感到不快。

**案例分析:**

主管在员工例会前要求服务员站立微笑五分钟;对服务员加强培训,提高服务质量,通过考核优胜劣汰;要求管理人员及服务员做到"五步微笑法",在至少五步之内面对客人时,必须对客人报以真诚的微笑,致以亲切的问候。管理人员及服务员应从根本上去挖掘"微笑服务"的内涵。世界著名饭店之王希尔顿曾深刻剖析了"服务中的微笑"所带给他的成功秘诀。在激烈的市场竞争中,酒店服务者唯有用心去体会客人的感受,为其提供特色服务并持之以恒地坚持下去,才能赢得更多的客人。

## 案例五 打包盒

位于上海东北角的某宾馆餐厅内,宾客甚众。坐在第18桌有3位客人,其中两位是钟医生夫妇,还有一位是钟医生20年未遇的老同学许经理。由于故人相逢,谈得投机,不知不觉两个小时过去了。毕竟都是年近半百的中年人,胃口大大不如学生年代。钟医生为尽地主之谊,一口气点了七八个菜,两道点心,再加上四小碟冷菜和饮料,3人都几近"饱和"状态。钟医生夫妇眼看桌上还剩有不少好菜,不免有点惋惜。负责这个区的服务小姐接待很得体，自始至终都挂着甜甜的微笑，出言吐语、行为举止，处处流露出受过正规训练的素质。此刻她见3位客人已有离席之意，便准备好账单，随时听候招呼。果然，钟医生向她招手了。账很快便结清了，服务小姐转身送来找回的钱时手里多了一样东西：一个精美的盒子，里面有若干食品袋。钟医生夫妇不解此意，正要开口询问，服务小姐已经轻声细语地说道："请问，剩下的菜是否要装在袋中带走？"3位客人感到十分新鲜，不觉接过盒子端详起来。方方正正的盒子，不大不小，两只拎带仿佛鸟儿的一对翅膀，只见盒子上面还有两行书法工整挺拔的题字："拎走剩余饭菜，留下勤俭美德。"这优美的书法，配以餐厅的装潢布置，给客人以一种高雅文化的享受。钟医生便问服务小姐，是谁写得这手好字，服务小姐告诉他们，这是饭店肖总经理亲自题的字。总经理是个书法迷，甚有功底，连盒子都是他亲自精心设计的。"我们不能辜负总经理先生的一片心意。来，把剩菜倒进袋中，明天还能美美吃一顿！"豪爽的钟医生说着便装了起来。

**案例分析：**

"打包"在国外是很平常的事，英美人称之为 Doggie Bag（狗食袋），就是在酒店把吃不完的饭菜装回家。但是为了体面起见，都说带回家喂狗，其实就是给人吃的，这是人所共知的事，Doggie Bag 已成了"打包"的代名词。服务员主动向客人提出打包，这在国内星级酒店不多见。据宾馆介绍，每个盒子工本费要2元，每个月宾馆在"打包"盒上要贴上一大笔钱，但从中却反映了宾馆广大员工的良苦用心。通过服务员道出了客人羞于开口的话，这正是宾馆经营者熟谙服务心理的表现。员工能够主动献上这个盒子，反映了宾馆站在客人立场上，提供主动服务的精神。就凭这一招，客人便会慕名而来的，所以宾馆花上这一大笔钱还是值得的。从另一方面分析，酒店不能只顾经济效益而置社会效益于不顾。此宾馆每月贴钱送打包盒，可以产生相当大的社会效益。在高星级酒店和豪华的酒店里，有些人热衷于奢侈，一味追求排场，明知吃不完，盘子偏要堆成山，在社会上产生了很不好的影响。此宾馆提倡勤俭美德，其意义也绝非几元钱所能衡量的。

## 服务名言

劳动受人推崇，为社会服务是很受人赞赏的道德理想。

## 职业能力训练

（1）在了解送客要领以及注意事项的基础上，进行送客服务模拟，使用礼貌性用语。

（2）收尾工作实训：关闭餐厅非必要灯光设施、清洁工作、安全措施处理。

![观念应用训练]

**观念应用训练**

阅读资料，回答问题。

## 资料一　王府井大饭店

图 4-12

王府井大饭店隶属于中国中化集团公司旗下的方兴地产，是一家位于举世闻名的王府井商业区内的五星级涉外酒店。距天安门广场、故宫、北海、景山咫尺之遥，毗邻政府、银行、金融机构，大型豪华商场、著名商社鳞次栉比。实行标准化、国际化管理。各类商务及康乐设施齐全、完善。348套各种规格的客房，5000平方米写字间。4000平方米的大型豪华夜总会在亚洲首屈一指。得天独厚的地理位置、幽雅舒适的环境设施，是从事商务、旅游、休闲、娱乐、购物的宾客最理想的选择。

北京王府井大饭店行政楼层所有房间均已经安装了台式电脑，可以为客人提供免费宽带高速上网、文字处理、在线游戏、电影点播等多种办公以及娱乐服务。同时，入住行政楼层的客人可享受下列超值服务：

（1）在位于13层的行政楼层专设前台办理入住和离店手续；

（2）每早七点至十点在13层行政酒廊免费享受丰盛的中、西式早餐（周六、日顺延一小时）；

（3）在每天下午五点至七点的"欢乐时光"时段，请您免费品尝精美小点心和新鲜水果；

（4）全天免费享用咖啡、茶和时令果汁；

（5）每次下榻免费使用行政酒廊会议室一小时；

（6）每次下榻期间一次性享受价值85元人民币的免费洗衣服务；

（7）退房时间延长至下午四点钟；

（8）"皇城苑书吧"服务：在俱乐部内免费阅读图书、报纸和杂志；

（9）"皇城枕头吧"服务：免费提供多种款型健康睡枕供宾客下榻选用，助宾客体验如家般的睡眠享受；

（10）房间内专设传真机，免费享受收发传真服务；

（11）俱乐部为宾客提供自每早六点三十分至晚间十一点的贵宾服务。

酒店设施包括：会议厅、商务中心、票务服务、国内电话直拨、国际电话直拨、洗衣服务、商场、美容理发室、全部房间免费宽带上网、房内小冰箱、房内保险箱、银行、外币兑换、送餐服务、停车场餐饮设施、中餐厅、西餐厅、咖啡厅、酒吧、娱乐以及健身设施、卡拉OK厅、电子游戏机室、游泳池、健身室、桑拿浴室、迪斯科舞厅、夜总会。

在餐饮设施方面，王府井咖啡厅：提供美式早餐、快捷的午餐和丰盛的法式布菲晚餐，在享受舒适用餐环境的同时，您还可以透过通体的观景窗与一街之隔的人民艺术剧院两相呼应。潮王府中餐厅：以经营潮粤为主的中式餐厅，香港名厨主理，打破传统潮州菜模式，主打菜蚝皇扣干鲍、金汤红烧鱼翅体现了潮菜的精、淡、雅。餐厅内部环境优雅舒适，设有豪华贵宾房。罗马花园：幽雅舒服的光线和赏心悦目的装饰给绅士雅客预留了一处浪漫氛围的闲适所在，法式大餐让您尽享西餐的精髓，日式铁板烧为您提供正宗地道的原日本料理的享受。唐吧：杯中的"兰利雯"闪烁着夜晚的朦胧，晶莹剔透的"格兰菲迪"倒映的是唐吧的典雅和安适。唐吧就像是您的商务港湾，使您在松弛中感受周围的尊贵。

交通地理上，酒店地址是北京市东城区王府井大街57号。所属商圈为天安门王府井地区。周围景观包括故宫、北海、天安门、景山。距离机场24公里，距离火车站5公里，距离市中心3公里，距离国际展览中心15公里。服务设施齐全，包括商务中心、商场、理发美容室、票务服务、洗衣服务。餐饮休闲方面包括中餐厅、西餐厅、咖啡厅、酒吧；休闲：迪斯科舞厅、卡拉OK厅、健身室、室内游泳池、桑拿浴室。周围景观还有王府井步行街、天安门广场、东方广场、故宫、天主教堂、美术馆。

# 资料二 北京希尔顿大酒店

1994年开业，2008年装修。北京希尔顿酒店由著名的希尔顿酒店集团管理，坐落于北京东三环北路燕莎商务区内，毗邻中国国际展览中心、三里屯使馆区、农展馆，门前有民航大巴直达机场。

北京希尔顿酒店位于北京市燕莎商业区和外交使馆区的中心点，距离北京首都国际机场仅20分钟车程，轻松往来于各主要旅游景点、大型购物中心及娱乐场所。北京希尔顿酒店拥有设施齐全的会议室及宴会厅。无论是商务旅行还是家人出游，这里都是工作、休憩的绝佳选择。房间内的一切皆为客人量身设计，配有宽带高速网络接入，双线电话和留言服务。酒店提供502间客房及套房，为客人带来轻松和惬意，享誉盛名的希尔顿酒店提供

图 4-13

至尊美食。于 2008 年奥运期间盛装开业的行政楼提供更为广阔的空间和更加完善的设备。行政房间内增设了 Bose CD 播放器、浴室电视、咖啡机和 DVD 播放器。位于三层的行政酒廊是享受宁静休闲时光的理想去处，在此还可享受快速办理入住和退房手续。餐饮设施包括亚洲美食元素阁、美式餐厅东方路一号、颐达吧、汤尼酒廊和咖啡基诺，在此可以与朋友小酌，尽享美味。可以在壁球场挥拍、享受中式指压按摩，还可以选择在设备齐全的健身中心锻炼，在设有温度监控的室内泳池畅凉一番。

**餐饮详情**

1. 元素阁

开放式厨房餐厅，集中亚洲各式精致佳肴。各种烹调手段一应俱全，如烘、烤、蒸、煮、焙、炸等。富有时代气息的"现场厨房"概念使顾客有机会观看厨师现场运用包括金属、木、玻璃（水）、火、石头（土）等元素来创造时尚一流的亚洲佳肴。

2. 东方路一号

饭店的特色西餐厅"东方路一号"，重新定义了源自美国的现代烹调，餐厅环境亲切、温馨，弥漫着一种怀旧感，令人想起最初的"路易斯安那"餐厅里那种美国南方宅第的室内装修风格。餐厅供应世界各地的品牌葡萄酒，在京城首屈一指。餐厅的两个别致包间，是商务和家庭聚会的理想场所。

3. 颐达吧

先后坐落伦敦、吉隆坡、悉尼和曼谷，降临北京的希尔顿品牌酒吧，承袭了姐妹店的经典风格及成功之处，继续着来宾们的时尚、前卫之旅。酒吧提供品种繁多的品质鸡尾酒及爽口饮料。DJ 是音乐的主要来源，而乐队则加快了欢娱夜晚的节拍。

4. 汤尼酒廊

位于大堂的酒廊每日营业至深夜。前卫、舒适的大堂酒吧为您提供五星级的饮品及服务。

5.咖啡基诺

位于酒店大堂的甜点角，提供新鲜冲制的各种咖啡、芬芳的清茶、自制的甜点和巧克力、新鲜出炉的面点，以及现场制作的各色小吃。宾客既可以在此休闲地享用，也可以选择打包带走。

## 资料三　北京国际饭店

图 4-14

北京国际饭店，地处北京的中央商务区，首都的心脏地带——东长安街上，毗邻人民大会堂、外经贸部、北京市政府、中国海关。与各国驻华使馆和各跨国公司中国办事处近在咫尺，距离王府井步行街仅一街之遥，离天安门广场和故宫仅10分钟车程，面向恒基中心、中粮广场，距北京站仅咫尺之遥，距离机场28公里，有机场大巴直达机场。

北京国际饭店拥有风格迥异的各式客房，集豪华与古朴、典雅与辉煌为一体，展现了东西方文明的不同侧面。幽静舒适的室外庭院，明亮宽敞的大堂，环境幽雅的四季酒吧，特色浓郁的餐厅，设备先进的商务中心，功能齐全的宴会和会议设施，友善热情的员工为宾客提供周到细致的服务，高品质管理的北京国际饭店为宾客营造了一个舒适美好的旅途之家。酒店开业时间1987年，新近装修时间2005年，楼高29层，客房总数916间（套）。

北京国际饭店服务设施：谭府（官府菜）、大上海餐厅（上海菜）、福临门金阁鱼翅酒家（粤菜）、八幡日本料理（日本菜）、四季酒吧、28层星光旋转餐厅、玫瑰苑咖啡厅。

◇休闲设施：迪斯科舞厅、卡拉OK厅、室内游泳池、保龄球场。

◇服务设施：商务中心、票务服务、DDD电话、IDD电话、商场、部分房间有宽带上网。

◇ 会议设施：国际厅可容纳 700 人、彩虹厅可容纳 150 人、阳光厅可容纳 300 人以及梅林厅、竹园厅、兰亭厅均可容纳 30 人。

## 星光旋转餐厅

位于北京国际饭店 28 层的星光旋转餐厅是北京市中心最高的也是唯一的旋转餐厅，从地面到星光餐厅的高度是 106 米；在这里一边品尝厨师精心为您烹制的丰盛、中西自助大餐，回味余长的佳酿，一边俯瞰京城迷人的景色，感受北京日新月异的变化，令人遐想，是商务宴请、家人朋友小聚的首选之地。星光旋转餐厅转一周需时 110 分钟，可容纳 140 人同时用餐。得天独厚的地理位置，精致的菜肴和优质的服务，使星光旋转餐厅赢得了四海宾客的青睐和赞誉。

## 谭府

走上北京国际饭店三层，一定会被眼前清末江南风格的大宅院所吸引。走进庭院，庭院内既有北方府邸的粗犷，又不失江南建筑的幽雅，鱼缸、太湖石、抄手廊、水池、花草、树木……错落有致，给人别有洞天的感觉，这就是谭府。谭府以经营谭氏官府菜为主。所有厅堂都布置得仿佛到了清末官宦人家。谭家菜出自清末榜眼谭宗浚家。当时，京城官僚私养的烹饪班子创出了许多独特的风味菜，由此形成了官府菜。不过，谭家菜是众多官府菜中唯一能够比较完整流传下来的代表菜。后来也就有了"食界无口不夸谭"的说法。谭家菜的特色是以广东风味为基础，博采各方菜点之长。因而，与其他菜系相比，一是甜咸适度，南北均宜；二是火候足，下料狠，菜肴软烂，易于消化，尤其适合老年人享用；三是讲究原汁原味，很少用花椒、胡椒等调味品。菜肴多以烧、烩、扒以及羹汤为主，少爆炒，不讲究抖勺、翻勺等技术。时至今日，谭府官府菜在秉承谭家菜传统的基础上，仍以现代粤菜为基础，适时借鉴其他菜系的新派做法，满足当前人们的口味需求。谭府官府菜的菜肴近 300 种，最有名的当推燕翅席。其中仅鱼翅的做法就有十几种之多，黄焖鱼翅又是个中上品。黄焖鱼翅选用上等吕宋黄，自家动手用水发足发透，再用母鸡、肥鸭调出上好鲜汤，加上金华火腿，将鱼翅以文火焖达六七个小时，然后调以干贝汁、火腿末等佐料，烹制出的鱼翅原状完整，色泽金黄，从发料到成菜约两三天时间。此外，红烧极品鲍、木瓜炖官燕、鲍汁扣鹅掌等都是谭府的招牌菜。为适应现代餐饮的需求，谭府菜也在不断更新，推出了许多既美味又绿色的健康食品，如南瓜烩鱼翅等。

## 大上海餐厅

融合浪漫怀旧风格的设计，让您跨越时空感受 30 年代上海的万种风情。餐厅以公馆式的装饰风格，保留了老上海的精致格调与摩登时尚。旧式留声机、老上海烟画、徐行的吊扇，流淌的音乐，无不体现出公馆式的尊贵、高雅与闲适。在菜品的经营上以新派淮扬菜及上海传统菜肴为基础，并吸纳了其他几大菜系的风味特色。经过推陈出新的公馆菜，既有醇正的"浓油、赤酱"，也有"老菜新做"，还有"中菜西做"，从而体现出精美、创新、经典、时尚的特色，演绎出公馆的高贵风范。

### 玫瑰苑咖啡厅

咻啦啦的油煎声，香喷喷的烤肉味，宽敞、明亮、干净的操作间，穿戴整洁的厨师正专心为客人现场制作美味佳肴，这就是装修一新的玫瑰苑咖啡厅的最亮点。玫瑰苑咖啡厅位于北京国际饭店一层西侧，以经营各国美食精品为主，代表菜肴有：肉酱意大利粉、葡式奶酪酸奶扒鸡、美式牛扒、俄式红酒烩牛膝，美不胜收，令人大饱口福。咖啡厅有150个座位，在绿色环绕之间，又十分注意客人的私密性，是客人休闲小聚、友人闲聊、商洽生意的理想场所。在这里不用出国，便可以享受异国美味和西式大餐。

### 福临门金阁鱼翅酒家

主营粤菜，港厨主理，同时有各式风格的家乡小炒，丰俭由人。餐厅环境古典高雅，既有古时凝重的特色，又有现代的豪华，十个单间，都是以北京的城门署名，是您请客、聚会、商谈的理想之地。

### 湘都府

湘都府鲍翅酒楼，位于饭店一层，餐厅装修豪华，古色古香，经营面积近1000平方米。有风格各异的包间9个及大厅15个散台，其中豪华间2个，均可接待30人。餐厅以经营高档燕窝、鲍鱼、鱼翅为主，同时兼有精品粤菜及特色湘菜。

### 日本餐厅

八幡日本料理店位于北京国际饭店三层，特聘日本大阪新大谷饭店有30年经验的日本料理长担任厨师长，为追随潮流的客人准备了生鱼片、寿司、天妇罗等日本传统名菜，还有精美套餐供美食家们选择。和服、木屐、榻榻米，还有空气中弥漫的清酒香，令客人如同置身于樱花的国度。

### 四季酒吧

可容纳50人，热带园林景色，环境独特幽雅，为宾客提供各国美酒、啤酒、软饮，是宾客把盏畅饮、洽谈生意的好去处。

问题：根据所给资料，请分别比较三者在经营上的相对优势、相对劣势。

## 👍 情景模拟训练

**情景设定：**

模拟餐厅送客收尾服务工作，学生分组分角色扮演客人与服务人员。情景训练包括以下两个场景：①服务人员娴熟、快速、准备完成收尾工作。②在收尾工作中拾到客人遗忘的钱包。

**训练要求：**

根据以上两个场景模拟，锻炼实际送客工作能力是否掌握娴熟，要领是否牢记，体会服务员的工作岗位职责，思考场景②中拾到客人遗忘的钱包的处理方法。

知识拓展

## 西班牙美食文化

图 4-15

　　西班牙是世界三大旅游国之一，在这里不仅可以享受阳光、美食和热情的服务，更能够充分体验生活的乐趣。饮食无疑是西班牙最具吸引力的特色文化之一，不管是质量还是种类都在世界上享有盛誉。传统的西班牙烹饪中经常使用以橄榄油为主的植物油和以猪油为主的动物油脂，并使用由阿拉伯人引进的种类繁多的水果和蔬菜以及从美洲新大陆引进的马铃薯和番茄作为配料。

　　巴塞罗那的加泰罗尼亚菜具有典型的地中海风味，被认为是世界上最健康的饮食之一。这些菜肴巧妙地将当地各种天然食品，如鱼类、肉类、稻类、蔬果、橄榄油等融合在一起。辅以独创的灌汤、食用菌、甜点和西红柿涂面包，以不同的烹饪方式，出现在餐桌上。典型的当地菜有：以大米为主料或辅料制成的多种佳肴，西红柿涂面包和各种灌肠。甜点中最有当地特色的是密玛多（蜂蜜加奶酪）和各种奶油。

　　不论是米其林导游手册中提到的高档餐厅，还是在街边的小餐馆，不论是餐厅本身，还是所提供的菜肴，都可以让宾客体会到加泰罗尼亚特色。

　　从某种意义上讲，吃什么和怎样吃会决定一个民族的特性。西班牙人的吃可归纳为一"露"二"长"。露，就是在露天里摆下吃喝的场子和台面。星级酒店、餐馆、酒吧、小吃店，还有"哈根达斯"冰激凌，全有室外的天地。条件好点的拥有露天的阳台，大多安营扎寨在临街的店外及路边的人行道上。在地中海马略卡岛的帕尔马，有的饭店就建在海边崖顶上，坐在高高的太阳台上，临海凭风，沐浴在一天的星斗里；不远处，披着一身辉煌灯火的游轮正向岛缓缓驶来。吃在露天，置身天地之间，与自然融为一体，可生文人墨客之风雅，也得平民百姓之快活。二"长"，这二"长"之一是吃喝时间长。吃喝时间长倒不是在吃流水席，实在吃的是流水的时间。

西班牙的红酒非常不错，称得上价廉物美；一瓶相当于100元人民币的红酒，在国内杭州起码要800元，这是一位杭州作餐饮小有名气的业界人士所言。在西班牙，无论吃正餐还是吃其他小吃，西班牙的红酒都是不可或缺的饮品。而且，去西班牙的酒吧点一杯红酒，服务生会很自然地给你一小盘小吃，通常是火腿。西班牙人把火腿叫作"哈蒙"，质量上乘的要数安达卢西亚自治区的"哈布高"品牌，据说每公斤要100美元。响当当的火腿、肉肠和鸡蛋土豆煎饼统称为西班牙的三大小吃。火腿色彩很鲜艳，有的接近紫绛红。切得很薄，一片一片近乎透明，可以整片吃，也可以撕成条。

如今，啤酒在西班牙也越来越受欢迎，爱喝啤酒的都知道啤酒冰镇过才好喝。如果酒是冰过的，但盛啤酒的杯子却温度如常，这自然影响了口感、滋味和享受。在西班牙，无论是帕尔马还是在塞维利亚，只要喝啤酒，不论是在酒吧、餐馆还是在大酒店，酒杯一律是冰过的，味道当然极好。西班牙人让全世界看到了与奔放的弗拉门戈和刚烈的斗牛相映成趣的另一面。

## 吓倒中国游客的西班牙美食——墨鱼汁海鲜饭

在海鲜饭的系列中有一种墨鱼汁海鲜饭。西班牙当地人管它叫海鲜黑饭。米饭发黑的原因就是因为使用了黑色的墨鱼汁。乌黑的一盆饭端上来着实会吓倒素爱色香味的中国游客。

据说数百年前西班牙的无敌舰队在征战中南美洲时，有一次炊事员已经用完黄色粉末，又一时无法购买，炊事员干脆把原本准备扔掉的墨鱼汁来替代黄色粉末。黑色海鲜饭做好后连厨师自己也不敢相信其味居然如此之美、之鲜。早就饿急了的士兵将黑饭一扫而光，炊事员还受到了嘉奖。打那以后，墨鱼汁海鲜饭不仅写进了西班牙的传统菜谱中，经过各地厨师的改良后变得更加受人青睐。

图 4-16

一位专业海鲜饭厨师对记者说，墨鱼的黑汁是墨鱼用来对抗要侵犯它的敌人的，每当墨鱼感到要被敌人侵犯时它就将黑色墨汁喷出作为烟幕，给自己逃跑寻找时间和机会。因此加工墨鱼汁的工厂使抓到的墨鱼将陈旧的墨汁喷出，10分钟后再割下墨鱼的汁袋，再取出黑汁水进行加工做成海鲜原料。厨师说，如果墨鱼没有危机感就不会喷出墨汁，时间长了墨汁就不新鲜，在墨鱼喷出一次墨汁的10分钟之后产生的墨汁最新鲜，味道也最佳。几百年来墨鱼汁饭已经成了西班牙菜谱中的一道亮丽风景。可中国人对墨鱼汁饭不感冒。每当将海鲜黑饭端到中国客人面前时，几乎大家同时都面露恐惧。

图 4-17

　　西班牙海鲜饭，主要产地在西班牙鱼米之都瓦伦西亚。到了西班牙的餐厅就餐，摆上餐桌的海鲜饭各有不同，有上等材料制作的，也有普通海鲜制作的。好的海鲜饭要使用上好的新鲜的大鱼骨熬汤来焖饭，里面再配上龙虾、鲍鱼、墨鱼、扇贝等，凡是名贵好吃的就往里放。

　　海鲜饭是西餐三大名菜之一，与法国蜗牛、意大利面齐名。海鲜饭西语原文叫 Paella（音译为巴埃亚），原产地为西班牙第三大城市瓦伦西亚。瓦伦西亚的稻米文化历史久远，源于阿拉伯人统治西班牙时期，阿拉伯人通过丝绸之路将东方的稻米、火药、橙子等传入西班牙。瓦伦西亚是西班牙通往地中海的门户，地理战略位置十分重要，加上这里气候宜人、土壤肥沃，非常适合种植水稻和橙子。最早的瓦伦西亚海鲜饭是用大米、鸡肉（或兔肉）和蔬菜烹饪而成的一种菜肉焖饭，西语叫作 Paella Valenciana，做饭用的锅叫双耳平底锅。瓦伦西亚饭很受欢迎，是当地人的传统菜。后来人们又在此基础上用各种不同的食材做成了海鲜饭（Paella de Mariscos）、墨鱼汁饭或黑饭（Paella Negra）等。如今由于以海鲜为原料的 Paella 最受欢迎，在各大旅游景点餐厅的点菜率最高，因此中国人便将种类繁多的 Paella 干脆统称为海鲜饭。海鲜饭还有一大特色就是使用了西红花（Zafran）。

　　有个古老的传说，摩尔国王的仆人们将宫廷宴会上的剩饭菜混在一起放在大锅里带回家，由此就做成了海鲜饭。还有人认为，海鲜饭的西班牙语 Paella 源自阿拉伯语的 Baqiyah，意思就是"残羹剩菜"。然而，语言学家们则认为 Paella 这个词来源于做海鲜饭用的平底锅名称——拉丁语 Patella，敬献诸神的供品一般都盛放在这种平底容器上。仆人们用国王的残羹剩菜做成一道饭的故事颇具浪漫色彩，不过，确凿的一点是，直到19世纪中期，现代的海鲜饭才在阿尔布法罗（瓦伦西亚南部的一个海湾）附近的地区出现。午饭时，田地里的工人们把平底锅放在火上做海鲜饭。他们把所有能找到的食材——如蜗牛和蔬菜——都放进去。在特殊的场合，饭里会加入兔肉，后来还加入了鸡肉。橄榄油是海鲜饭的基本佐料。另外还有藏红花，是一种非常昂贵的香料。这种珍贵的香料其实是干藏红花的柱头，在夏季开放的藏红花是西班牙最重要的作物之一（一磅的这种香料大概需要75000朵藏红花的柱头）；这种香料令海鲜饭和其他菜肴都呈现出特有的亮黄色，更重要的是还添加了一种独特的风味。如果没有真的藏红花，用黄色料加上辣椒粉也可令其呈现出金黄色。另外对大米的选用也很挑剔。做海鲜饭要用传统的瓦伦西亚大米，米粒呈圆形、大小中等。这种大米能够很好地吸收与它一起烹调的食材的味道，如鸡肉、猪肉、橄榄油、海鲜和蔬菜。

总体而言，西班牙海鲜饭并不复杂，掌握要领可以在家烹饪。

**基础知识训练**

**一、选择题**

骨碟在西餐中叫餐碟，宾客在用餐过程中，遇有不需要更换骨碟的情况是（　　　）。

A. 凡是吃过冷菜换吃热菜时

B. 凡装过鱼腥味食物的骨碟，再吃其他类型菜肴时

C. 用汁芡各异、味道有别的菜肴时

D. 出现骨碟洒落酒水、饮料时

E. 骨碟中有少许食物残渣都应立即更换

**二、填空题**

1. 换台布：从边柜中取出干净、熨烫平整、无破损且尺寸适当的圆台布。服务员站立于圆桌_____，将干净台布放于椅背上；迅速将原脏台布脏面向里折好，放在座椅上；将准备好的干净台布中股缝向上，横向打开，两手拿住台布一侧的两端，然后轻轻将台布抖开，覆盖在圆桌面上。并使台布_____匀称相等。

2. 检查台布：检查铺好的台布有无破损或污迹，如不符合标准，应重新更换；检查铺好的台布，保证_____相等；检查台布是否中股缝向上，并朝向主位；对齐座椅，即主位和副主位在同一条线上，其他座椅间距离均等，且座椅边刚好触及下垂的台布。

3. 以下有关撤台的程序中，正确的顺序是_____。

①将桌面上的花瓶、调味瓶和台号牌收到托盘上，暂放于服务桌。

②按摆台规范对齐餐椅。

③用托盘开始收撤桌面上的餐具，并送至洗碟机房清洗，收撤的顺序为：银器、餐巾、瓷器、餐具、玻璃酒杯。

④桌面清理完后，立即更换台布。

⑤用干净布巾把花瓶、调味瓶和台号牌擦干净后，按摆台规范摆上桌面。

⑥使用转盘的餐桌，需先取下已用过的转盘罩及转盘，然后更换台布，再摆好转盘，套上干净的转盘罩。

三、简答题

1. 在收尾服务程序中，落实安全措施包括哪几项任务？

2. 简述撤台服务标准的四项内容。

# 项目五

# 餐厅疑难问题处理实训

我国餐饮业的发展，经历了服务规范化、服务与菜肴并重的阶段之后，自20世纪80年代开始，进入了激烈的竞争阶段。综观餐饮业的变化，归根结底都是以市场为中心，而接待型宾馆则在竞争中处于劣势的位置。因此，在有序的特色化、效益化的竞争阶段，只有以客人为中心，以市场为导向，改变经营观念，才可以处于不败之地。

当今餐饮业的服务，已从程序化、标准化、规范化跨入了个性化、细腻化、多样化、人情化的更高层面，不过分强调台面餐具摆放的具体尺寸、距离标准，而更注重实用性，关心客人所关心的问题，体现出亲切、周到、细致入微的服务，并在细微之处体现人性化，服务过程中融入艺术化，甚至有的餐饮业加入了表演性的服务，并且摒弃了站立服务，提倡走动式服务，在走动中观察客人以满足客人的需求，使餐饮的服务更突出"店随客便、以客为尊"。

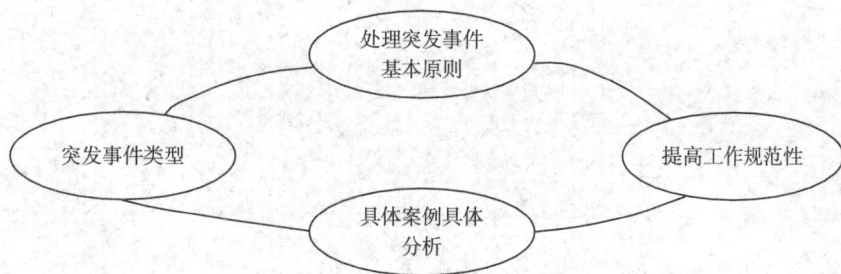

## 项目导图

图5-1 餐厅疑难问题处理实训

## 学习目标

知识目标

1. 处理突发事件的基本原则及相关知识

2. 了解提高工作规范性能力的重要性

技能目标

1. 掌握餐厅基本突发事件的处理原则
2. 具备观察客人需求的能力
3. 具备与客人的沟通能力

# 任务1　餐前服务疑难问题处理

## 任务目标

通过本次任务实训，让学生了解餐厅中常见的案例类型，并学习应对办法，掌握处理原则与标准，具备独立处理餐厅突发事件的能力，妥善地为顾客提供服务。

## 项目任务书

| 任务名称 | 餐前服务疑难问题处理 | 任务编号 | | 时间要求 | |
|---|---|---|---|---|---|
| 训练要求 | 搜索餐厅餐前服务常见投诉案例以及正确应对办法；总结常见投诉类型，与同学互相交流；听老师讲解本课主要案例；思考注意事项以及问题出现的原因；掌握处理突发事件的基本原则 | | | | |
| 培养能力 | 能够体会并了解顾客心理，培养学生妥善处理客人在餐前过程中容易出现的情况，做到顾客至上，一切以顾客满意为服务宗旨，揣摩客人心意，能够为客人提供最满意最优质的服务 | | | | |
| 涉及知识 | 餐厅常见投诉类型、具体案例以及分析 | | | | |
| 教学地点 | 教室、机房、模拟餐厅 | 参考资料 | | | |
| 教学设备 | 投影设备、投影幕布、可联网电脑 | | | | |
| 训练内容 | | | | | |

1. 对于自带酒水的客人，餐厅应该怎么办
2. 客人预订的婚宴没有与餐厅确认菜单，事后客人对餐厅的菜单不满意怎么办
3. 客人点了菜谱上没有的菜怎么办
4. 客人在就餐过程中吃到了虫子等异物怎么办
5. 茶水弄脏了客人的衣物怎么办
6. 茶水服务提供不及时怎么办

### 实训成果评价标准

1. 做到认真听取客人的诉说，使客人感到被重视
2. 服务员应表示理解，并向客人表示歉意
3. 必要时须做书面记录，并向上一级主管汇报
4. 应尽快向客人给出弥补措施的内容，并感谢客人的批评和指正
5. 餐厅应跟踪客人投诉的解决效果，这是处理投诉的重要环节，处理完投诉，还要征求客人的意见，得当处理会赢得客人感激，从而拉近与客人之间的关系

## 引导案例

一天，餐厅里来了三位衣着讲究的客人，服务员引至餐厅坐定，其中一位客人便开了口："我要点佛跳墙，你们一定要将味调得浓些，样子摆得漂亮一些。"同时转身对同伴说："这道菜很好吃，今天你们一定要尝尝。"菜点完后，服务员拿菜单去了厨房。再次上来时，便礼貌地对客人说："先生，对不起，今天没有这道菜，给您换一道菜可以吗？"客人一听勃然大怒：

"你为什么不事先告诉我？让我们无故等了这么久，早说就去另一家餐厅了。"发完了脾气，客人仍觉得在朋友面前丢了面子，于是，拂袖而去。

思考：是哪些原因造成了顾客的不满？

### 知识点

1. 前来就餐的客人自带了酒水应怎么处理

（1）可以在餐厅的进出口贴出"谢绝自带酒水"的提示。

（2）服务员也可以提醒顾客。点菜簿上也可以标明，自带酒水要自负开瓶费。

（3）应站在客人的角度去处理客人的需求，给客人面子的同时为客人提供优质的服务，更加热情地为客人提供服务。

2. 当客人在菜品中吃出头发或者小虫子等异物怎么处理

（1）这个问题解决的方法就是菜品第一道工序时把好关，然后层层监督。

（2）储存时间长的菜品在没有发现变质前应提前促销。如有异味坚决不能上桌。苍蝇，小飞虫，一般都是餐厅内的纱窗没关好，或有漏洞，应在开餐前做好防范。

（3）注意秋季时苍蝇、飞虫最愿意落脚的就是厨房的调料罐、醋瓶等。

（4）就客人方面虽然店方尽量避免，但是如果发现问题，一定要用正确的观点处理问题，要求是尽快给客人满意的答复，不要推卸责任，领班或经理及时处理好问题，并及时给客人以安慰。

（5）店方在处理内部人员时，也应规定好责任，比方说，头发是在哪个环节出的问题，退了菜之后，及时拿到厨房分析原因。把整件事情划分好责任，避免纠纷。

3. 服务员有口音，使客人点错菜怎么办

（1）就客人方面也应根据客人的意愿，换菜或退掉。满足客人的心理。

（2）就服务员方面，在知道自己错的情况下，尽量向客人解释，如果遇到能善解人意的客人，服务员的过错，他也许会承担。

（3）最重要的是加强自己的业务水平，餐厅方面把这种事情也划分到个人头上，加强约束。

4. 赶时间的客人在固定的时间内没有等到自己所点的菜，很不满意怎么办

（1）这种客人一般在点菜时便会告诉服务员自己赶时间，希望自己点的菜能快点上。这时工作人员要与后厨师傅进行沟通。

（2）如果是在客人告知的情况下还不能及时上菜致使客人退菜，那就是餐厅的责任。所以当遇到这种情况时，前后堂的沟通是最重要的。

5. 菜点多了，客人要求退掉怎么解决

（1）服务员应该在客人点菜时根据客人的人数来提醒客人，可以善意地提醒他："可以先吃了再点，如果不够再加。这样既保证菜品的质量又可以避免浪费。"

（2）如果客人执意要点那么多菜，最后吃不完后故意找借口退菜时，可婉言谢绝。

6. 客人对预订宴会的菜单不满意怎么解决

双方对菜单内容的约定实际上就是一份消费合同，作为消费者一定要对菜单内容做到具体明细，对菜肴的名称、用料、成分、重量都应当作严格的约定并在双方确认的情况下签字认定。

7. 当客人点了菜单上没有的菜怎么办

（1）服务员应了解客人所点菜的口味、款式及原料。

（2）向厨师长了解该菜能否马上制作。

（3）如果厨房暂时无原料，或制作时间较长，要向客人解释清楚，请客人下次预订，并请客人谅解。

8. 茶水洒到了客人的身上怎么处理

（1）服务员应该立刻真诚致歉，并请来经理，以示重视。

（2）用干净毛巾擦吸，征求客人意见是否送洗。

（3）最后应该照顾客人情绪，赠送水果、饮料等或者给予折扣，然后再次表示歉意。

9. 服务员上错了菜怎么办

（1）服务员可以告诉顾客，这道是我们为表达……配送的菜，免费品尝。

（2）把菜送给客人自己埋单。或者很真诚地说句"对不起，上错菜了，请见谅。"

（3）或者机会允许的情况下趁别人下筷子前，把菜收走。

（4）如果顾客不承认点了菜，可以说是自己失误，但是菜品已经品尝了，希望谅解！

（5）用真诚去解决问题，假设客人实在不愿意埋单，那么作为服务员就应该为自己的错误而负责任。

10. 餐厅茶水服务提供不及时怎么办

（1）服务员遇到此类情况，首先应该真诚向客人致歉。

（2）吸取教训，下次事先明确接待人员的工作程序，了解清楚要接待的是哪些人、多少人、什么时候到达及有无特殊服务要求等，向有关领导汇报准备工作情况并征询有无特别交代。

（3）服务员要在客人抵达前 10 分钟泡好茶，并备好茶杯。

11. 餐厅处理投诉的原则和流程是什么

（1）承认客人投诉的事实：认真听取客人的诉说，使客人感到被重视，如果是认真的客人，需要做书面记录。

（2）表示同情和歉意：如果客人投诉属实，餐厅应给予客人一定的赔偿，并向客人表示歉意："非常抱歉，我们将对此事负责，感谢您提出的宝贵意见。"

（3）同意客人要求并采取措施：要向客人解释清楚弥补措施的内容并征得客人同意，若客人不同意，就不要盲目实施，而是向上一级主管汇报。

（4）感谢客人的批评和指正：客人的投诉，无论是合理的还是不合理的，都会提升我们的服务和管理水平，因此，对投诉的客人都要表示感谢。

（5）快速采取行动，弥补客人的损失：当客人同意弥补措施，应立即行动，千万不要拖拉，否则会引起客人进一步的不满。

（6）跟踪客人投诉的解决效果：这是处理投诉的重要环节，处理完投诉，还要征求客人的意见，处理得当会赢得客人感激，从而拉近与客人之间的关系。

## 案例分析

### 案例一　急着用餐的客人

傍晚，茉莉餐厅门口停了十几辆山地自行车。问明情况后，得知是一个自行车队进行活动，从早晨八点开始已经骑行了大半天。大家都很饿，经理得知情况后立刻与厨师长联系，为客人们提供最快的就餐服务。

案例分析：

服务员应给客人介绍烹制简单、快捷的菜式品种，此种情况下，"快吃、吃饱"比"细吃、吃好"重要。服务员还应亲自到厨房（或通知主管、领班）和厨师长取得联系，或可以出催菜牌或在菜单上写上"加快"字样。服务快捷、灵敏，同时询问客人有无事情需要帮助，尽量满足客人的要求。

### 案例二　客人来晚了

李先生一家预订了晚上七点到海鲜餐厅用餐，但是七点半了客人却迟迟未到。餐厅经理依然为李先生一家保留着预订的位子。将近八点半，李先生一家来到了餐厅，并告知经理临时有事才会晚到，说明了原因。经理笑着对李先生说："没关系，位子给您留着呢！您现在就可以点菜了！"

案例分析：

服务员要更加热情，不能有任何不耐烦、不高兴的表现。并且先请客人入座，然后与厨房联系，再为客人介绍简单、快速的菜品。自始至终热情服务，不得以下班、清洁卫生等方式催促客人。

## 服务名言

客人的对与错并不重要，重要的是他们是否在用餐过程中体会到了贴心的感觉。

## 职业能力训练

根据以下餐厅常见的客人投诉案例，分析情况，模拟情景并实训解决办法：

（1）餐厅服务员将客人所点菜单与客人所在餐桌席号搞错，最终出现服务员上菜与客人事先所点菜点不符。

（2）宴会部主任在客人订餐时，没有问明订餐赴宴者是否要在正餐前安排鸡尾酒或其他有关活动，以致最终未能满足客人的要求。

（3）宾客订餐或宴会订餐，没有存档记录客人的订餐，更没有按时按日提供客人的订餐需求。

（4）在客人点的菜点佳肴中发现脏物。

（5）当客人只是被告知，所点菜点佳肴由于某些原材料暂缺，一时不能提供；但是客人并没有再次被照顾或提供服务，也没有被问明或被建议再改点什么其他菜点，加之服务员又去忙于其他客人或其他餐桌的客人，再也没有第二次回来为客人点菜服务；从而使客人被置于无人服务的冷遇境地。如遇到类似情况，可事前通知客人，餐厅暂时不能提供的菜肴，同时给出客人一些意见和建议，另外，如果有些菜品不能提供，这时要考虑更换菜单。

（6）由于服务不认真，向客人提供不洁净的酒杯、饮料杯、餐盘或其他不干净的银器等引起投诉。

（7）餐厅服务员或看台员，忘记问明客人是否需要酒水、饮料；使客人感到自己是不受欢迎和低消费的客人，令人看不起，因此引起客人极大不满。

（8）餐厅服务员没有按客人所点的菜点项目上菜，最后客人拒付菜点费用以示不满。

（9）餐厅服务员或清桌员没有认真、洁净地清桌，餐桌上仍然留有菜点脏物、水珠、面包碎屑等。

（10）餐厅服务效率低，即没有向客人提供快速敏捷的服务。如厨房厨师不能按时出菜或者是由于餐厅服务员较少、客人较多，客人所点的菜点久等不能服务上桌。

（11）送餐服务怠慢。送点服务也有服务效率问题，即客人用电话在客房内点菜用餐，一般来讲，从客人用电话点菜开始，送餐服务效率标准的限定时间为：早餐30分钟、午餐35分钟、晚餐35分钟。超出服务效率限定时间被列为冷遇客人或低劣服务。

（12）厨房备菜员没有及时通报当班主厨或厨师长有关食品原材料的变化和短缺问题，从而造成有些菜点不能提供。这样也就出现了一线餐厅服务员与后台厨房备菜员之间的脱节，从而造成客人在餐桌席位上久候菜点不能到桌，客人的就餐情绪低落。对于原材料的储备及变化情况，厨房备菜员每天要进行盘点，做到心中有数，以便进行采购，在保证酒店餐饮基本需要的同时，日盘点还能在一定程度上发现客人对菜品的喜好，并据此作出相应的物资采购计划。

## 👍 观念应用训练

阅读资料，回答问题。

### 某餐厅的《理赔公约》

餐饮业经营的关键不仅在于酒店地段的优越、店面设施的令人满意，还在于热忱周到、让顾客满意的接待服务。酒店经理在管理过程中不可避免地面临各种各样顾客与酒店的纠纷，如何艺术地处理这些问题，对留住顾客、维护酒店利益至关重要。正式的道歉、正规的赔偿，对顾客来说，是一种尊重——与顾客签订《理赔公约》。

每当遇到饭菜出现诸如卫生方面的问题时，酒店大多一"换"了之，"换菜"似乎成了酒店处理这类问题最常用的方式。其实，我们心里很清楚，酒店换菜，只是物质上的，即使换的那盘菜再干净，顾客心里还是不舒服。吃饭讲究的就是一个心情，把菜换了，也未必挽回顾客的好心情。

有人做过统计，如果顾客在一家酒店遇到过饭菜卫生方面的问题，那么，在心理选择上，他下次光顾这家酒店的概率比去其他酒店的概率低至少30个百分点，他向亲人及朋友推荐这家酒店的概率几乎为零。所以处理方式高明与否，直接决定酒店能否留住这些客人。

酒店一位顾客吃排骨时吃出一根头发，桌上一位女顾客就捂住嘴巴想呕吐。见她这样，服务员马上把这位女顾客请到办公室，给她泡茶、上水果，说了许多道歉的话，那个菜也免单了。但是最后，顾客仍旧不满意。换菜、送果盘有时候并不能挽回影响，怎样才能做得更好？

顾客在酒店遇到类似事情后，酒店工作人员首先真诚地承认错误在于自己，然后根据不同赔付情况与顾客签订《理赔公约》，双方签字，进行正式赔偿。这样的处理方式看起来更正式、让顾客感觉更被尊重。后来的事实证明，顾客普遍接受这种方式。

《理赔公约》对顾客与酒店发生的各种纠纷分别进行界定并制定不同的赔付标准：

（1）如果顾客在饭菜里吃出头发、苍蝇、虫子等异物，无偿为顾客换菜或退菜，赠送果盘，并一次性向顾客赔付精神损失费20元；

（2）如果顾客对饭菜质量提出疑问，免费为顾客换菜；

（3）如果顾客的衣物或所带物品因酒店工作人员的疏忽污染或受损，无偿为顾客清洗、亲自送上门，并一次性向顾客赔付精神损失费20元；

（4）如果顾客与酒店工作人员发生争吵，工作人员当场向顾客道歉，并一次性向顾客赔付精神损失费20元。

为了方便客人看到我们的《理赔公约》，把它附在点菜单封面的背面，客人只要打开点菜单，在点餐之前就能看到它。顾客与酒店签订的《理赔公约》形式如下（以顾客在饭菜里吃出头发、苍蝇、虫子等异物为例）：

**尊敬的顾客：**

您好！首先向您真诚地道歉！

我们的服务没能让您满意，是我们工作的失误，您提出的问题对我们既是一种督促也是一种鼓励，我们一定接受您的建议，保证您下次光临时让您和其他顾客满意。现在您在我们酒店就餐时发生了不快，我们将无偿为您退菜或更换价值相当的菜肴，赠送果盘，并一次性向您赔付精神损失费20元（横线上内容根据发生的不同情况，依据《理赔公约》填写不同的赔付标准）。

再次向您真诚地道歉，敬请谅解！

希望您下次光临，我们的发展离不开您宝贵的意见和建议。

酒店：（酒店盖章）

顾客：（客人签字）

_____年_____月_____日

其实，顾客在享受我们的服务时更在乎心理上的感受。正式的道歉、正规的赔偿，对顾客来说，是一种尊重。有时候，顾客的一个眼神、一个动作就是投诉。

一家高档酒店，来这里就餐的客人人均消费都在100元以上，客人一般都是有身份、有地位、有素质的人，所以，真正意义上的顾客投诉，比如大发雷霆或是和服务员吵起来的事几乎没发生过。对我们来说，有时候，顾客一个不满意的眼神、一个动作在我们眼里就是投诉，如何避免顾客"眼神间的投诉"也就成了我们处理投诉的最大问题。

为了达到顾客100%的满意，在制度上层层把关：

（1）酒店的采购验收由厨房决定，每个炒锅在做菜前对自己所做菜品原料进行检查，不合格的可以退回，验收后完全由厨房负责，这就保证了原料购买和做菜"一人负责制"，避免了菜品不新鲜相互推诿责任的情况。

（2）在细节上体贴顾客，即使稍有一点不满也要在酒店服务人员体贴的气氛中融化掉。如每个服务员在店内及店周围30米以内向遇到的任何一位顾客说"您好"；不主动向客人推荐200元以上的酒水；客人离开时必须远送客人10米以外；客人如不是自己驾车，应主动问询是否帮助打车；雨天一定要问是否带雨伞。

（3）在我们员工培训理念上，酒店上至老板、经理，下至厨师、服务员，在服务顾客上，每个人都是一样的，任何人都要随时准备端盘子、拖地板。在我们酒店，总经理、各级经理、主管都有一套服务员工作服，在客多、服务员忙不过来的时候，总经理也要去餐厅端盘子。

（4）值班经理值班期间无论和任何人以任何理由喝酒，一杯罚款200元。目的是值班经理必须保持最好的精神状态处理顾客遇到的任何问题。

（5）顾客意见簿由我们服务人员自己总结填写。每个服务员每天晚上都要总结一天自己所服务顾客遇到的任何一点不满意的情况，并自己总结、提出解决方法。比如，有个服务员在意见簿上写道："2004年4月26日，在我服务的321房间，有六位客人，在我给一位男宾客倒酒时，他身边的一位女宾客示意不让我倒了，但男宾客自己没吭声，我就给他斟满了酒，后来他也喝光了。但席间那位女宾客一直不高兴，影响了整场的气氛，并生气地盯了我一大会儿。我突然意识到：在有女宾客在场的时候，我们服务员更应该倾向于女宾客的建议，男士通常更大度一些，根据女宾客的意见行事，他们也会很乐意。"还有服务员记录："在我服务的12号餐台客人，有两位女士、五位男士，其中一位女士像是外地客人，开始时她喝饮料，但其他人都劝她喝酒，并让我给她上酒杯倒酒，我心想：一方不想喝酒，另一方却非要让她喝酒，不如折中一下，给这位女士上个小杯子，既可以让这位女士少喝点，还不至于引起其他人的反对。我就上了小杯子，结果这位女士非常感激地对我连说'谢谢'，其他客人也都夸我'聪明、体贴'。"

（6）服务员之间每周开交流会讨论自己遇到的"客人不满意情况"，以提醒其他人不出现类似错误，把客人"不满意"出现的概率降到最低。我们酒店规定，每周五上午召开服务人员交流大会，服务员总结自己一周来所有的"不满意情况"，比如因为某件事、某个动作或某句话引起客人不愉快，讲述给大家，全体人员讨论遇到此类事情处理的方法，然后以此提醒大家类似的事情不再发生。

（7）我们酒店随时有一辆待发车，如客人点到酒店没有的物品，酒店随时派车派人免费为客人到别处购买，不另外收服务费。就这样，我们酒店的顾客投诉率一直保持为零，但顾客意见簿上的"投诉记录"却每天保持200多条。

**问题：**对于此餐厅提出的《理赔公约》，你有什么看法？

## 情景模拟训练

**情景设定：**

遇到故意刁难服务员的客人。

**训练要求：**

学生分角色扮演服务员、客人。服务员应做到态度和蔼，更加细致耐心地为客人服务。满足客人的合理要求。委婉地求助同桌通情达理的客人的帮助。通知主管、领班采取必要措施，如调整服务员服务区域等。任何情况下服务员不得对客人态度傲慢、口气生硬，更不能发生口角。

知识拓展

## 餐厅疑难问题处理 30 例

1. 客人提出食物变质并要求取消时怎么办

应该耐心聆听客人的意见，并当着客人的面，将食物立即撤回厨房，由厨房或餐厅经理检验食物是否变质。若食物确已变质，立即给客人免费赠送类似的菜肴；若食物并没有变质，应由餐厅经理出面向客人解释该菜肴的原料、配料、制作过程和口味特点等。

2. 客人认为他所点的菜不是这样时怎么办

细心听取客人的看法，明确客人所要的是什么样的菜，若是因服务员在客人点菜时理解错误或未听清而造成的，应马上为客人重新做一道令他满意的，并向客人道歉；若是因客人没讲清楚或对菜理解错误而造成的，服务员应该耐心地向客人解释该菜的制作方法及菜名的来源，取得客人的理解；由餐厅经理出面，以给客人一定折扣的形式，弥补客人的不快。

3. 客人投诉食物未熟、过熟或味道不好时怎么办

若食物未煮熟，应马上收回重新煮熟；若因食物烹饪过熟或煮得味道不好，应请厨师再煮一份同样的食物，不再收费；如果再煮的食物客人仍不满意，就要建议客人另选其他的食物，并向客人表示歉意。

4. 服务员未听清客人所点的菜而上错菜，客人不要怎么办

应向客人表示歉意，用打折的方法向客人推销掉这道菜；若客人坚持不要，不可勉强客人；通知厨师优先做出客人想要的那道菜；客人点完菜，服务员应向客人复述一遍，以避免此类情况的发生。

5. 客人投诉食物有虫子等异物时怎么办

马上向客人道歉，即刻将食物退下，送回厨房并通知餐厅经理来处理此事，以征得客人谅解；取消该菜，赠送一份同样的食物。

6. 客人喝醉酒时怎么办

客人有喝醉酒的迹象时，服务员应礼貌地拒绝给客人再添加酒水；给客人递上热毛巾，并介绍一些不含酒精的饮料，如咖啡、牛奶、矿泉水等，如有呕吐，应及时清理污物，并提醒醉客的朋友给予关照；如有客人在餐厅酗酒闹事，应报告大堂副理和保安部，以便及时处理。

7. 服务中不小心把食物或饮品溅到客人身上怎么办

在上菜和上饮品时，要礼貌地提醒客人，以免不小心把菜汁和饮品溅在客人的身上；若不小心溅在客人身上，服务员要诚恳地向客人道歉，并立即设法替客人清理，必要时免

费为客人把衣服洗干净。

8. 在用餐过程中，客人不小心碰翻水杯、酒杯时怎么办

马上给予清理，安慰客人；用餐巾吸干台面的水或酒，然后将清洁的相同颜色的餐巾平铺在吸干的位置上；重新为客人换个杯子并斟满饮品。

9. 客人损坏餐具怎么办

客人损坏餐厅的用具一般都是无意的，服务员应礼貌、客气地安慰客人，而不能责备客人；先帮客人清理被损的用具，并适时向客人说明餐具赔偿价格，酌情向客人索赔；若客人不肯赔偿或对于个别有意损坏餐具的，应报大堂经理处理。

10. 开餐时小孩在餐厅乱跑怎么办

开餐时，厨房出来的菜或汤都有较高的温度，易烫伤人，为了安全，遇到小孩到处乱跑，应马上制止；带小孩回到大人的身边，提醒大人要照顾好小孩；若有可能，给小孩准备一点小玩具，稳定其情绪。

11. 客人在大厅用餐时猜拳或打牌怎么办

客人在餐厅打牌或猜拳，会破坏餐厅高雅、宁静的气氛；服务员应礼貌地上前给予劝阻，取得客人的理解和合作，以免影响其他客人；若客人不听劝阻，必须向大堂经理汇报，并由大堂经理出面处理。

12. 大型自助餐结束后，客人提出打包时怎么办

应礼貌地向客人解释说明自助餐的方式及服务形式不适宜打包，尽量使客人理解；若个别重要的客人特别嗜好其中一两种食品，可请厨师给予另外制作，但最好不直接从自助餐台上取出打包；若客人坚持，应向上级汇报，与主办单位联系解决。

13. 用餐时客人发生争吵或打架怎么办

如果服务员事先发现苗头，要尽量隔离客人，分别为客人提供服务，分散客人注意力；如客人已经发生争吵要立即上前制止，隔离客人；把桌上的餐具、酒具移开，以防吵架双方用其伤人；报告上司、保安部和大堂经理。

14. 客人用餐时突然停电怎么办

一般情况下，停电几秒钟后就有饭店应急电源供电，因此服务员应沉着，不应惊慌或惊叫；应设法稳定客人情绪，在应急电源还没供电前，打开应急照明灯；恢复供电后，应巡视餐厅，向客人致歉。

15. 遇到客人在餐厅跌倒时怎么办

若客人在餐厅跌倒，服务员应马上上前扶起客人，视情况询问客人是否需要叫医生。服务员要注意餐厅地面的卫生情况，地面是否有杂物或水，若有应及时清理，若无时间马上清理，要放置防滑指示牌提醒客人。

16. 结账时客人所带的现金不够怎么办

服务员应积极为客人着想，提一些建议，如建议用信用卡或其他方法结账，或请其中一

位客人回去拿钱；客人只有一位时，应通知保安部，由保安部安排人员与客人一起去取钱。

17. 服务过程中，客人要求与服务员合影时怎么办

在服务过程中，常遇到客人趁服务员斟酒、斟茶、分菜的机会摄影，在这种情况下，服务员应继续工作，但要保持镇定，精神集中，以免影响服务质量。但有些客人在进餐完毕后，为感谢服务员的热情接待，提出与他们一起合影，遇到此种情况，服务员在不影响服务的情况下，可大方接受并多请几个服务员陪照。

18. 服务过程中，客人邀请服务员跳舞时怎么办？

在服务过程中，特别在宴会厅或包房工作时，客人一边用餐一边唱歌跳舞，有时可能会邀请服务员跳舞，这时，服务员应有礼貌地谢绝客人，声明职责在身，不能奉陪，如客人仍纠缠不休，应请领导出面，将该服务员调开。

19. 客人无欢迎卡（贵宾卡）要求签单时怎么办

不能以生硬的态度拒绝客人，应让客人稍候然后立刻打电话与总台联系；如查明客人确实属于酒店接待的住房客人，可同意客人签单；如查明客人没入住酒店或已退房等，应有礼貌地向客人解释，请客人用其他方式结账。

20. 客人未付账并已离开时怎么办

故意不付账的客人是很少的，如果发现客人未付账离开了所在的餐厅，服务员应马上追上前有礼貌地小声地把情况说明，请客人补付餐费，如客人与朋友在一起，应请客人到一边，再将情况说明，这样可照顾客人的面子而使客人不致难堪。

21. 伤残人士来餐厅用餐时怎么办

服务员向伤残人士提供服务时，要尽量为他们提供方便，使他们得到所需要的服务。千万不要感到奇怪或投以奇异的眼光，可灵活适当地帮助他们，使他们感到服务员的帮助是服务而不是同情。如盲人进入餐厅用餐，要将危险的物品，过热菜肴放在远一点的地方，并告诉客人大体位置，防止其受伤。

22. 熟人来餐厅用餐时怎么办

服务员在服务中如遇到朋友或熟人来用餐，应当同对待其他客人一样，热情有礼地接待，主动周到地服务，但服务人员不能入席同饮同吃，更不能特殊关照或优惠，否则会使其他客人不满，造成不良影响。一般在点菜和结账时，应请别的服务员代劳。

23. 生病客人来餐厅用餐时怎么办

如果客人告知服务员他生病了或服务员观察到客人病了，服务员要询问客人哪里不舒服，尽量为客人提供可口满意的食品；根据客人需要，为客人准备白开水以备其吃药，切记不可给客人提供药品。如是突发病人则要立即通知医务室或经理，及时送医院治疗，客人所用的菜肴食品要取样保留，以备化验。

24. 左手用餐客人来餐厅用餐时怎么办

若发现客人用左手用餐，要重新摆放餐具，按左手方便为宜的原则摆放；在条件可能

的情况下，尽量安排客人在左侧大的地方或左侧没有人的位置用餐。

**25. 特别挑剔的客人来餐厅用餐时怎么办**

同客人谈话时要有礼貌，认真听清楚客人所挑剔的事情，当客人抱怨不止时要有耐心，不得打断客人的谈话，回答问题时不得同客人争论，千万不要将自己的意愿或将饭店的规则强加于客人，在饭店不受损失的前提下尽量满足客人的要求；在为挑剔的客人服务时，要注意积累经验，尽量避免相同或类似事情发生，必须保证服务态度、服务水准的高标准并具有一致性。

**26. 服务独自就餐的客人怎么办**

安排独自就餐客人在边角的位置，尽可能多与客人进行接触。服务过程中延长为其服务停留时间，对那种经常光顾餐厅独自一人就餐的客人，要记住其习惯，并有意安排在一个固定的座位上。

**27. 客人在进餐时不满意菜肴的质量怎么办**

根据餐厅的规定，如果菜肴没有烹制得恰到好处，那么一定要收回重新烹制。如果重做的菜肴仍未使客人满意，那么就应给客人退菜或换菜。关于菜肴质量方面的问题，服务员很难控制，但要根据实际情况灵活处理。如果客人把菜肴吃完后才提出不满，对此要经过了解，确认系质量问题后餐厅应在收费时给客人一定的优惠或折扣，以维护餐厅的社会声誉，从而使客人满意。

**28. 宴会临时加人加菜怎么办**

宴会临时加人，服务员应视增加人数的多少，摆上相应的餐具，然后征求宴会主办人的意见，是否需要加菜，如需加菜则应立即与厨房联系。如果需多加餐桌，则还要确定是否有适当的位置，如没有则要将客人分散到各桌就餐。

**29. 客人擅自拿取餐厅的器皿、餐具，经指出又不承认时怎么办**

在一些高档的餐厅，餐具、用具的新颖别致、实用美观成为吸引客人前来用餐的手段之一，如展示银盘，各式银器，水晶酒杯，仿古酒具等。这些餐具的价位一般较高，有一定的欣赏保留价值，往往有一些客人出于喜欢或好奇而擅自拿取。当发现此种情况时，服务员应马上向餐厅主管和领班报告，由领班或主管有礼貌地耐心解释，向客人说明该物品是餐厅用品，保管好餐厅物品是服务员的职责，设法使客人自觉交还，或介绍他们到商店购买。在做这项工作时，绝不能以挖苦讽刺的语言对待客人，如有些客人经解释后，还不承认，应请示有关领导解决或按规定价格酌情收费。

**30. 客人询问餐厅以外业务范围的事时怎么办**

作为一个合格的服务员，除了有熟练的技能外，还应有丰富的业务知识及社会知识。如客人询问业务范围以外的事情时，应尽量解答。遇到自己不清楚的事情或回答没有把握时，要想尽办法寻求答案，尽量避免使用"可能"、"我想"或"不知道"的词语。

**基础知识训练**

**案例分析题**

作为餐饮企业，作为公共场所，社会和法律赋予它的责任不仅仅是提供用餐场所，更要保证人们在公共场所用餐时的人身和财产安全。当消费者在用餐消费过程中一旦发现自己的上述权益受到侵害，首先应当分析自己权益受侵犯的具体原因并与餐饮消费部门协商，不要轻易接受单方面的理由和解释。同时注意收集现场相关证据，在交涉无法得到合理答复时，可凭借相关证据资料到有关行业主管部门反映，也可向法律专业人士进行咨询并要求提供相应的法律服务和帮助。

节日期间，小李陪年迈的父亲到一家饭店吃饭，饭店生意很好，但卫生环境却不好，地面油滑，一不小心就会跌倒。小李很小心地扶着父亲，可父亲在饭毕起身时还是因地面太滑重重摔了一跤，并造成手部轻微骨折。

# 任务2　餐中服务疑难问题处理

## 任务目标

通过本次任务实训，让学生了解餐厅中常见的案例类型，并学习应对办法，掌握处理原则与标准，具备独立处理餐厅突发事件的能力，妥善地为顾客提供服务。

### 项目任务书

| 任务名称 | 餐中服务疑难问题处理 | 任务编号 | | 时间要求 | |
|---|---|---|---|---|---|
| 训练要求 | 了解餐厅在餐中服务过程中容易出现的情况以及应对办法；思考注意事项以及问题出现的原因；掌握处理突发事件的基本原则 | | | | |
| 培养能力 | 体会并了解顾客心理，培养学生妥善处理客人在用餐过程中的不顺心情况，做到顾客至上，一切以顾客满意为服务宗旨 | | | | |
| 涉及知识 | 餐厅应急服务技能、沟通与协调能力、服务员职业态度 | | | | |
| 教学地点 | 教室、机房 | 参考资料 | | | |
| 教学设备 | 投影设备、投影幕布、能上网的电脑 | | | | |
| 训练内容 | | | | | |

1. 上菜过程出现疏漏，汤汁洒在了客人身上怎么办
2. 客人觉得上菜太慢要求退菜怎么办
3. 客人在餐厅喝醉了酒，应该怎么办
4. 服务员不小心碰倒了客人的酒具怎么办
5. 遇到吃不下饭的年迈客人，餐厅应该怎样为其提供服务
6. 客人要求菜品打包，餐厅弄错了客人的打包，怎么办

### 实训成果评价标准

1. 做到认真听取客人的诉说，使客人感到被重视
2. 服务员应表示理解，并向客人表示歉意
3. 必要时须做书面记录，并向上一级领导汇报
4. 应尽快向客人给出弥补措施的内容，并感谢客人的批评和指正
5. 餐厅应跟踪客人投诉的解决效果，这是处理投诉的重要环节，处理完投诉，还要征求客人的意见，处理得当会赢得客人感激，从而拉近与客人之间的关系

## 引导案例

2003年12月9日，红星饭店二楼、三楼分别接待了两个规模及标准较高的婚宴，因当时人手紧张，部门申请了从大厦各部门调配人手。各部人员到位后，都集中安排至备餐间进行传菜工作。在传菜过程中，一名保安因没听清楚传菜要求，将三楼的"湘辣霸王肘"传送至二楼，导致二楼多上一道菜。后经部门经理及时发现，及时采取了措施。因三楼菜式在时间上耽

搁而导致菜上慢了，最后客人有意见。因在事发当中，部门经理及时发现事情的严重性，并及时地采取了措施，虽没有造成客人较大的投诉，但给部门带来了一定的损失。当即部门召集备餐间及宴会厅管理人员召开紧急会议，对事件进行了细致的分析，杜绝类似事件的发生，要求书面写出事情经过，并对管理人员进行了严厉的批评及处罚。

　　**思考：**上述案例体现了服务守则中的哪一项注意事项？

## 知识点

1. 上菜过程出现疏漏，汤汁洒在了客人身上怎么办

（1）服务员首先向客人道歉，主动承担责任。

（2）如果客人衣服弄脏的程度较轻，应用干净的餐巾擦拭衣服，但要注意征得客人同意。

（3）如果损害严重，应给予一定补偿。

2. 客人觉得上菜太慢要求退菜怎么处理

（1）服务员应及时地向客人道歉，并委婉地向客人解释因为生意太好，您点的菜式已沽清。

（2）及时帮客人更换容易制作的菜式，有利于加快上菜速度。

（3）对不能清晰、明确回答客人问题的服务员，部门应有针对性地进行培训。

3. 客人在大厅用餐时猜拳或打牌怎么办

（1）客人在餐厅打牌或猜拳，会破坏餐厅高雅、宁静的气氛，服务员应礼貌地上前给予劝阻，取得客人的理解和合作，以免影响其他客人。

（2）若客人不听劝阻，必须向大堂经理汇报，并由大堂经理出面处理。

4. 大型自助餐结束后，客人提出打包怎么办

（1）应礼貌地向客人解释说明自助餐的方式及服务形式不适宜打包，尽量使客人理解。

（2）若个别重要的客人特别嗜好其中一两种食品，可请厨师给予另外制作，但最好不直接从自助餐台上取出打包。

（3）若客人坚持，应向上级汇报，与主办单位联系解决。

5. 用餐时客人发生争吵或打架怎么解决

（1）如果服务员事先发现苗头，要尽量隔离客人，分别为客人提供服务，分散客人注意力。

（2）如客人已经发生争吵要立即上前制止，隔离客人。

（3）把桌上的餐具、酒具移开，以防吵架双方用其伤人。

（4）报告上司、保安部和大堂经理。

6. 客人用餐时突然停电怎么解决

（1）一般情况下，停电几秒钟后就有饭店应急电源供电，因此服务员应沉着，不应惊慌或惊叫。

（2）应设法稳定客人情绪，在应急电源还没供电前，打开应急照明灯。

（3）恢复供电后，应巡视餐厅，向客人致歉。

7. 客人在餐厅喝醉了酒怎么处理

（1）服务员在判断出客人已不胜酒力时，言谈间应从关心客人的角度出发，机智巧妙而又礼貌地谢绝继续为客人提供酒水，向客人推荐一些不含酒精的饮料或果汁等。

（2）对醉酒无理、胡搅蛮缠的客人，绝对不能"硬碰硬"，要学会对客人进行心理调整，站在客人的角度，以柔克刚，以动之以情、晓之以理的迂回诱导，使客人恢复到"成人自我"——理智、平等、通情达理。

（3）对已经醉酒的客人采取醒酒措施。如送上毛巾，醒酒果汁（梨、橙、苹果、西瓜等）或醒酒汤（食醋 30 毫升加白糖 15 克加少量开水或红糖 20 克加生姜 5 片加水煮），再请客人到通风处休息。如果醉酒客人呕吐，应及时清理污物，送上毛巾、茶水，安排客人暂时休息，并提醒客人朋友照顾。

（4）对有非礼言行的客人，服务员要自尊自爱，不卑不亢，学会自我保护，尽量发挥自己的智慧、幽默摆脱困境；如果无法摆脱时，应寻找机会借口离开，由主管指派其他服务员去服务。

（5）对借酒闹事和有破坏性的醉酒客人，应通知酒店保安人员处理，或报当地公安机关。客人离开时，要提醒客人带齐物品，及时帮助检查有无遗漏，并送客人离开酒店，必要时帮客人叫出租车，交代好司机，并记下车牌号。如果是住店客人，应专人送回房间休息，并告知客房值班服务员。

8. 服务员不小心碰倒了客人的酒具怎么处理

（1）服务员应向客人诚恳地道歉，立即把酒杯扶起，检查有无破损。

（2）如酒杯有破损，立即另换酒杯。

（3）如无破损，要迅速用一块干净餐巾铺在酒迹上，然后将酒杯放回原处，重新斟酒。

9. 餐厅弄错了客人的打包怎么办

（1）在对客服务中，服务员应给予客人无微不至的关心，时时注意客人的用餐情况，把事情做到客人开口之前，为客人提供"满意 + 惊喜"的服务。

（2）打包服务的差错会影响酒店的声誉。就餐客人多，工作繁忙，服务员在打包后应仔细地查看一下打包给的是否正确，坚持认真细致的工作作风。

10. 服务员接到带有个别西菜的中餐宴会单怎么处理

（1）应先到中西厨房了解出菜顺序和烹调方法，做到心中有数。

（2）餐前备好所需的各式中西餐具。

（3）宴会期间，服务员应与送菜员、中西负责厨师密切联系。

（4）掌握好起菜的时间。

**知识扩充——餐厅常见问题处理**

（1）遇到衣冠不整、不礼貌的客人怎么办？

以友好的态度对待客人，以婉转的语言劝导、提醒客人，使客人遵守餐厅的规则，切忌与客人争论。

（2）遇到心情不佳的客人到餐厅用膳时怎么办？

更要态度和蔼，耐心周到，要注意语言简练，尽量满足客人的要求，服务操作要快捷得体。

（3）在服务中，自己心情不佳时怎么办？

不管在什么情况下，都应该忘记自己的私事，把精神投入到工作中，要经常反问自己是否在服务中做到了面带笑容，是否给客人留下了愉快的印象。

（4）伤残人员来进餐时，服务员应怎么办？

要尽量为他们提供方便，千万不要感到奇怪和投以异样的眼光。

（5）餐厅里已坐满，只有留给旅行团的座位，客人要坐怎么办？

应有礼貌地告诉客人，这些座位是留给旅行团的，如要用餐，请稍等一会儿，同时要尽力为客人找座位。如客人要赶时间，可先给他们点菜，如餐厅已没有空位，请客人在餐厅外登记等候。

（6）看见客人进餐厅怎么办？

应笑脸迎客，敬语当先，并问清人数，然后按人数向宾客推荐合适的餐桌，拉椅让座。

（7）遇到带小孩的客人怎么办？

要马上为小孩准备宝宝椅。

（8）餐厅即将关门，但客人要到餐厅吃饭怎么办？

应主动带客人到离厨房较近的餐位上就座，介绍制作简单快速的菜式，并专人服务，客人未吃完，绝不能有关灯、扫地等催促客人之举。

（9）餐厅座位已满，还有客人要进餐厅用餐时怎么办？

餐厅应设有宾客候餐处，迎送员应做好候餐客人的登记。并以亲切的态度表示歉意。招呼客人坐下候餐。

（10）开餐时客人突然不舒服怎么办？

马上通知领导，立即打电话通知医疗室医生来诊断。同时要保持现场，待化验。

（11）发现客人损坏餐厅物品时怎么办？

马上清理碎片，询问客人有无受伤。并在客人用餐完毕时，按规定进行适当赔偿。

（12）遇到客人在餐厅跌倒怎么办？

若客人在餐厅跌倒，服务员应马上上前扶起客人，视情况询问客人是否需要叫医生。服务员要注意餐厅地面的卫生情况，地面是否有杂物或水，若有应及时清理，若无时间马上清理，要放置防滑指示牌提醒客人。

（13）结账时客人所带的现金不够怎么办？

服务员应积极为客人着想，提一些建议，如建议用信用卡或其他方法结账，或请其中一位客人回去拿钱；客人只有一位时，应通知保安部，由保安部安排人员与客人一起去取钱。

（14）服务过程中，客人要求与服务员合影时怎么办？

在服务过程中，常遇到客人趁服务员斟酒、斟茶、分菜的机会摄影，在这种情况下，服务员应继续工作，但要保持镇定，精神集中，以免影响服务质量。但有些客人在进餐完毕后，为感谢服务员的热情接待，提出与他们一起合影，遇到此种情况，服务员在不影响服务的情况下，可大方接受并多请几个服务员陪照。

（15）服务过程中，客人邀请服务员跳舞时怎么办？

在服务过程中，特别在宴会厅或包房工作时，客人一边用餐一边唱歌跳舞，有时可能会邀请服务员跳舞，这时，服务员应有礼貌地谢绝客人，声明职责在身，不能奉陪，如客人仍纠缠不休，应请领导出面，将该服务员调开。

（16）服务员未听清客人所点的菜而上错菜，客人不要怎么办？

应向客人表示歉意，用打折的方法向客人推销掉这道菜；若客人坚持不要，不可勉强客人；通知厨师优先做出客人想要的那道菜；客人点完菜，服务员应向客人复述一遍，以避免此类情况的发生。

（17）外汇付款的品种，客人要求付人民币怎么办？

服务员要事先告知客人，应耐心向客人解释清楚，主动介绍类似收人民币的品种供客人参考。

（18）客人擅自拿取餐厅的器具怎么办？

应马上向班长报告，由班长礼貌地向客人解释，向客人说明，使客人自觉归还。

（19）客人询问餐厅以外的服务怎么办？

应尽量解释，遇到自己不清楚的事情，或回答没有把握时应想尽办法给予解决。

（20）发现客人喝洗手盅的茶时怎么办？

不应马上上前告诉客人，可以假装看不见，这样才能避免客人的难堪，最好的解决办法是预先告知客人洗手盅的作用。

（21）客人自带食品要求给予加工时怎么办？

向客人说明餐厅的规定，适当收回工本费。

（22）客人自带酒水来用膳时怎么办？

给客人摆好相应的酒杯，如是威士忌一类的酒应送上冰块，肇庆花雕酒应送上热水给予加热并按规定加收开瓶服务费。但应向客人讲清楚。

（23）在服务过程中不小心弄脏客人衣服时怎么办？

要诚恳地向客人道歉，设法替客人清洁（在有可能的情况下，免费为客人把衣服清洗干净）。

（24）开餐过程中，客人不小心碰翻酒杯，怎么办？

要马上用餐巾纸吸干台面的水分，然后将一条清洁的餐巾平放在吸干的位置。

（25）客人候餐时间过长产生意见怎么办？

应马上到收款台及厨房查单，有礼貌地请厨师先做，并向客人道歉。

（26）客人对账单收费怀疑，不愿付费时怎么办？

应耐心给客人对账，有礼貌地向客人解释，结账后要表示道谢。

（27）开餐中，饭供应不上怎么办？

应向客人道歉，说明原因，请客人稍等一会儿，也可以征求客人意见是否以面食等代替。

（28）客人在餐厅饮醉时怎么办？

要有礼貌地谢绝其他要求的服务，直至鉴别出该客人已恢复较好的状态，或给客人介绍一些不含酒精的饮料，如咖啡、果汁。如在餐厅醉酒闹事，可以平静地解决问题，一旦解决了应马上告知领导，同时主动送上热茶，香巾，如有呕吐，应及时清理污物。

（29）遇到有病的客人到餐厅用膳时怎么办？

要对其关怀备至，主动询问，安排的菜式应少而精。

（30）为客人更换烟灰缸时怎么办？

要把干净的烟灰缸放在要换的烟灰缸上面，一起撤到托盘里，然后把干净的烟灰缸放回餐桌上。

（31）客人把吃剩的食品、酒水等留下要求服务员代为保管时怎么办？

应向客人耐心解释，说明食品不能代存的原因，尽量说服客人把东西带走。

（32）客户无欢迎卡，要求饭后签单时怎么办？

不能以生硬的语气拒绝客户，马上打电话与总台联系。如查明客人属于接待的，应立即给客人签单，如查明客人不属于接待的，应有礼貌地向客人解释，请客人自付。

（33）餐厅收市时间已过，但客人仍在用膳时怎么办？

应主动检查客人点的菜是否到齐，并且提供快捷服务，最后礼貌地请客人先结账，设专人为客人服务。

（34）客人之间相互搭台用膳，服务员为客人点菜上菜时怎么办？

在接受客人点菜时，服务员除要听清记住外，还要在菜单上用 ABCD 等符号标示，并熟记各点菜客人的特征，上菜时要核对菜单，报上菜名，并让客人知道菜是否有错。

（35）遇到客人点菜过多或等的时间过长，提出不要时怎么办？

先请客人稍等，如该菜还未做，可给客人取消，如菜式已做好上台了，应向客人解释菜式的特点，请客人品尝。如经动员后客人仍不想要，而该菜又未动过，服务员应礼貌地向客人说明收回该菜的损失补偿费用。

（36）发现点菜单遗失时怎么办？

应马上向客人道歉，然后马上到厨房征得厨师的同意，尽快把菜单的菜式做好。

（37）客人已点菜又因急事不要了怎么办？

立即检查该菜单是否已送到厨房，如未开始做，马上取消，如已做好，迅速用食品袋盛好给客人，或征求客人同意是否将食品保留等办事完毕再吃，但要先办好付款手续。

（38）客人点了一个菜，但菜来后，客人说未点此菜，而服务员肯定此菜是客人点的怎么办？

要尽量向客人解释该菜的制作方法和菜名的来源，以作解释。

（39）客人投诉食物未熟、过熟或味道不好时怎么办？

若食物未煮熟，应马上收回重新煮熟；若因食物烹饪过熟或煮得味道不好，应请厨师再煮一份同样的食物，不再收费；如果再煮的食物客人仍不满意，就要建议客人另选其他的食物，并向客人表示歉意。

（40）服务员未听清客人所点的菜而上错菜，客人不要怎么办？

应向客人表示歉意，用打折的方法向客人推销掉这道菜；若客人坚持不要，不可勉强客人；通知厨师优先做出客人想要的那道菜；客人点完菜，服务员应向客人复述一遍，以避免此类情况的发生。

（41）在用餐过程中，客人不小心碰翻水杯、酒杯时怎么办？

马上给予清理，安慰客人；用餐巾吸干台面的水或酒，然后将清洁的相同颜色的餐巾平铺在吸干的位置上；重新为客人换个杯子并斟满饮品。

（42）客人损坏餐具怎么办？

客人损坏餐厅的用具一般都是无意的，服务员应礼貌、客气地安慰客人，而不能责备客人；先帮客人清理被损的用具，并适时向客人说明餐具赔偿价格，酌情向客人索赔；若客人不肯赔偿或对于个别有意损坏餐具的，应报大堂经理处理。

（43）服务员未听清，点错了菜，客人不要怎么办？

应向客人表示歉意，讲明原因，尽量取得客人谅解，主动再向客人介绍菜式，亲自到厨房向厨师讲清楚，要求优先照顾。

（44）客人问的菜式，服务员不懂怎么办？

请客人稍等一下，然后请教厨师，问清后及时向客人作解释。

（45）客人急于赶车船怎么办？

介绍客人吃些烹调简单、快捷的菜式品种，亲自到厨房请厨师先做或在菜单上盖上特殊印鉴。

（46）上菜时台面上已摆满了菜不够位置要怎么办？

切忌重叠放置，应拿走剩下最少菜的碟，但一定要征得客人的同意，把剩下的菜分给客人后才拿走。

（47）开餐时小孩在餐厅乱跑怎么办？

开餐时，厨房出来的菜或汤都有较高的温度，易烫伤人，为了安全，遇到小孩到处乱跑，应马上制止；带小孩回到大人的身边，提醒大人要照顾好小孩；若有可能，给小孩准备一点小玩具，稳定其情绪。

**案例分析**

## 案例一　客人对菜品不满意

关女士和其老公在餐厅就餐，两个人都觉得当日的宫保鸡丁过咸，无法进食。于是叫来了服务员，让服务员小李也尝了一口。确实菜品过咸。小李立马向客人替餐厅的厨师道歉，并将菜肴撤回厨房重新加工制作，再端上请客人品尝。

**案例分析：**

　　客人对菜品不满意有多种原因，可能菜肴过咸或过淡；可能是菜肴原料的质量问题，也可能是菜肴的烹调方法客人不够了解，也可能是客人自身的心情不好，影响就餐情绪。如果是因客人心情不好而投诉菜品，这时应婉转地劝慰客人，冷静地给客人解释，通过良好的语言交流，来说服客人。如果因菜肴原料的质量问题，服务员应立即撤下菜肴，并向客人道歉，并根据客人意见重新做一份或做一份与该菜相近口味的菜肴，请客人再次品尝，结账时应考虑减收此菜的费用。如果因客人对烹调方法的不了解，应详细而耐心地解释菜品的制作方法和特色口味，求得客人的理解，服务员应向客人表示歉意。

## 案例二　意外的烛光晚餐

　　一天，餐厅服务员正在进行服务，突然电灯灭了，房间内一片黑暗，客人议论纷纷。服务员小杨迅速拿来西餐烛台，并取来了西洋风情画挂在墙上，在窗台放上西式盆景。对大家说：感谢上帝，给我们准备了一个别致的烛光晚餐。一看这温馨浪漫的气氛，客人非常高兴，纷纷赞不绝口。过了一会来电了，小杨想吹灭蜡烛，客人忙拦住，说不要吹灭蜡烛，还是烛光晚餐好。

**案例分析：**

　　在饭店中经常会发生各种各样的令人意想不到的事件，因此服务员应设法提高自己的应变能力，善于处理各种突发事件。作为饭店，尤其是高星级饭店，应尽量避免发生停电、停水等事件。如果发生上述事件，服务员首先应想到的事情是：给客人用餐或在饭店的生活造成了不便，我们应该怎样服务才能方便客人，而不是只想到客人趁机逃账。本案例中服务员应变能力较强，引导事件由不良的一面转向好的一面，由停电变成烛光晚餐，让客人享受烛光晚餐不仅停留在语言上，而是落实在行动上，将房间根据当时的情景做了调整和布置，而不是只靠一句漂亮的话来打发客人。作为饭店，不应只把蜡烛当作停电时的唯一弥补措施，去凑合、应付客人，而是应制定配套的服务方法、使用工具来布置环境，给客人一个惊喜，变坏事为好事。

**服务名言**

　　对于服务人员而言，没有天生的信心，只有不断培养的信心。

👍 **职业能力训练**

（1）阅读下列案例，学生分角色扮演客人与当值服务员、饭店领班。

（2）模拟下列情况，提出解决办法。

案例1：写错菜单或送错菜。

案例2：客人按菜谱点菜，厨房没有。

案例3：客人在菜里吃出苍蝇、玻璃等其他异物。

案例4：服务员不小心将菜水、菜汤、饮料洒到客人身上，弄脏了客人衣物。

案例5：客人对菜品不满意。

案例6：客人因服务不及时，上菜不及时而发牢骚。

案例7：客人核对账单时发现有多收的错误时。

案例8：发现客人未付账就离开。

案例9：当客人提出的问题，自己不清楚时，难以回答时。

案例10：遇到刁难的客人。

👍 **观念应用训练**

阅读资料，回答问题。

**资　料**

**图5-2**

在法国，厨师属于艺术家的范畴，法国还有一家全球闻名、历史悠久的为这些艺术家及他们的创作场所——餐厅做权威鉴定的机构："米其林"。

米其林的评审相当严谨与公正甚至近乎苛刻，截至 2012 年，全世界现今也只有 106 家米其林三星级餐厅，其星级评鉴分三级：一颗星是"值得"去造访的餐厅，是同类饮食风格中特别优秀的餐厅；两颗星餐厅的厨艺非常高明，是"值得绕远路"去造访的餐厅；三颗星是"值得特别安排一趟旅行"去造访的餐厅，有着令人永生不忘的美味，据说值得打"飞的"专程前去用餐。

评上星级，尤其是三星餐厅，对一家餐馆和主厨来说是无限风光、无限荣耀又可带来滚滚财源的事，据业内人士介绍，按国外米其林三星级餐厅的价格定位，来这里进餐，人均消费在 3000~4000 元人民币。数着米其林的"星星"吃大餐，在欧洲是一种很高级别的享受，即使是米其林一星，在欧美的餐饮界也已经是很高的荣耀。

拥有米其林三星是餐饮界人士毕生最高追求。作为吃货的古老国度，中国内地有米其林餐厅，在北京的厉家菜，是米其林认证的二星级餐厅。随后 2012 年 2 月，另一位米其林三星世界大厨 Umberto Bombana，在上海外滩源开设分店 8 Otto e Mezzo BOMBANA 餐厅，但也并没有得到米其林三星的真正认可，只是借用之前的光环而已。好的是，香港和澳门在这方面替中国人扳回了一局。作为香港唯一一家米其林三星餐厅，设于香港四季酒店内部米的龙景轩，需要提前 3 天订位才能享受。澳门唯一的米其林三星餐厅，是国际名厨 Robuchon 开设的法国餐厅 Robuchon a Galera，人均消费在 3000~4000 元人民币。

米其林餐厅星级评定：

一颗星：值得停车一尝的好餐厅（这样的叙述当然是因为米其林是做轮胎的）；

二颗星：一流的厨艺，提供极佳的食物和美酒搭配，值得绕道前往，但花费不低；

三颗星：完美而登峰造极的厨艺，值得专程前往，可以享用手艺超绝的美食、精选的上佳佐餐酒、零缺点的服务和极雅致的用餐环境，但是要花一大笔钱。

雅德整体布局有一种空旷的感觉，一走进去就能体验到那种突如其来的安静，也很温馨。也许是因为每张餐桌上都放了一只特别的容器，里面插着盛开的玫瑰或马蹄莲，使得空气里洋溢着淡淡的清香，心情也就自然而然舒放了。

图 5-3　中国唯一米其林三星餐厅：上海雅德

店内通用设计高雅的皮椅，软软的很有弹性，坐上去很舒服，感觉没有一般的西餐厅那么刻板，这一点显得很人性化。另外红色玻璃掩映，豁然可见一个开放式的厨房，可以让食客直接看见厨师的制作过程，这一点设计也很人性化，大讨客人欢心。

雅德的菜肴，给人的总体感觉就是非常精致，红酒的品味选择很独到，还有专业的服务员耐心地给客人推荐各种菜式，服务非常周到。

**问题**：米其林餐厅除了毋庸置疑的高招烹饪技巧之外，如此高档的餐厅，服务技巧又相较于普通餐厅有哪些特别之处呢？

## 👍 情景模拟训练

**情景设定**：

某日，二层畅淮轩的大门内安排了婚宴会 12 席。对于能容纳 16 席客人同时就餐的大厅来说，还能安排部分餐位，提供给零点客人。因此，餐饮部决定用两节屏风将婚宴与零点的两部分用餐区域进行隔离。用餐时间临近，参加婚宴的客人陆续进入餐厅。有些客人带着孩子一同赴宴。在婚宴过半时，几个孩子围着屏风转来转去玩耍着。忽然，一节屏风被拉倒，砸在附近用餐客人的椅背上。服务人员赶紧将屏风扶起，并且发现搭在椅背上的两件皮衣分别出现了 5 毫米与 3 厘米长的不同程度的磨损。皮衣主人几乎同时发现皮衣的损坏，非常生气，要求饭店给予赔偿。

**训练要求**：

假设你是当值的服务人员，请运用所学知识处理此次突发状况。

## 知识拓展

### 百胜集团

百胜全球餐饮集团，其旗下拥有包括肯德基、必胜客、塔可钟、艾德熊（A&W）及 Long John Silver's （LJS）五个世界著名餐饮品牌，在全球烹鸡类、比萨、墨西哥风味食品、热狗以及海鲜连锁餐饮领域堪称典范。目前百胜餐饮集团在全球 100 多个国家拥有超过 32500 家的连锁餐厅，2001 年，三个品牌在全球系统的营业额总数超过了 220 亿美元，居世界餐饮业之首，是全球餐饮业多品牌集合的领导者。

百胜餐饮集团中国事业部（Yum! Brands Inc., China Division）隶属于在美国纽约证券交易所挂牌上市的百胜全球餐饮集团（Yum! Brands Inc.）。百胜餐饮集团中国事业部是百胜全球餐饮集团中国总部，于 1993 年在上海成立。它为中国大陆直营、合资和特许经营的肯德基、必胜客、必胜宅急送和东方既白餐厅提供营运、开发、企划、财务、人事、法律及公共事务等方面的服务。截至 2010 年 7 月初，中国百胜已成功地在中国大陆开了超过 3000 家肯德基餐厅，460 多家必胜客餐厅，100 多家必胜宅急送和 20 家东方既白餐厅，员工人数 25 万人。2009 年中国百胜的营业额为 288 亿元人民币，是百胜全球餐饮集团中发展最快、增长最迅速的市场。自 1987 年进入中国市场以来，百胜集团在自身发展的同时，不忘其企业社会责任，一直秉承"回报社会"的宗旨，积极支持慈善事业，让关爱社会成为企业的核心价值观之一。20 多年来，百胜直接和间接用于公益方面的捐款已超过 1.4 亿元人民币。

百胜集团善于进行跨国经营。自 1997 年从百事公司剥离出来后，它就迅速并彻底地改革自己的海外业务。10 年前，海外店铺的盈利还不及总利润的 20%，但现在这个份额是 50%。2007 年，百胜中国总营业额达到 215 亿元人民币，营业利润实现了 30% 的增长。在中国，百胜已最大限度地实现本土化。肯德基超越竞争对手，制胜之道正是成功的本土化策略。据业内人士介绍，从第一家肯德基餐厅开始，肯德基 100% 采用国内鸡原料。截至 2006 年底，肯德基共有 550 多家国内原料供应商，订购了从鸡肉、蔬菜、面包到包装箱、建筑材料等原料，占中国肯德基采购总额的 90%。同时，肯德基也坚持员工 100% 本地化的做法。如今，百胜创立完全中国化的"东方既白"品牌，足见其在本土化之旅渐行渐远。专家指出，重要的是，这是一个跨国餐饮企业首次在中国创立的一个完全本土化的全新品牌，而不像之前还基本是将国外一些成功、成熟的品牌移植到中国。所以，从肯德基到东方既白，说明百胜越来越"中国化"。这将是本土业者非常可怕的对手。百胜希望东方既白能成为中国最大的中式快餐连锁店。百胜还将在更多方面有所创新。

## 百胜集团旗下品牌

### 1. 肯德基

自 1987 年在北京前门开出中国第一家餐厅之后，到 2008 年 3 月底，已在中国的 450 多个城市开设了超过 2100 多家连锁餐厅，遍及中国大陆除西藏以外的所有省、自治区和直辖市。到目前为止，肯德基已是中国规模最大、发展最快的快餐连锁企业。因其独有的美食和品质，被中国消费者广泛熟知和喜爱，在全球著名的 AC 尼尔森调研公司的调研中，在中国被公认为"顾客最常惠顾的"名牌，名列前 10 名国际知名品牌的榜首。肯德基坚持"立足中国，融入生活"的策略，推行"营养均衡、健康生活"的食品健康政策。

### 2. 必胜客

"吃比萨就去必胜客"早已成为中国都市人群的消费时尚。必胜客让中国人第一次认识了风靡世界的比萨美食。15 年来，品尝过必胜客美味比萨的消费者超过 1 亿人次。围绕"欢乐餐厅"品牌定位，必胜客每年都推出"环宇搜奇"、"缤纷异国行"和"华夏精选"

等主题系列新品，无论从产品开发还是服务模式上都力求带给消费者更多的欢乐体验。除了比萨，必胜客更着力于西式餐饮所独有的全餐享受，开发研制了一系列脍炙人口的沙拉、小吃、汤品和饮料，其中"自助沙拉吧"和"浓情香鸡翼"已经与"比萨"一样，成为了必胜客的代名词。必胜客欢乐餐厅紧紧围绕"欢乐、休闲、时尚、情趣、品位"的主题，以悦目的装潢、舒适的设计、训练有素的服务人员，再加上风味迥异、营养丰富的比萨、意大利面、诱人小吃和新鲜沙拉等美食招待喜爱它的顾客。必胜客欢乐餐厅是一个适合朋友、家人聚会，让人尽享舒适快乐时光的理想场所。

### 3. 必胜宅急送

必胜宅急送是专业美食外送专家，是必胜客衍生的独立品牌，同隶属于中国最大的餐饮集团——中国百胜餐饮集团。自 2001 年 6 月在上海古北开设第一家店以来，截至 2008 年 3 月底，已经在上海、北京、深圳、杭州、广州等 8 个城市成功开设了 60 多家美食外送店。必胜宅急送提供各式铁盘比萨、手拍比萨、焗饭、意大利面以及沙拉、鸡翅、甜品等配餐，不设餐厅堂食。专业的外送员工队伍，便捷的交通工具，加上独门法宝——"烫手包"，保证食物"美味 Hot 到家"，让消费者在家中尽情享受热腾腾的美食。

### 4. 必胜比萨站

同必胜宅急送一样，是必胜客的姊妹品牌，同隶属于中国最大的餐饮集团——百胜餐饮集团中国事业部。与必胜客欢乐餐厅不同，必胜比萨站为消费者提供以比萨、焗饭为主的西式快餐服务。对于那些希望以最快的速度获得一份可口而健康简餐的消费者，必胜比萨站是他们最好的选择，让他们在匆忙中仍然能尽情享受到美味可口的食物，真正做到让消费者"美味即时享"。必胜比萨站的产品以个人份为主，主打产品是个人装的 6 寸纯珍比萨，其他产品还包括西式焗饭、经典小吃、蔬菜沙拉和各式饮料。必胜比萨站的产品定价走大众化路线，与其他西式快餐价格相近。必胜比萨站将主要开设在各大机场、车站和美食广场等场所，2008 年 2 月在上海开设了第一家店，目前已经在上海、杭州和深圳开设了 4 家餐厅。

### 5. 东方既白

"东方既白"是百胜旗下的第一个中式快餐品牌，在完成了近一年的试验之后，于 2005 年 4 月正式在上海徐家汇美罗城与中国消费者见面。百胜进军中式快餐领域标志着集团在中国发展的一个极其重要的里程碑。目前，"东方既白"在中国上海开有 13 家餐厅，北京开有 1 家餐厅，未来还将进一步开拓市场，开发出更多既迎合中国消费者口味，又能符合现代快餐需求的中式食品。

### 6. 小肥羊

2012 年 1 月 7 日百胜集团收购小肥羊获独立股东批准，私有化程序将继续。2012 年 2 月 2 日，被称为"中国火锅第一股"的小肥羊在港交所摘牌，成为百胜集团的附属公司，小肥羊原总裁卢文兵也同时宣布离职。

7. 塔可钟

塔可钟（Tacobell）是目前世界上规模最大的提供墨西哥式食品的连锁餐饮品牌。塔可钟在美国的 50 个州有超过 7000 家的连锁餐厅，并在世界其他国家和地区也有长足的发展。除美国外，目前塔可钟有超过 250 家餐厅在加拿大、关岛、智利、波多黎各、澳大利亚和新加坡等地。在美国，塔可钟目前有 10 万多名员工。塔可钟公司总部设在美国加利福尼亚州的尔湾市(Irvine)

8. 艾德熊

A&W（艾德熊）则是以传统的汉堡和热狗为主的餐饮品牌。A&W "乐啤露" 当初是以连锁店的形式在美国 "遍地开花"（20 世纪 40 年代的鼎盛时期全美 3000 多家店，后因家族第二代无心经营而业务萎缩）。并按西方冷饮文化的最高享受形式用 "雾冷杯" 盛装奉客（A&W 公司迄今坚持保留此传统，包括在中国）。但随后因顾客的广泛要求，也售卖当时流行的 "热狗" 牛肉肠包，因此变成了美国第一家快餐连锁店。到 50 年代美国开始流行 "汉堡" 牛肉饼包，A&W 公司也把它加入菜谱上。到 70 年代，美国快餐业增加 "炸鸡" 产品，A&W 在海外的餐厅大都加上炸鸡，从而演变成 "三合一" 餐厅，经营美国快餐传统中的三大主要食品——热狗、汉堡和炸鸡。加上它同时多年以来突出标榜的美国家庭恩物食品 "华夫饼" 以及它的招牌饮料 "乐啤露"，A&W 逐渐成为 "三传统两独特" 的特色美国传统快餐连锁店。A&W（艾德熊）及其姐妹公司现今在全球拥有 1000 多家连锁店。从北美洲到东南亚至中东及南美洲，A&W（艾德熊）已经成为当地人民生活的一部分。各地人民特别喜欢 A&W（艾德熊）的原因，是它不同于其他品牌而具有浓厚美国传统风味的产品系列。

**基础知识训练**

**简答题**

1. 餐厅里已坐满，只有留给旅行团的座位，客人要坐怎么办？

2. 两个单位同时订一个宴会厅，造成重房怎么办？

## 任务3　餐后服务疑难问题处理

### 任务目标

通过餐厅突发事件实训，基本达成沟通力"会热情招呼与询问，会聆听，会抱歉与同理心，会感知到客户的内心需求，会快速建议与行动，会促成与异议化解。"重点是"会同理心与抱歉，会快速行动，会促成与异议化解。"

### 项目任务书

| 任务名称 | 餐后服务疑难问题处理 | 任务编号 | | 时间要求 | |
|---|---|---|---|---|---|
| 训练要求 | 了解餐后服务工作中的常见问题，思考注意事项以及问题出现的原因并掌握处理突发事件的基本原则 | | | | |
| 培养能力 | 体会感知客人内心感受的能力，观察客人用餐后需求的能力，努力为客人服务，使客人享受到一流的服务 | | | | |
| 涉及知识 | 餐后疑难问题处理准则 | | | | |
| 教学地点 | 教室、机房 | 参考资料 | | | |
| 教学设备 | 投影设备、投影幕布、可联网电脑 | | | | |
| 训练内容 | | | | | |

1. 收银员为客人算错了餐费怎么办
2. 餐厅误收假钞怎么办
3. 当发现客人拿走餐厅的物品怎么办
4. 客人就餐后，发现自己停在餐厅门口的车遭到了人为损坏，餐厅是否需要承担责任

**实训成果评价标准**

1. 做到认真听取客人的诉说，使客人感到被重视
2. 服务员应表示理解，并向客人表示歉意
3. 必要时须做书面记录，并向上一级主管汇报
4. 应尽快向客人给出弥补措施的内容，并感谢客人的批评和指正
5. 餐厅应跟踪客人投诉的解决效果，这是处理投诉的重要环节，处理完投诉，还要征求客人的意见，处理得当会赢得客人感激，从而拉近与客人之间的关系

### 引导案例

一天傍晚，住店的老先生来中餐厅吃饭，在他第二次来吃饭时，服务员主动提到他非常喜欢吃的酒店的一种味料——辣椒圈，他点的其他菜都没吃完，唯独那辣椒圈，送上来他就津津有味地吃，并用它来下饭。于是服务员走过去问他："先生，要不要我再给你来一碟辣椒圈啊？"他听后，连忙高兴地说："好啊，这个好送饭，开胃，我每天和人家吃饭时餐餐是鱼、肉，很腻，这个好！"他指着辣椒圈说。第三天也差不多是这个时间，老先生又来吃饭了。服

务员主动走过去招待他，并送去关切的问候，在他的菜送上后，还主动装了一小碗辣椒圈送到他的前面，他开心地连声道谢。走时老先生还拍着服务员的肩膀说："小伙子，你的服务真到家，说真的，以前我在其他地方谈生意，天天都陪人家出去吃饭，大鱼大肉的，吃得自己都没胃口了，但人老了不按时吃饭不行啊，你们的辣椒圈真是太好吃了，开胃得很。"服务员对他说："欢迎您以后再来，我们一定尽力让您老尽兴而来，满意而归！"

**思考：**餐厅贴心的个性化服务会为餐厅带来什么？

## 知识点

1. 开餐过程中，客人之间发生争吵怎么处理

（1）应立即上前制止。

（2）在可能的情况下，将其中一方客人调换到距离较远的另一张台用膳，但要征得调换者的同意。

（3）尽可能地减小对其他客人的影响。

2. 有人在餐厅打架闹事怎么办？

（1）应立即报告，并设法制止。

（2）如不听劝告继续闹事，则马上报告保安部。

3. 收银员为客人算错了餐费怎么解决

（1）服务人员应设身处地为客人着想，平息客人的怒火。

（2）及时采取有效的补救性措施，防止餐厅与客人之间关系的破裂。

（3）将不满意的客人转化为满意的客人，甚至成为餐厅的忠实顾客。

4. 餐厅误收假钞怎么处理

（1）收银员应该在第一时间告诉服务员钞票是假的。

（2）争取最短的时间同客人解释，从而使客人没有空子可钻，也就使自己和餐厅减少麻烦和损失。

5. 发现客人拿走餐厅的物品怎么办

（1）服务员应正确区分客人所取物品的性质。

（2）根据客人所拿物品的类别采取相应措施。

（3）如果客人确实偷拿饭店物品，服务人员必须追回，但要注意方式和分寸。

6. 客人就餐后，发现自己停在餐厅门口的车遭到了人为损坏怎么解决

（1）作为消费场所的餐厅，对于顾客的车辆是起一种保管作用的，可以理解为是对顾客贵重物品的保管，是消费的延伸。

（2）如果停车是收费的，那么餐厅则有义务妥善保管好顾客在消费过程中所交保管财物的安全。

7. 客人到餐厅找遗失物品怎么办

（1）应问清客人坐过的台号，该物品的特征，尽量帮助客人找寻。

（2）请客人写下电话号码、姓名。

（3）如有发现再告诉客人或保安部门处理。

8. 遇客人电话联系订宴会怎么办

（1）向客人说明在宴会前一天来补办手续，过时作自动取消处理。

（2）如订宴会时间较急，或有特殊情况确实不能办手续的，必须做好电话记录，安排好后再用电话通知客人，以落实订餐的真假。

9. 客人订宴会时交了定金，但宴会当天客人忘了带收据来怎么处理

（1）如是一般菜式，可按客人要求给予更换。

（2）但如果要更换特殊制作的或制作时间较长的菜式，要先与厨房联系。

（3）如厨师认为可以做的，便可给予更换，如厨师认为来不及制作或该品种无货，则可向客人解释，介绍些制作时间短又类似的品种。

（4）如客人订的菜已准备好，又难以售出时，应尽量说服客人，尽量避免浪费。

10. 客人预订的宴会，开餐时要求减人怎么处理

（1）原则上不予办理。

（2）但客人确因有特殊情况，需减人数，可按规定办理，并根据减少的人数，适当减少菜式斤两。

（3）调整好菜单。

## 案例分析

### 案例一　客人不埋单

晚上八点钟左右，某餐厅来了 20 多位客人。根据服务员多年的经验和熟客的资料，服务员马上得出两个判断：一是有几位是她们熟悉的 128 体育城的台湾老板；二是应该马上准备两席。因此，便迅速将客人带入设有 2 个席台的黄海厅。当客人进入厅房落座后，领班小刘马上上前为他们热情地服务。一系列的服务完毕后，客人要求点菜，这时，领班小刘即刻上前，双手捧菜谱递给一位姓王的老板，请他点菜。经过小刘的介绍，客人点了 8 菜一汤。当时小刘想：12 个人，8 菜一汤如果按例上显然不够吃，因此，她将汤定成大盘，菜定为中盘。过不多久，汤菜陆续上来了。经过一番觥筹交错，客人酒足饭饱，凭感觉他们还是吃得比较满意的。9 点半左右，王老板要求埋单，小刘立即把准备好的账单交给他，他看了一下金额 30000 多元，显得很惊讶。然后仔细地看了账单，立即叫了起来："我们没有让按中盘上菜，为什么给我们上中盘？不埋单！"一听这话，领班小刘马上走上

前跟他说："因为你们人多，而你只叫了 8 个菜，所以我就给你们把菜按中盘上，这样才够吃。"然而客人说道："为什么事先不问我？"张口结舌的小刘只好把经理请来，又是道歉，又是打折送水果，最后客人才埋单离去。

**案例分析：**

从以上的实例中我们可以看出，这是一种典型的"好心办坏事"的案例。有时，会给自己带来意想不到的麻烦。在服务过程中，服务员不能凭自己的主观臆断，想当然地处理某些事。如上述实例，领班小刘不能将菜定为中盘而不经过客人的同意。其次，不能认为是以前的熟客，便可以以老朋友的身份，给客人越俎代庖，替客做主，而疏忽我们的工作程序。尤其不能将本部门的一些内部参照标准，认为熟客是事先知情的，并且按一般的生活常识和处理方法，来衡量客人的要求。一旦客人愿意采取一些特殊的方式时，必会引起双方的争执和不快。尤其领班小刘在事件发生后，没有及时向客人道歉，而是满怀委屈为自己辩解，这又是违反了酒店业的常规律条——"客人永远是对的"，而没有把对的留给客人，把错的留给自己，更引起了客人的不满。通过以上的实例分析，服务人员在今后的工作中，必须精益求精，应细致征求客人的意见，而不是凭自己的主观推测来擅自替客人做主。只有这样，才能提高酒店的美誉度。

## 案例二　热情周到不等于服务质量好

五月的一天晚上，三星级深圳桃园酒店的餐厅来了 4 位熟客，看得出来他们是久未相见的老朋友。在点菜时，实习服务员小李很热心地向客人推荐特色茶花鸡，客人欣然接受。当茶花鸡上桌时，小李又热情地向客人介绍本餐厅的其他特色食品，在座的客人非常满意小李的服务。在客人们津津有味地品尝茶花鸡时，小李看到客人的骨碟已满，就走近一位年轻人身旁说："先生，给您换一下骨碟好吗？"此时客人右手正拿着一只鸡翅，见状忙侧身让开，为避免碰到小李，客人还把右手举过了肩膀，小李发现骨碟中还有一只鸡脚时，便提醒客人："先生，还有一只鸡脚呢！"客人又连忙用左手拿起那一只鸡脚，手拿鸡脚和鸡翅的客人为不影响小李更换骨碟而双手高举做投降状，一旁的年老客人看到后便打趣说："怎么，是不是喝不下酒向我投降啊？"客人一听，连忙自嘲说："我是向漂亮的服务小姐投降，要说到喝酒，我哪会怕您。等小姐换好碟，我好好与你喝几杯。"等到小李换好骨碟，两位客人果真要比拼喝酒。当两人干完第一杯酒后正凑在一起说话时，小李过来说："对不起，先生，给您倒酒。"两位客人不约而同地向两边闪，小李麻利地为两人斟满酒，两人又干了一杯，然后又凑在一起说话，小李又不失时机地上前说："对不起，先生，给您斟酒。"此时的年轻客人突然对着小李大声怒吼道："没看到我们正说着话吗？你烦不烦啊。"服务员小李一脸的茫然,不知道该怎么办才好。

案例分析:

随着社会的不断进步,生活质量的提高,顾客对服务质量的要求也越来越挑剔。中国服务行业近几年来也不断地思考着如何提高服务质量,以吸引更多的国内外客人。大多数酒店的餐厅制定了一系列的服务规程和规范来确保酒店服务质量。案例中的服务员小李的服务态度和服务礼仪、服务规范都做得不错,但她的错误就在于其服务非但没有给客人们带来舒适和享受的感觉,反而使客人生气。其实服务员小李在第一次换餐碟,而听到客人的玩笑话中有话时,就应该注意到自己服务中的不足,在此后的斟酒服务时,应该等待客人谈话告一段落后再倒酒,才会使客人满意。本案例充分说明酒店在提供规范化服务的同时,更应该注意顾及客人的个性需要而要求服务员灵活应变。

## 服务名言

在学习中,在劳动中,在科学中,在为人民的忘我服务中,你可以找到自己的幸福。

## 职业能力训练

上网查阅饭店投诉案例,自己总结与归纳应对突发状况的办法。

## 观念应用训练

阅读资料,回答问题。

## 亚特兰蒂斯酒店

亚特兰蒂斯(Atlantis),耗资 15 亿美元兴建,坐落在阿联酋迪拜的棕榈人工岛上,占地 113 亩,有 1539 个房间,如同古波斯和古巴比伦建筑装潢风貌。2008 年 9 月 24 日隆重揭幕,当中最贵的套房盛惠 3.5 万美元一晚,内有三间睡房和三间浴室,并有一张可供 18 人用餐的金叶餐桌,气派非凡。酒店的最大特色是大堂设有一个巨型水族缸,内里有 6.5 万条鱼。此外,还有一个海豚池,饲养了 20 多条从所罗门群岛进口的瓶鼻海豚。此外,酒店拥有四家由星级名厨掌舵的高级餐厅、一家夜总会、一间水疗及健身中心,还有偌大的会议中心等设施。

亚特兰蒂斯度假酒店由迪拜国有公司 Nakheel(棕榈岛的开发商)以及酒店和赌场运营

商科兹纳（Kerzner）集团共同投资建设。酒店坐落在状似棕榈树的人造岛屿上，所在位置是在"树干"顶端，高尔夫娱乐城酒店占地53公顷，设有1539间客房，价格从800美元一晚到35000美元一晚不等。

酒店以柏拉图著作中描绘的理想国"亚特兰蒂斯"命名。其设计理念以神秘的亚特兰蒂斯为基础，在保留天堂岛物业地标性的设计元素之余，融合传统的阿拉伯设计主题。是科兹纳集团此前在巴哈马群岛打造的天堂岛亚特兰蒂斯酒店（Atlantis Paradise Island）唯一的姊妹花，其建筑、装潢和服务极尽奢华。

尽管遭遇史上最严重金融危机，但亚特兰蒂斯酒店的开幕典礼还是极尽奢华。2008年11月20日，在被各大媒体誉为"10年来最盛大的派对"的开幕典礼中，酒店邀请了世界各地2000多位名流，包括美国著名脱口秀主持人奥普拉·温弗瑞（Oprah Winfrey）、好莱坞巨星罗伯特德·尼·罗（Robert De Niro）、前篮球名将乔丹（Michael Jordan）等，仅歌手凯莉·米洛（Kylie Minogue）的出场费就达400万美元。凯莉·米洛当晚演唱了旧歌"Better the Devil You Know"。

酒店还请专家设计比北京奥运会开幕式更庞大的烟火表演，宣称其燃放的规模比北京奥运会的"大七倍"，甚至能从太空中看到，把整个开幕晚会推向高潮。晚会还提供了4000只大龙虾的盛宴。

图 5-4

据报道，这座价值10亿英镑的酒店开幕式耗资约2000万美元。盛宴是南非亿万富豪科兹纳亲自筹划，他说："我们建造这么一个令人叹为观止的酒店，就必须让全世界知道。"费用由棕榈岛的开发商Nakheel以及亚特兰蒂斯酒店开发商科兹纳（Kerzner）共同负担。之所以这么做，最重要的原因是投资方对酒店前景极为乐观。根据迪拜设定的目标，2007~2010年，每年入住当地酒店的游客数量从700万人增至1000万人，而单是亚特兰蒂斯酒店即可将迪拜的酒店接待能力提高3%。

酒店一共拥有1373间豪华客房（Deluxe Room）和166间豪华套房（Suites），每个房间的设计体现了海洋风情与阿拉伯风格，可以远眺阿拉伯湾或棕榈岛美景。

度假酒店中的豪华标准房贯穿水元素的主题。很多双床客房相互连通，非常适合家庭入住，尤其是对于两位成人和两位儿童的家庭极为方便。单卧豪华套房（Suites）都兼具居家的舒适感和度假村的奢华体验。亚特兰蒂斯酒店的超级豪华套房（Super Suites）为宾客提供极致的奢华体验。酒店宣称这些套房将超大空间、豪华内饰、良好的服务融为一体。每间超级豪华套房拥有浴室、用餐区及房内设施。

### 豪华标准房（Deluxe Room）

房型有豪华房、豪华海景房、棕榈滩豪华房和帝国俱乐部房，有大床房或双床客房，不同房型景观优美的露台可以眺望棕榈岛、阿拉伯湾、阿拉伯海或水世界冒险乐园。房间大小 45~47 平方米。

### 阳光露台套房（Terrace Suites）

房间大小 94 平方米，景观：阿拉伯湾或棕榈岛。阳光露台套房位于每座塔的中心位置，可以眺望棕榈岛或阿拉伯海湾。每间阳光露台套房包含一间卧室、起居室、大阳台，宾客可以在阳台上享受日光浴或露天用餐。

### 行政套房（Executive Suites）

房间大小 101 平方米，景观：阿拉伯湾或棕榈岛。行政套房分别位于两座皇家塔的转角处，房间包含一间卧室、起居室和法式露台。起居室非常宽敞舒适，奢华的浴室配有一个超大的椭圆形的浴缸。

### 富豪套房（Regal Suites）

房间大小 164 平方米，景观：棕榈岛。位于两座皇家塔顶之间，富豪套房可以从中心位置俯瞰棕榈岛令人屏息的美景。每个独立私密的露台可以通向房间的起居室，是休息放松的绝好地点。空间宽敞的富豪套房还拥有独立备餐室、起居室、用餐室、浴室及主卧室。

### 超级豪华套房（Super Suites）

总统套房（Presidential Suites）：房间大小 220 平方米，可入住两位成人及一位儿童，景观：棕榈岛。

总统套房位于酒店的较高楼层，面朝棕榈岛，这几间装饰华丽的套房内有一处走廊连通各房间，宽大的会客厅，独立的用餐室或可用作会议室，管家备餐室，主卧室有男女独立浴室、大理石浴缸。总统套房的露天阳台可以观赏棕榈岛的景色，或享受日光浴、露天用餐。专享的私人管家为宾客提供全天 24 小时服务。

水下套房：海王星与波塞冬，房间大小 165 平方米。景观：水世界冒险乐园或礁湖大使水族馆。

"海王星与波塞冬"水下套房是亚特兰蒂斯独具特色的一处亮点，其卧室和浴室能够直望礁湖大使水族馆的水下海底世界。"海王星与波塞冬"水下套房为入住的宾客带来难忘的住宿体验。尼普顿海神套房（Neptune Suite）和波塞冬海神套房（Poseidon Suite）占据了酒店的三个楼层，穿过豪华的前厅，走下楼梯，即是以海底世界为主题的用餐区和会客区，并配有管家备餐室。这个套房宽敞舒适的卧室和浴室也同样能够观赏到奇妙的海底世界。如果客人不忍离开 65000 多种海洋动物的陪伴，24 小时服务的私人管家可以为房间送上零点小食。

　　大亚特兰蒂斯套房：房间大小 429 平方米，可入住四位成人及四位儿童，景观：阿拉伯湾或棕榈岛。

　　大亚特兰蒂斯套房位于两座高塔的较高楼层，每间套房包括一个开阔的大厅，穿过走廊可通往主卧室，男女独立浴室，私人起居室。从大厅也可以通向起居室和紧邻的用餐室，用餐室可容纳 10 人。独立的备餐室及管家专用入口。户外露台可欣赏海湾美景及迪拜都市景观。

　　皇家天桥套房：房间大小 924 平方米，可入住六位成人，景观：阿拉伯湾和棕榈岛。

　　天桥套房左右衔接两座皇家塔，盘踞于亚特兰蒂斯最令人瞩目的拱门的正上方。套间配有大型的酒廊、两座宽敞的露台、三间卧室。透过房间的落地窗可眺望棕榈岛，迪拜城以及阿拉伯湾。宾客可以享有私人管家全天候 24 小时服务。套房配有独立的客梯，用餐区的餐桌可容纳16 位宾客用餐；图书室配备多媒体设施。套房的主卧室和大床房都可以在露台欣赏到美景，并且都分别拥有男女独立的浴室。第三间卧室有两个双人床。

　　皇家天桥套房入住费每晚最高达 3.5 万美元，据酒店管理人员说，这间豪华套房很抢手，客人常常需要等候入住。酒店自 2008 年 9 月 24 日营业以来，住客率一直都达到 80%。

　　问题：根据你所掌握的信息，亚特兰蒂斯酒店的特别之处有哪些？

## 👍 情景模拟训练

情景设定：

1. 发现未付款的客人准备离开

应对办法：

（1）服务员应该马上走上前礼貌地告诉客人吧台收银位置，如："先生，您是要埋单吗？这边请。"如客人仍不配合，可把他领到离他朋友远的地方小声地把情况说明，请客人补付餐费。

（2）要注意礼貌，不能粗声粗气地质问客人，以免使客人反感而不承认，给工作带来更大麻烦。

2. 客人物品丢失

应对办法：

（1）接到客人反映丢失事件。

向客人表示歉意，并记录发生地点和丢失物品。

（2）采取措施。

①通知保卫部并与保安人员共同到达出事现场；

②当客人与保安人员发生语言障碍时，扮演翻译的角色；

③协助保安人员在丢失地点找寻丢失物品；

④若在现场未能找到丢失物品，请客人填写丢失报告并签字。

（3）丢失报告的处理。

①如客人在丢失报告中有指控饭店的内容，我们不能签字；

②如客人有要求，可将丢失报告复印交给客人保存；

③总经理、副总经理、财务总监、保安部门各送一份丢失报告复印件；

④记录事件的整个过程。

（4）记录。

记录事件的整个过程。

① 联络。随时与保安部联系，了解事态进展状况以便将结果通知客人。

② 赔偿。第一，如客人离店前丢失案件尚未查明，而客人坚持要求赔偿时，向客人解释在客人登记住房卡上，已注明饭店关于丢失赔偿的政策。第二，向酒店领导报告，请求裁决办法。第三，赔偿办法：一是若客人仍在饭店，从客人在饭店消费中的数目上减去赔偿金额；二是将赔偿金额划到客人提供银行的账号上；三是现金赔偿；四是若客人已经离店，通过客人留下的地址进行联系，协商决定赔偿方法。

3. 客人的卡与现金都不够埋单

**应对方法：**

如果允许给顾客一个折扣而信用卡的余额刚好够付打折后的金额时，就对顾客说："您是我们店的幸运顾客，我们可以给您打××的折扣。"如果不够，就说："对不起，因为我们机器的原因不能在您这张卡上划账，请问您可以换张卡或者现金结账吗？对于给您造成的不便我们非常抱歉，还请您见谅！"当现金与卡中余额都不足以支付餐款时，可以让客人向其亲朋好友打电话前来付款。

**训练要求：**

根据情景以及应付方法，模拟场景。

## 知识拓展一　服务对策

### 一、不同类型顾客的服务对策

虽然要求服务员对顾客要进行热情、周到的服务，但前提条件是必须了解不同类型的顾客。根据人的四种不同气质类型，总结了以下具体服务对策：

表 5-1

| 类型 | 表现 | 对策 |
|------|------|------|
| 多血质——活泼型 | 这一类型的顾客一般表现为活泼好动，反应迅速，善于交际，但兴趣易变，具有外倾性。他们常常主动与餐厅服务人员攀谈并很快与之熟悉并交上朋友，但这种友谊常常多变而不牢固；他们在点菜时往往过于匆忙，过后可能改变主意而退菜；他们喜欢尝新、尝鲜，但又很快厌倦；他们的想象力和联想力丰富，受菜名、菜肴的造型、器皿及就餐环境影响较大，但有时注意力不够集中，表情外露 | 服务员在可能的情况下，要主动同这一类型的消费者交谈，但不应有过多重复，否则他们会不耐烦。要多向他们提供新菜信息，但要让他们进行主动选择，遇到他们要求退菜情况，应尽量满足他们的要求 |
| 黏液质——安静型 | 这一类型的顾客一般表现为安静、稳定、克制力强、很少发脾气、沉默寡言；他们不够灵活，不善于转移注意力，喜欢清静、熟悉的就餐环境，不易受服务员现场促销的影响，对各类菜肴喜欢细心比较，缓慢决定 | 领位服务时，应尽量安排他们坐在较为僻静的地方，点菜服务时，尽量向他们提供一些熟悉的菜肴，还要顺其心愿，不要过早表述服务员自己的建议，给他们足够时间进行选择，不要过多催促，不要同他们进行太多交谈或表现出过多的热情，要把握好服务的"度" |
| 胆汁质——兴奋型 | 这一类型的顾客一般表现为热情、开朗、直率、精力旺盛、容易冲动、性情急躁，具有很强的外倾性；他们点菜迅速，很少过多考虑，容易接受服务员的意见，喜欢品尝新菜；比较粗心，容易遗失所带物品 | 点菜服务时，尽量推荐新菜，要主动进行现场促销，但不要与他们争执，万一出现矛盾应避其锋芒；在上菜、结账时尽量迅速，就餐后提醒他们不要遗忘所带物品 |
| 抑郁质——敏感型 | 这一类型的顾客一般沉默寡言，不善交际，对新环境、新事物难以适应，缺乏活力，情绪不够稳定；遇事敏感多疑，言行谨小慎微，内心复杂，较少外露 | 领位时尽量安排僻静处，如果临时需调整座位，一定要讲清原因，以免引起他们的猜测和不满。服务时应注意尊重他们，服务语言要清楚明了，与他们谈话要恰到好处。在他们需要服务时，要热情相待 |

## 二、如何平息顾客的不满

在处理客人投诉的过程中，应该注意掌握一些要点与技巧，这将更有利于问题的解决。无论在任何场合，不要匆匆忙忙作出许诺；不应该对客人投诉采取"大事化小，小事化了"的态度，应该用"这件事情发生在您身上，我感到十分抱歉"之类的语言来表示对投诉客人的特殊的关心；在与客人交谈的过程中，注意用姓名来称呼客人；可以把客人投诉的要点记录下来，这样，不但可以使客人讲话的速度放慢，缓和客人的情绪，还可以使其确信酒店对他反映的问题是重视的；要充分估计解决问题需要的时间，最好能告诉客人具体的时间，不含糊其词。投诉多种多样，如果能够掌握技巧，善于应变，对圆满解决问题是十分有帮助的。

此外，在处理投诉的过程中还可能遇到一些特殊的情况。比如，有些客人爱争吵，无论酒店如何努力也不能使他们满意，对于这类客人应采取什么措施，酒店主管部门应作出明确的决定。另外，有些投诉的问题是没法解决的，如果酒店对客人投诉的问题无能为力，酒店应尽早对所存在的问题给予承认，通情达理的客人是会接受的。如某酒店重新装修工程，敲打噪声等不可避免地给客人带来了不便，客人投诉量大增，酒店采取了大量的补偿措施，让客人明白酒店已经尽力了，多数客人都能够表示理解并给予合作。

不把客户当一回事，投诉升级是必然，甚至成为（行业）社会热点。在处理客户投诉的过程中，态度是非常关键的。许多处理投诉没有经验的人员，认为对客户说了"对不起"就等于承认责任是自己的。事实上，道歉跟承担责任并不是等同的。投诉处理人员是不能对客户说"不"的，道歉可以适当地安抚客户的情绪，不至于将事态扩大。客户并非总是对的，但重点不在于此。

1. 从倾听开始

倾听是解决问题的前提。在倾听客户投诉的时候，不但要听他表达的内容，还要注意他的语调与语音（语气），这有助于你了解客户语言背后的内在情绪。同时，要通过解释与澄清确保你真正了解了客户的问题。例如，你听了客户反映的情况后，根据你的理解向客户复述一遍。认真倾听客户说话，向客户解释他所表达的意思，并请教客户我们的理解是否正确，是向客户显示你对他的尊重以及你真诚地想了解问题。同时，这也给了客户一个机会去重申他没有表达清晰的地方。在听的过程中，要认真做好记录（所要表达的意思一定不能理解有误），注意捕捉客户的投诉要点，以做到对客户需求的准确把握，为下一步对症调解打好基础。

2. 认同客户的感受

客户在投诉时会表现出烦恼、失望、泄气、发怒等各种情感，你不应当把这些表现当作是对你个人的不满。特别是当客户发怒时，你可能心里会想："凭什么对着我发火？我的态度这么好。"我们要知道愤怒的情感通常都会潜意识中通过一个载体来发泄。你一脚踩在石头上对石头发火——当然，这不是石头的错——可还是飞起一脚又踢远之。有时你找不到发泄的对象，只好骂自己。因此对于愤怒，客户仅是把你当成了倾听对象。客户的情绪是完全有理由的，是理应得到最大的重视和最迅速、合理的解决的。所以让客户知道你非常理解他的心情，关心他的问题。

3. 立即响应

在餐厅点菜后，如果等了一个小时才上菜，你觉得怎么样？时间一久，就不是服务了。速度是关键，速度体现了态度，一旦解决问题的时间被拖延，不论结果如何客户都不会满意，而且拖得越久处理的代价越高昂。客户投诉是由于客户的需求在公司得不到满足而引发的。客户在哪里有困难，哪里就有我们的责任。抚慰措施一定要迅速而有力，态度一定要诚恳和谦恭。调查及流转工作应快速进行，要根据所闻所记，及时弄清事情的来龙去脉，然后作出正确的判断，拟定解决方案，与有关部门取得联系，找出我们工作的薄弱环节，把握改进工作的机会。

4. 持续反馈

如果在处理投诉的过程中牵涉的部门很多，难以迅速拿出最终的解决方案怎么办？那就需要让客户等待的过程容易一些。最好的办法是持续反馈事情的最新进展，哪怕没有进展也要反馈，这样做可以让客户放心。在等待处理结果时，性急的人超过两天就难以忍受，他们往往会认为 2~3 天没有任何反馈就代表石沉大海和推卸责任。所以在处理复杂的客户投诉时，一定要坚持至少每天反馈一次。

5. 超越期望

不要弥补完过失，使客户的心理平衡后就草草收场，应当好好利用这一机会把投诉客户转变成忠诚客户。当与客户就处理方案达成一致后，以超出客户预期的方式真诚道歉，同时再次感谢他购买了公司的产品和我们的服务。服务业的成败关键就是回头客，所以"善终"比"善始"更重要。

客户服务的目的是什么？是得到客户的微笑吗？绝非如此简单。我们都知道：服务的目的是把每一个客户留住，努力创造忠诚的客户和口碑效应。通过正确处理客户投诉同样可以提升忠诚度，创造忠诚的客户。服务弥补的过程绝不应是一个对客户恩赐"补偿方案"的过程，而是一个去争取回头客的过程。

## 知识拓展二　餐厅索赔纠纷处理

餐厅是容易发生纠纷而导致顾客索赔的行业，对于这类纠纷往往是通过消费者委员会的介入，由双方协商解决。如协商不成，顾客甚至会上诉至法院，通过民事诉讼解决赔偿问题。处理这些索赔的法律依据主要有两个：一个是《中华人民共和国消费者权益保护法》第七条："消费者在购买、使用商品和接受服务时享有人身、财产安全不受损害的权利。消费者有权要求经营者提供的商品和服务，符合保障人身、财产安全的要求。"另一个是《中华人民共和国民法通则》第一百一十九条："侵害公民身体造成伤害的，应当赔偿医疗费、因误工减少的收入、残废者生活补助费等费用；造成死亡的，并应当支付丧葬费、死者生前抚养的人必要的生活费等费用。"

作为餐厅经营者面对越来越多的纠纷，应如何解决？而在这些纠纷中，经营者是否都要负赔偿责任？假如要负责，是否都要负全责呢？要说清楚这些问题，我们首先对这些赔偿事故作一简单的分类。

### 一、由于餐厅经营者或其工作人员自身过错或疏忽造成的消费者伤害

此类损害是消费者在消费过程中受到损害的最常见情况，也是餐厅经营者赔偿最多的情况。例如，消费者因地板太滑而摔伤，因汤太热而烫伤，因食物中毒，因服务员疏忽弄坏客人财物等。在此类情况下，损伤是餐厅经营者的过错造成的，也有可能是餐厅的工作人员的过错造成的。在实际的处理当中，无论是依据《中华人民共和国民法通则》，还是依据《中华人民共和国消费者权益保护法》，餐厅经营者都毋庸置疑地要承担相应的赔偿责任，法院在判决时往往也都支持消费者的请求。但餐厅是否都要负全责呢？答案是不一定，如果消费者对于损害的发生也有过错时，则可根据双方责任的大小，适当减轻餐厅经营者

的责任。

所以，对于餐厅经营者或其工作人员自身过错或疏忽造成消费者伤害的这类纠纷，在赔偿时或多或少都是要负上一定的责任，这是无可避免的。但餐厅经营者在经营中，应尽量顾全周到，根据经验在可能发生损害的地方用醒目的标语提示消费者注意，这样，可以将自己的责任减轻到最低限度。

## 二、由于餐厅经营者和消费者之外的第三人造成的消费者损害

这类纠纷主要是指消费者在餐厅消费时被打被杀、财物被抢被盗等意外，而非由餐厅经营者或其工作人员造成的伤害，我们称这类伤害为"第三人伤害"。由于消费这个社会关系的基本特性，注定了消费发生的场所非常大众，其中的人群众多且较为复杂，所以无论餐厅经营者如何的注意，仍免不了会有第三人给消费者造成人身或财产方面的损害。

那么在该类情况下，餐厅经营者是否要承担赔偿责任，应视具体情况而定。作为经营者，若它提供的服务没有对消费者造成伤害，同时经营者没有故意指使加害人实施伤害行为，比如消费者在消费时，被人从后面一瓶子打昏，这类突发事件很难判断是由双方恩怨或是其他原因引起的争斗，则应由打人者赔偿，与经营者无关。但有一种情况，如果作案时间较长，比如歹徒在餐厅里污辱或殴打顾客，或明目张胆地实施抢劫，而餐厅工作人员在场围观，面对受害者的呼救袖手旁观、无动于衷，没有积极地协助消费者避免伤害，那么餐厅经营者就要承担一定的民事赔偿责任，因为对于商家来说，是属于未尽到维护安全消费环境的义务。最高人民法院案例选中曾有过判例：福建省一位客人在一家酒店里被人调戏后又被打伤，酒店工作人员在此过程中没有制止，最后法院判酒店败诉。

在实际当中，餐厅经营者更多的是面对消费者财物被偷的索赔，这种情况通常很难界定是谁的责任，所以到现在为止，即使是消费者委员会都没有一个很明确的定论。但无论如何，餐厅经营者在提供商品和服务时，首先应提高自身的安全防范意识，例如在店堂内摆设有关的防盗提示，提醒消费者注意保管好自己的财物等；在意外事件发生时，应尽力保护消费者的人身安全，并积极协助消费者减少损失。这样不仅可以减少自己将来可能承担的责任，也在消费者心目中留下了良好的形象。

## 三、关于精神损害赔偿的问题

随着公民法律意识的增强，人们对保护自己的权益有了越来越强的认识，同时受到国外影视作品的影响，"精神损害"这个词出现的频率越来越高，甚至更多的时候有"滥用权利"之嫌。比如有一名消费者在米粉中吃出了沙粒，竟然要求餐厅赔偿6万元的精神损失。但在实践中，法院在处理案件的时候，对于精神损害赔偿请求支持的案例并不多，就算有，在数额上也没人们想象中那么多，这不仅是与我国人民的生活水平、思想意识相适应的，也最终是由我国的法律规定决定的。《最高人民法院关于确定民事侵权精神损害赔偿责任若

干问题的解释》第八条规定："因侵权人精神损害，但未造成严重后果，受害人请求赔偿精神损害的，一般不予支持。"第九条规定："精神损害抚慰金包括以下方式：一、致人残疾的，为残疾赔偿金；二、致人死亡的，为死亡赔偿金；三、其他损害情形的精神抚慰金。"由此可见，精神损害赔偿并非人们想象中那样动辄可以要求并且数目巨大的，要求精神损害赔偿必须具备一定的条件，且数目要符合我国现阶段人民的生活水平和承受能力，在受害人残疾和死亡时，精神损害赔偿已包括在我国法律规定的相关赔偿之中，且数目并非人们理解动辄几十万，在残疾或死亡的情况下，精神损害赔偿都没有这么多，更何况其他情况呢？

由此可见，餐厅作为服务行业，每天都要面对大量的消费者，考虑到《中华人民共和国消费者权益保护法》的相关规定，消费者作为弱势群体，其权益的保护得到了《中华人民共和国消费者权益保护法》更多的关注，因此餐厅经营者的义务或责任也就更加严格，特别是知名度高的餐厅，出现顾客投诉索赔的比例更高。那么假如顾客消费时发生伤害，餐厅经营者应如何去处理，以最大限度地减少损失呢？

（1）无论如何，在责任未认定前，餐厅的任何人不得向顾客主动建议、许诺支付或承认对事故负有任何责任。

（2）当顾客遭受第三人伤害时，不能置之不理，应尽量在能力范围内协助顾客，如餐厅管理人员出面调停或制止，不能制止的应尽快报警等。因为消费者委员会或法院在确定赔偿责任时，会考虑餐厅经营者在损害发生时是否有及时采取有效的制止措施以避免损害的扩大。

（3）当顾客是因餐厅工作人员的过错或疏忽造成伤害的，餐厅经营者应及时陪同顾客去医院检查，一方面要持积极的态度去处理，以缓解客户的抵触情绪，便于往后的协商。其实更重要的是，有利于责任的认定，避免损害的扩大。曾经有一案例，一个客人在餐厅因地滑摔倒，当时客人没有去医院检查，结果几天后客人脾出血死亡，由于没有当时摔倒的医院检查报告，餐厅不能证明客人的死亡与摔倒没有直接联系，法院判定餐厅需承担一定的赔偿责任。

（4）注意相关证据的收集，建立事故处理档案，内容包括：①受害客人或其家属的联系地址、联系电话；②医院检查报告、病历、住院单、医药费原始收据、车费单；③要求当班的服务员和管理人员以书面记录下事发经过和处理过程，并签名归档；④如客人被盗被抢或被打，应取得公安部门的有关证明；⑤客人的书面索赔书；⑥如消费者委员会介入调停，消委会受理书、调解书等。

建档的好处是有利于事故责任和索赔金额的认定，同时也有利于餐厅经营者针对事故的原因作出相应的整改措施，以避免以后同类事故的发生。

（5）如事故严重，或客人提出赔偿金额较大，与客人协商时，最好有律师在场参与，并每次做好会议记录。

**基础知识训练**

**一、填空题**

服务中突发性事件是屡见不鲜的。在处理此类事件时，服务员应当秉承＿＿＿＿＿＿＿＿宗旨，善于站在客人的立场上，设身处地为＿＿＿＿着想，可以作适当的让步。特别是责任多在服务员一方的就更要敢于承认错误，给客人以及时的道歉和补偿。在一般情况下，客人的情绪就是服务员所提供的服务状况的一面镜子。当矛盾发生时，服务员应当首先考虑错误是不是在自己一方。

**二、案例分析题**

1. 客人要求服务人员代其保管酒品时，服务员应怎样处理？

2. 客人进餐时餐厅突然停电怎样处理？

3. 阅读以下优秀员工案例，谈一谈自己的体会。

"让自己的真情与能力在工作中闪光"，这是餐饮部所有员工努力和奋斗的目标。"服务无处不在，服务永无止境"，把一件平凡的事情做好，那就是不平凡，这就是餐饮部员工对服务的理解。因此，在日常的对客服务工作中，个性化的优质服务案例无处不在。

作为一名合格的服务员，李元新不仅做好自己的本职工作，还时刻关注客人用餐细节，为每一位客人提供个性化服务。用她自己的话来形容："对客服务那就是想着办法让客人感动"，使客人在惊喜与满意中感动。这也是李元新对自己工作的要求。

大厦现在的固定客户张先生第一次到餐厅用餐，在服务过程中李元新发现他面前盘中的甜点没动，还有"木瓜雪蛤"没吃，其余菜都吃得挺好，是这两道菜的口味不好，还是……带着疑问继续服务，后来听到他喝干白的原因，解开了李元新的谜团，原来张先生血糖高，于是她急忙撤下了那两道菜，并及时调整了适合张先生口味的菜品。上水果时，摆放在张先生面前的是李元新特意交代厨房做的一份精美的蔬菜拼盘，客人吃惊地看着她笑了。细微、用心的服务，才能体现出服务的价值，虽然是一个小小的举动，给客人的却是无比的感动。离店时，张先生给酒店留下了表扬信，表示下次来还会住这个酒店。李元新的真情服务，为酒店赢得了客人的信赖，让张先生成为了酒店客史档案中又一位永久的回头客。

一次次的超值服务，让李元新在酒店餐饮部小有名气，也得到了领导的肯定与好评。只要有 VIP 接待，领导第一个想到的就是她。好多客人在订餐时就直接点名，要求李元新服务，使她成为其他服务员学习的榜样。

# 参考答案

## 项目一

**任务1**

一、选择题

1. C

2. ABCD

3. AB

二、填空题

1. 食品、饮料和良好服务的部门

2. 具有一定的接待就餐宾客的餐饮设施，提供食品、饮料和服务，能够盈利

三、简答题

1. 参考答案：

餐饮部是为宾客提供食品、饮料和良好服务的部门，餐饮产品是有形产品（食品、饮料等）和无形产品（烹饪技艺、餐厅服务等）的有机结合体。餐饮部是饭店获得经济效益的重要部门之一。我国旅游饭店的餐饮收入一般要占饭店总收入的 30%~40%，有些饭店的餐饮收入约占饭店总收入的 50%，甚至更高。

2. 参考图示：

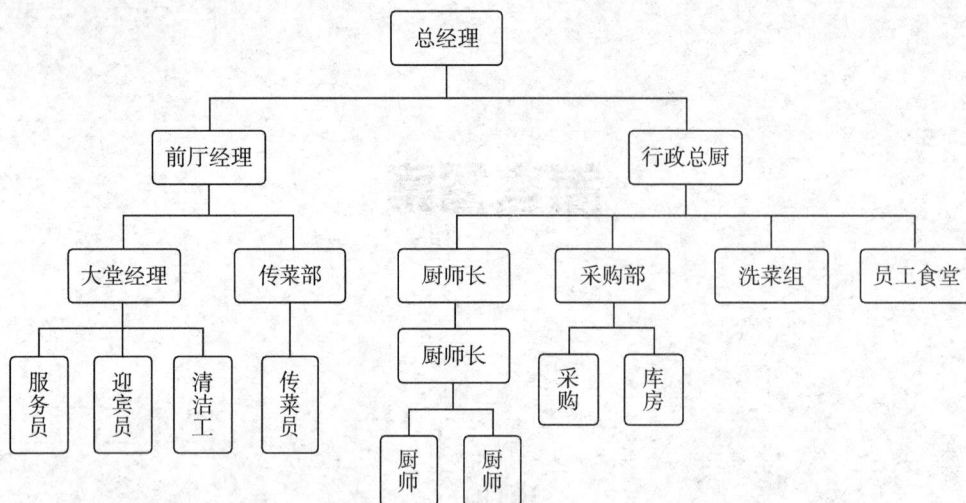

## 任务2

一、选择题

1. A

2. AB

二、填空题

1. 经常化、制度化、规格化、责任化

2. 右首位；征得客人同意

3. 最好的位置；餐厅的安静角落；餐厅的中央；出入比较方便的位置

三、简答题

参考答案：

（1）拿杯时要拿底部或者杯脚，使用时轻拿轻放。

（2）更换的瓷器和玻璃器皿应分开洗涤，避免瓷器碰坏玻璃器皿，同时一次性放入洗涤槽的器皿应该适量，以避免互相碰撞破裂。

（3）擦干水迹时，应使用专用杯布，具体做法是：将杯布打开放在左手上，将湿杯正面放在左右杯布上。右手拿着杯布的另一端，将其推进杯内。将右手的拇指配合左手的杯布，顺时针方向旋转，直至杯子内外全部干净。注意杯子不能拿得太紧或者过松。当杯子擦完后不要在手中停留太久，会留下手印。最后对着灯光，检查杯上是否有水印、口红印等污渍。

（4）摆放杯子在工作车上时应疏密适中，尤其是玻璃器皿不要叠罗汉式摆放，以免破碎，杯内留下划痕，造成损害。

（5）运送杯子时，在备餐过程中使用杯框。服务时，用干净的垫有托盘垫的圆托盘运送。

注意：玻璃器皿非常昂贵并且易碎需要小心对待；破损的玻璃器皿容易划伤，请小心。

任务 3

一、选择题

A

二、填空题

1. 口布

2. 木质托盘、金属托盘、胶木防滑托盘

3. 覆盖于台、桌面上用以防污或增加美观的物品

三、简答题

1. 参考答案：

（1）准备宴会摆台需要的桌椅、各种餐具、酒具和物品，桌子不得有破损，桌腿要拉平稳定不得摇动，根据宴会人数准备好椅子，椅子要稳没有任何破损，椅背椅面不能松动，餐、酒具要多备 1/5；所备餐、酒具无残缺，符合卫生标准和宴会使用要求，准备物品时要使用托盘，轻拿轻放。

（2）铺台布：台布要干净无破损及褶皱，然后站在主人位的右侧，将折叠好的台布放在餐桌中央，将台布打开，找出台布正面朝向自己一侧的边缘，任选一种方法将台布一次铺成；要求台布中心凸缝向上，且对准正、副主人，台布四周下垂部分均等。

（3）摆放转台：在规定的位置，将转台摆放在餐桌的中央，转盘的中心和圆桌的中心重合，转盘边沿离桌边均匀，误差不超过 1 厘米，并试转转盘是否旋转灵活。

（4）摆垫盘、吃盘：从主人位开始，按顺时针方向摆放，先摆垫盘，吃盘放置在垫盘上；图案对正（店徽在上方），摆放距离均等，距桌边 1.5 厘米。

（5）摆勺垫、勺：勺垫置放于吃盘正上方，与吃盘间距 1 厘米，勺垫中心与吃盘中心对正，勺置放于勺垫中，勺柄向右。

（6）摆筷架：筷子筷架放于勺垫的右侧，将带筷套的筷子放在筷架上（筷套图案向上），以出筷架 1/3 为准，筷子尾部距桌边 1.5 厘米，筷子与吃盘相距 3 厘米并与吃盘中心线平行；若使用多用筷架和长柄匙，应在吃盘正前方摆味碟，间距 1 厘米，筷架放于味碟右侧，将筷子、长柄匙置于筷架上，匙柄与吃盘相距 3 厘米，尾端离桌边 1.5 厘米。

（7）摆牙签：小包装牙签，放在筷子的右侧 1 厘米处，牙签距桌边 5 厘米；牙签盅放在正、副主人筷子的右上方。

（8）摆酒具：在勺垫正前方摆红酒杯，中心要对正，杯底与勺垫相距 1 厘米；在红酒杯的右侧摆白酒杯，间距 1 厘米，左侧摆啤酒杯，间距 1.5 厘米；三杯中心成一横直线。

（9）摆盖碗：在筷子的右侧放盖碗，距筷子 2 厘米，距桌边 1.5 厘米。

（10）摆烟缸：烟缸摆放四只，分别摆在正、副主人的右侧和左侧，距转台 3 厘米，呈正方形。

（11）摆香巾托：香巾托摆在吃盘的左侧，距吃盘 2 厘米，桌边 1.5 厘米。

（12）叠口布花：餐巾折花，要求用七种手法，折叠十种不同造型的口布花；花形要分出主

次，花形为植物、动物、实物类；要一次成形，形象逼真，拿褶均匀，美观大方，并符合卫生要求；叠花完毕按要求放入啤酒杯中，花形按照主次宾客，位置摆放得当。

2. 参考答案：

（1）注意操作卫生、不用牙咬、在干净的地方进行折叠；

（2）一次折成、捏褶均匀、形象逼真；

（3）口布花摆放整齐、高矮有序、突出主位，有头的动物造型一般要求头朝右。

**任务4**

一、选择题

D

二、填空题

1. 水杯、葡萄酒杯、白酒杯

2. 顺时针方向

三、简答题

参考答案：

摆台就是把各种餐具按要求摆放在餐桌上，它是餐厅配餐工作中的一项重要内容。它也是一门技术，摆台的精致程度直接影响服务质量和餐厅的面貌。它还是餐厅服务人员的基本功，是宴会设计的重要内容。

## 项目二

**任务1**

一、选择题

1. D

2. ABCD

二、填空题

1. 门面；窗口

2. 30 度

3. 左前方；1 米左右

三、简答题

参考答案：

（1）客人进入包房后服务员应快步走到主位拉椅，并作"请"的手势，说"先生，请这边坐"。

（2）临时加位的，由迎宾员完成。

（3）若是客人脱外套或提包的，要主动帮客人挂好，并注意是哪位客人的。

（4）客人落座时，要本着先客人后主人、先女士后男士，先老后幼再壮年的原则。

（5）有小孩的及时加 BB 凳。

注意事项：

（1）拉椅时双手扶椅背拉出椅，不能拖椅发出噪音。然后用膝盖将座椅慢慢往前顶，直至客人舒适落座。

（2）迎宾员在带客人进入 VIP 房时，要主动把客人的人数及主要客人的姓名或单位告知服务人员。

（3）帮客人拿外套或提包时，要先征询客人的意思，"先生/小姐，我可以帮您……"以免引起客人的不愉快。

（4）迎宾员把菜谱递给客人并说"先生/小姐，这是我们的菜谱，您先看一下"。

**任务 2**

一、选择题

1. D

2. B

二、填空题

选择性问题

三、简答题

参考答案：

服务员委婉地引导和推销，可以提高酒店营业额。推销时讲究艺术，要有建议性地进行推销，合理的推销和盲目的推销有很大的差别，后者会使客人生厌，有被愚弄的感觉，甚至认为你是急于脱手某些不实际或非名副其实的东西。另外，服务员不要凭借自己的喜好和偏见去影响客人的消费情绪，你不喜欢的或许正是客人乐意接受的，不要对客人所点的任何食品、饮品表示不满。

（1）介绍酒水时，可根据包间类型、客人类型，先推介高价位酒水，后推介中低价位酒水，男士推介洋酒、红酒或者啤酒，女士推介饮料、果汁等。

（2）客人已经落座并上了开口小菜时，可以采用"二择一"的推销方法，如"先生/小姐或老板，晚上好！请问您喝点什么？是喝洋酒还是红酒？"假设客人选择洋酒，就问："您是喜欢喝白兰地，还是威士忌？"服务员应把店里经营的酒水品牌报上来，而不是让客人自己凭空想象。这时，要注意。

①观察客人的反应，若客人反应明确，就征询所点酒水的数量，若客人犹豫不定，则主动引导客人，帮助客人拿主意。

②不可忽视女性客人，对她们应热情并主动介绍。

③重复客人所点的酒水，以免出错。如："先生/小姐，您点的有白兰地和酸奶，对吗？请稍等，我很快送上白兰地和酸奶。"

④酒水确定后，需进一步推销，介绍一些特色小食品。语气采用征询的口气："××味道

不错的，是我们这里刚推出的特色，想不想试试？""先生/小姐，需不需要来点小食品尝尝？"

（3）客人就餐中途也是推销的好机会。这时的推销要注意适时、适量，要恰到好处，否则容易弄巧成拙。有以下几条经验可资借鉴：

①随时搞好台面卫生，及时收走空酒瓶等，不要等到酒水喝完。酒水剩余不多时可再一次询问客人："先生/小姐，需不需要再来瓶××酒或拿几瓶啤酒？"

②留意女性顾客的饮料是否喝完。若差不多喝完，同样实行第二次推销。

③对待特殊客人要进行特殊推介，例如，女性朋友适合推荐椰子汁、鲜奶等；而醉酒或酒过量的客人可推荐参茶、柠檬蜜、热鲜奶；若有患感冒的客人可推荐可乐煲姜汤。

（4）推销时要注意身体语言的配合。与客人讲话时，目光注视对方，以示尊重；上身微倾，尽量接近客人讲话，不要距离太远，客人讲话时，随时点头附和，以示听清，若没有听清，说声："对不起，麻烦您再说一遍。"

（5）推销也需要"基本功"，平时多留意客人，注意积累经验，会大大提高推销成功率。

①熟记客人姓名和他的爱好，以便日后再光临时推销方便，增加你的信心。

②熟悉饮料、酒水，明白所推销的食品、饮品的品质及口味。

③熟记酒水价格，客人不能决定要什么时，为客人提供建议，介绍高价位、中价位、低价位多款式酒水，由客人去选择。

## 任务3

一、选择题

D

二、填空题

左手；右手；右侧

三、简答题

参考答案：

（1）客人点茶后，服务员到茶水间取干净、无破损的茶壶，放入适当分量的茶叶，冲入100℃的开水，在茶壶盖上放上相应的茶名标签。

（2）站在客人右首边，从主宾开始斟茶，斟茶时要在骨碟上放一块茶壶垫，再垫住茶壶，避免茶水滴到台布或客人身上，要双手斟茶，并不能超过座台中心斟茶，斟八分满即可。

（3）如客人点的是茶皇，员工要说"先生/小姐，这是您要的茶皇"。并把茶叶拿给客人看，服务员要把台面的大茶杯收走，上茶时从主宾开始，在客人右首边上（茶皇是普洱茶的一种，压制茶饼的原料全部由金黄色的芽头组成，色泽褐红亮，条索紧细，内质汤色红浓明亮，香气馥郁持久，滋味浓醇回甘，叶底细嫩、匀亮。茶皇车，取质茶皇，是一种可放酒、菜、盘子、杯子、茶水等的高档工具车，一般以铜、木为原料。一般适用于高级酒店、酒楼、餐厅、咖啡厅、会所等场所）。

## 项目三

**任务 1**

一、选择题

1. A

2. D

3. A

4. A

二、填空题

1. 将新的菜叠压在另一道菜上面

2. 接触到菜品；转盘的边缘

3. 5~10 分钟

4. 清脆；沙哑

5. 传送时间

三、简答题

1. 参考答案：

（1）按酒店规定着装，守时、快捷、服从指挥。

（2）熟记每个菜式所需搭配的酱汁及配料。

（3）熟记各餐厅的分布，餐厅每间包房的名称及所在位置，熟记每张餐台的台号。

（4）负责开餐前的准备工作，如备好调味品、小毛巾、洗手盅、走菜用具等。

（5）协助楼面值台服务员布置餐厅餐桌，摆台及补充各种物品，做好全面准备工作。

（6）负责将订菜单上所有菜肴按上菜次序准确无误地送交点菜客人餐台的值台服务员。

（7）负责将值台服务员开出的并经收款员盖章的饭菜订单传送给厨房内堂口。

（8）负责将厨房烹制好的菜肴食品准确及时地传送给餐厅值台服务员。

（9）严格把好食品质量关，不符合质量标准的菜肴有权拒绝传送。

（10）严格按服务规范传送菜点，确保准确迅速。

（11）与值台服务员和厨房内堂保持良好的联系，搞好前台（餐厅）、后台（厨房）的关系。

（12）负责协助值台服务员做好客人就餐后的清洁整理工作。

（13）负责传菜用具及菜廊的清洁卫生工作。

（14）正确使用煤气设备、灭火设备，熟悉消防知识，确保工作安全。

（15）积极参加各种业务培训，提高服务水平，完成上级交派的其他任务。

2. 参考答案：

传菜员是餐厅厨房与前厅沟通的纽带，传菜员的工作开展得好不好，不仅会直接对餐厅菜品上桌速度产生影响，而且也会间接影响到餐厅的翻台率、客流量等重要的餐厅营运活动。因此，餐厅传菜员必须对自己的岗位职责和服务工作流程有一个很清晰的了解和认识，在做好传递菜品工作的同时，积极发挥自己在厨房与前厅之间的信息传达、双向沟通的作用。

3. 参考答案：

（1）上菜时应用右手操作，并用："对不起，打扰一下"提醒客人注意。将菜放到转台上（放菜时要轻）并顺时针转动转台，将所上的菜，转至主宾面前，退后一步，报菜名："宫保鸡丁，请品尝"，并伸手示意，要声音洪亮，委婉动听，上每道菜时都要报菜名，视情况作适当介绍。

（2）上菜要掌握好时机，当客人正在讲话或正在互相敬酒时，应稍微停一会，等客人讲完话后再上，不要打扰客人的进餐气氛。上、撤菜时不能越过客人头顶。

（3）在上菜过程中如有新菜需上而转盘无空间时，应巡视台面情况：菜点剩得较少时可征询客人的意见："先生（小姐），这菜可以给您换一个小盘吗？"同类菜品征询客人的意见："这菜可以给您合盘吗？"已所剩无几的菜可征询客人的意见是否可以撤掉，客人同意后说谢谢；菜已经凉了的情况下征询客人的意见："这菜可以给您加热一下吗？"

（4）上特色菜时，应用礼貌用语："各位来宾，这是特色菜×××，请您品尝并多提宝贵意见。"此间视情况对特色菜品给予适当介绍。

（5）菜上齐后应用礼貌用语，"您的菜已经上齐了"。

（6）上菜要注意核对台号、品名，避免上错菜；上菜的过程中要不推、不拉、不摞、不压盘子，随时撤去空菜盘，保持餐桌清洁、美观。

**任务 2**

一、选择题

1. B

2. C

二、填空题

1. 女主宾、女宾、女主人；男主宾、男宾、男主人

2. 8；1/2；2/3；1/5；1/3；2/3；8 分

三、简答题

参考答案：

（1）看瓶形。许多名牌白酒都有独具特色的瓶形。如茅台酒多年来一直使用白色圆柱形玻璃瓶，瓶身光滑，无杂质；泸州老窖特曲使用的是异彩瓶，瓶底有"泸州老窖酒厂专利瓶"字样。假酒则酒瓶瓶形高低粗细不等，外包装陈旧、无新鲜感，封口不严或压齿不整齐。

（2）看印刷。好的白酒其标签的印刷是十分讲究的；纸质精良白净、字体规范清晰，色泽鲜艳均匀，图案套色准确，油墨线条不重叠。如有英文或拼音字母，则大小规范一致。此外，现在有很多品牌白酒在包装盒或瓶盖使用激光防伪标志，如茅台酒，其防伪图案有"飞天"及"五角星"两种，从不同的角度观察会呈现不同的色泽，而且只能一次性使用，稍有损坏就不能复原。

（3）看瓶盖。目前我国的名白酒的瓶盖大都使用铝质金属防盗盖，其特点是盖体光滑，形状统一，开启方便，盖上图案及文字整齐清楚，对口严密。若是假冒产品，倒过来时往往滴漏而出，盖口不易扭断，而且图案、文字模糊不清。

（4）看包装。真酒的纸盖包装除印刷精美之外，其边缘接缝齐整严密，没有松紧不均留缝隙的现象；有的瓶盖还用塑料薄膜包裹，其包装十分紧密无松软现象。

（5）看清浊。透过玻璃瓶从外观上看，白酒应是绝对清澈透明的而且没有沉淀。越清澈透明越好。可将酒瓶拿在手中，慢慢倒置过来，观察瓶底部，看看有没有下沉物质或云雾状现象。按照常规，如若酒花呈均匀分布，上翻密度间隙很明显，而且酒花慢慢消失，酒液清亮透明，则是优质酒。

（6）闻香味。一种办法是少倒一点儿酒在手上，用两手摩擦一会儿，使酒生热，然后闻其香味。一般来说，如果气味清香，即是上等酒；如果气味发甜，则是中等酒；如果气味苦臭，定是伪劣酒。另一种方法是在酒中加一滴食用油，看油在酒中的运动情况。如果油在酒中的扩散比较均匀，并且均匀下沉，则酒的质量较好；如果油在酒中呈不规则扩散状态，且下沉速度变化明显，则可以肯定酒的质量有问题。

**任务 3**

一、填空题

1. 3 次

2. 顺时针

3. 左手；右手；右侧

二、简答题

1. 参考答案：

（1）分菜的基本要求。

1）分菜前先展示菜品。

将菜品向客人展示，并介绍名称和特色后，方可分菜。

2）分菜时检查菜品质量。

分菜时留意菜的质量和菜内有无异物，及时将不合标准的菜送回厨房更换。

3）分菜其他要求。

①若分带有骨头的菜，如鱼、鸡时，应剔除大骨头。

②分菜时，要胆大心细，掌握好菜的份数与总量，做到分派均匀。

③凡配有佐料的菜，在分派时要先蘸（夹）上佐料，再分到餐碟里。

（2）分菜的方法及步骤。

1）餐盘分让式分菜步骤。

①服务员站在客人的左侧，左手托盘，右手拿勺与叉。

②在客人的左边将菜分派给客人。

2）二人合作式分菜步骤：

①服务员将菜盘与客人的餐盘一起放在转台上。

②服务员用叉和勺将菜分派到客人的餐盘中。

③由客人自取或服务员协助将餐盘送到客人面前。

3）分菜台分让式分菜步骤：

①服务员将菜在转台上向客人展示，由服务员端至分菜台。

②服务员在分菜台将菜分派到客人的餐盘中。

③将各个餐盘放入托盘中，同时将客人面前的污盘收走。

④将菜托至餐桌边，用右手从客人的左侧放到客人的面前。

2. 参考答案：

撤换台布服务流程：

（1）撤换台布时不要将杂物放在座位上或地面上。

（2）将脏的台布及口布放在托盘内。

（3）铺台布时注意折叠与桌中线吻合。

（4）服务员站立于副主人位置，将台布竖向打开，注意台布四周下垂，使左右对称。

（5）检查铺好的台布是否有破损或污迹，如有不符合标准，应马上更换新的台布。

（6）铺好台布后，把台面上的转盘放上，放上转盘后要保持转盘的干净、无手印。

（7）按照餐位来摆上固定的餐具。

（8）把脏台布、口布及时送到传菜部，放台布之前，要把台布内的脏东西倒入垃圾桶，方可放到传菜部。

3. 参考答案：

撤换酒具服务流程：

（1）有客人预订时，要提前准备好所需的酒具，在客人用餐过程中，如有客人需要换新酒具时，要及时更换酒具。

（2）在给客人撤换酒具时，要合理使用托盘，不得用不规范的程序操作，撤换酒具时，要保证身体不得倾斜，以免发生危险。

（3）撤换酒具时，要先从主宾开始，用餐过程中有需要加酒具时，可以根据实际情况来撤换，撤换酒具时要顺时针方向撤换，不得逆转撤换，客人酒杯内有异物、汤汁时要及时更换酒具，客人的酒具打碎或掉在地上，要及时更换酒具，在撤换酒具时，要做到轻拿轻放，做到不要打扰客人。

（4）把撤换的脏酒具整理在托盘内，在恰当的时候送到酒吧台。

## 项目四

### 任务1

**一、选择题**

D

**二、简答题**

参考答案：

（1）首先向客人道歉，并分析原因。

（2）如果是客人弄错了菜的价格，或客人计算错误，服务员应耐心解释，如客人坚持，则应减少部分金额，双方都做些让步，由经理向客人解释。

（3）如由于工作原因该上的菜没有上，结账时却多收，服务员则应再次向客人致歉并减去没上的菜价。

（4）如收银员无意中结错账或服务员没有认真核对账单，服务员应马上改正菜单，向客人道歉，说明原因，求得客人的谅解，适当优惠后再结账。

（5）由于服务员或收银员思想错误导致故意多收现象，则对客人要道歉，减去多收款，对服务员或收银员要认真处理，重者调离岗位。

### 任务2

**一、选择题**

E

**二、填空题**

1. 第二主宾位置；四周下垂部分

2. 四周下垂部分

3. ②①③④⑤⑥

**三、简答题**

1. 参考答案：

（1）关闭水、电开关。

（2）除员工出入口以外，锁好所有门窗。

（3）由当值负责人做完最后的安全防患复查后，填写管理日志。

（4）落实厅面各项安全防患工作，最后锁好员工出入口门，方可离岗。

2. 参考答案：

（1）零点撤台需在该桌客人离开餐厅后进行，宴会撤台必须在所有客人均离开餐厅后才能进行。

（2）收撤餐具要轻拿轻放，尽量不要发生碰撞声响。

（3）收撤餐具要为下道工序创造条件，叠碗时大碗在下，小碗在上。

（4）收撤时，要把剩有汤或菜的餐具集中起来放置。

## 项目五

**任务 1**

案例分析题

参考答案：

不管是消费者权益保护法还是我国的《民法通则》都对自然人的人身权受到侵害作了相应规定。作为餐饮消费场所，不仅要保证顾客在用餐过程中食品卫生安全，还要保证顾客在自己的场所内不能因自身的原因给顾客造成人身伤害，否则就要承担一定的赔偿责任。此纠纷中，小李父亲的摔到是因饭店没有搞好地面卫生所致，也就是说顾客受伤与饭店本身的过错之间有直接的因果联系，饭店当然应承担赔偿责任。

**任务 2**

简答题

1. 参考答案：

应有礼貌地告诉客人，这些座位是留给旅行团的，如要吃饭，请稍等一会儿，同时要尽力为客人找座位。如客人要赶时间，可先给他们点菜，如餐厅已没有空位，请客人在餐厅外登记等候。

2. 参考答案：

应立即与各部业务组联系，订好合适的厅房，然后按订宴会的时间先后给客人安排，并根据宴会订单和联络电话号码，或房间号码迅速与对方取得联系。向对方讲明原因。诚恳地向客人道歉，以得到客人的谅解。或向客人介绍这间宴会厅的陈设布局，尽量使客人对此厅房有一个好感，使其从心理上得到安慰。

**任务 3**

一、填空题

客人永远是对的；客人

二、案例分析题

1. 参考答案：

客人没喝完的酒品，餐厅应根据酒的种类和客人的具体情况酌情处理。一般葡萄酒类，开瓶后不宜保存时间过长，假如客人用餐时没有喝完，要求代为保管，餐厅服务员可为其服务，代为保管，当客人再次用餐时，马上取出，请客人饮完。为客人保管的酒品，要挂上有客人姓名的牌，放在专用的冰箱里，冰箱应有锁，由专人负责。如果是高度烈性酒，放在酒柜里即可，但也要上锁，并由专人负责。从安全角度讲，一定要对客人负责，保证不出任何问题。

2. 参考答案：

餐厅服务员遇到此情况时，自己首先要镇静，不要慌，同时要安慰客人也不要惊慌，告诉客人最好不要来回走动，以免绊倒，对要离去的客人提醒他们拿好自己的物品，同时提醒所有的客人看管好自己的物品，以保安全。如是经常发生的停电现象，服务员要向客人做解释工作。如果偶尔发生的情况，服务员应该向客人表示歉意，说明可能是某个地方出了毛病。与此同时，服务员立即开启应急灯。如果没有这种设备，服务员应立即取来蜡烛照明用具，为客人照明，一般情况下，在停电期间，已经在餐厅的客人就要继续为其服务，但服务员要注意观察，特别留意用餐完毕没有结账的客人，防止跑单。在餐厅门口，要有迎宾员对新来的客人说明情况，请客人到别的餐厅去用餐。

3. 同学可自由发挥。